労働基準法がよくわかる本

下山智恵子 著

'21〜'22年版

成美堂出版

ブラック企業への対策が強化されている

　長時間労働や残業代を払わないなど、主に若者を劣悪な環境で働かせる会社を「ブラック企業」と呼んでいます。

　政府は、これを重要視し、調査を強化しています。調査は、時間外・休日労働時間が1か月あたり80時間を超えていると考えられる会社や過労死等で労災請求が行われた会社を対象としています。調査の結果、違反があれば是正するよう指導され、それでも改善されない会社は送検、会社名の公表もされています。

　ひとたび「ブラック企業」というレッテルを貼られてしまうと、企業イメージが低下し、労働者の採用もむずかしくなり、会社の将来も危ぶまれることでしょう。

　法律を正しく知り、早期の改善が望まれます。

主な法違反

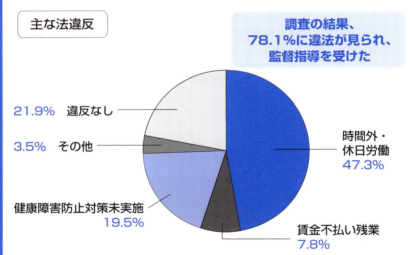

調査の結果、78.1%に違法が見られ、監督指導を受けた

- 時間外・休日労働 47.3%
- 賃金不払い残業 7.8%
- 健康障害防止対策未実施 19.5%
- その他 3.5%
- 違反なし 21.9%

2019年4月～2020年3月に、長時間労働が疑われる32,981事業場に実施した結果である（厚生労働省ホームページより）。
- 「時間外・休日労働」とは36協定（→42ページ）なく時間外労働をさせているもの、36協定で定める限度時間を超えて時間外労働をさせているものなど。
- 「健康障害防止対策未実施」とは、衛生委員会を設置していないものや毎月1回開催していないものなど（→202ページ）、健康診断をしていないもの（→68ページ）、医師の面接指導（→70ページ）をしていないものなど。

2021年～2022年 労働に関する法改正 わかりやすい解説つき

➡ 詳しくは 255～268ページ

ワハラ対応が義務づけられた

◆ メンタル不調者が増えており、その大きな**原因の1つはパワハラによるもの**と考えられています。
◆ パワハラはどこの会社にも起こりがちですが、パワハラかどうかの線引きはむずかしいといえます。**パワハラは放置したり対処の仕方が悪ければ、会社責任が重くなる**と認識すべきです。会社に**何が義務づけられたのか**を正しく知っておくことで将来のリスクを減らしましょう。

性の育児休業が取りやすくなる

◆ 出産直後に父親が育児休業を取ることで、出生率が上がるかもしれません。しかし現実には、不在中の仕事をどうするかなど、むずかしい問題があるでしょう。法改正により、出生から8週間以内に取得できる**「出生時育児休業」が創設**されます。
出生時育児休業は、男性が取得しやすいように柔軟な制度になっています。
◆ 本人または配偶者が妊娠したら、面談で意向を聞くなど、育児休業を取得しやすい**環境整備が会社に義務づけ**られます。

の他にもたくさんの改正がある

◆ 500人超の会社とそれ以下では**社会保険に加入する範囲が異なります**。これから、この範囲が**100人超、50人超と拡大**されます。
◆ 年金をもらいながら働く人は、年金が減額される場合があります。この計算方法が変わります。
◆ この他にもたくさんの改正があります。必要なものは、早めに対応することでリスクが軽減されます。

労働基準監督署への対処のしかたがわからない

◆過労死、過労自殺が増えていることから、労働基準監督署はサービス残業摘発に向けて、調査を強化しています。

◆労働基準監督署をはじめ、トラブルになったときに、労働者が相談する窓口は数多くあります。関係する役所から呼び出しを受けたとき、どのように対処すればいいかを知っておきましょう。

➡ 第1章　労働基準監督署の役割（15ページ～）

退職者とのトラブルを避けたい

◆労働者とのトラブルが起こりがちなのが、退職時です。労働に関する法律は複雑でわかりにくいですが、注意するポイントを押さえることで、トラブルを未然に防ぐことができます。

◆定年再雇用の年齢が段階的に上がっています。国からもらえるお金を最大限活用しながら、高齢者を活用する方法を考えましょう。

➡ 第3章　退職時のトラブル防止法（73ページ～）

残業代の計算方法は本当に正しいのか？

◆調査の結果、残業代を支払っていないとされた場合には、過去に遡って支払うよう命令されます。

◆1日8時間を超えたから、残業代が発生するとは限りません。

◆調査に備えて自社にぴったりの方法を活用しましょう。法で認められたさまざまな特例を就業規則に明記し、労働基準監督署に届出することによって、調査でも有効と認められるのです。

➡ 第2章　労働時間のルール（29ページ〜）

賃金システムを見直したい

◆従業員のやる気を引き出すのは、賃金、ボーナス、退職金などの制度の活用しだいです。

◆自分のことだけに向けられている従業員の目を、会社の業績に向ける方法を工夫します。

➡
第4章　賃金・退職金の
　　　決定方法
（107ページ〜）

有 給休暇の日数を合法的に減らしたい

◆ 年次有給休暇は最大で40日もつことになります。これを退職時にまとめてとられたら、たまったものではないというのが事業主の本音でしょう。

◆ 合法的に年次有給休暇の日数を減らす工夫をします。

➡ 第5章　有給休暇のルール（137ページ〜）

社 外の人材をもっと活用したい

◆ 派遣労働、アウトソーシング、業務委託社員を活用する会社があります。やり方しだいで自社の経営資源をコア業務へ集中することができます。それぞれのメリット、デメリット、活用ポイントをよく理解したうえで活用しましょう。

◆ どんどん上がっていく社会保険料。ここでは、調査があった場合のチェックポイントや合法的に社会保険料を節約する方法を説明します。

➡ 第6章　人材派遣、請負、パートタイマーの活用方法（157ページ〜）

労災のしくみを知りたい

◆労災保険を使ったら、保険料が上がるというのは本当でしょうか？

◆ここでは、起こってしまった労災事故にどのように対処したらいいのかを説明します。

➡ 第7章　労災保険の請求方法（183ページ～）

優秀な人材を採用したい

◆「最初が肝心」とはよくいわれることです。
入社時に、雇用契約書や就業規則で「従業員としてのあるべき行動」を教育します。

◆従業員とのトラブルは、入社時の教育でほとんどが防げるといっても過言ではありません。

➡ 第8章　人材募集・採用時のポイント（207ページ～）

まじめ社員を辞めさせたい

◆就業規則は、裁判においては「証拠」となるたいせつなものです。会社の秘密情報を漏洩した場合など、不誠実な行動にはそれに見合った制裁をするというように、労働者の行動を制御する役割ももっています。

◆会社を守るという視点で就業規則を作成することが重要となります。

➡ 第9章　就業規則の作成ポイント（219ページ～）

本書の使い方

基 本的には、見開き2ページで1テーマを解説しています。
効率よく読み進めたい人は、目次（→10ページ）とさくいん（→269ページ）を活用してください。

実務に沿ったわかりやすい解説
実務を中心に、簡潔・明瞭な文章でわかりやすく解説しています。

豊富なチャートやグラフ
アクションの手順や方法などは、見てわかるように図解しています。

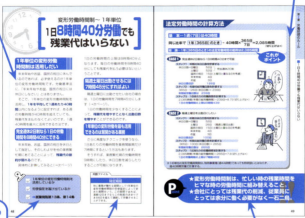

自社チェックができる
現在の会社の状況を確認してみましょう。巻末の就業規則と連動しています。

用語ファイルで知識の整理
難しい用語や制度をわかりやすく説明しています。

Pointで確認する
覚えておかなければならないことやアクションの指針をまとめています。

■その他にも……

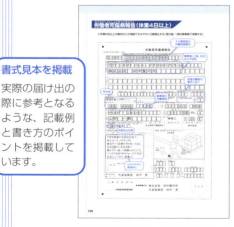

書式見本を掲載
実際の届け出の際に参考となるような、記載例と書き方のポイントを掲載しています。

就業規則は全文を掲載
注意点とともに、見本となる就業規則を全文掲載しています。

※本書は原則として2021年6月16日現在の法律等に基づいて書かれています。

はじめに

過労死、過労自殺など、大きな問題が数多く発生しています。その一方で、働き手が不足し、求人しても労働者を採用できない状況が続いています。

私は、日々のコンサルティング業務を行う中で、不適切な労務管理を行ったために、大きなツケを払うことになった会社や、会社の一方的な理由によって解雇される労働者などを数多く見てきました。これからは、雇用する側も雇用される側も、法律を正しく知ることによって、自分を守るという意識をもたなければならないと強く感じています。

本書は、単なる労働基準法の解説書ではなく、現実の労働の問題を解決できるよう配慮して執筆しています。本書の特徴は次のとおりです。

●**難解な法律用語をわかりやすい言葉に改めています。**

チャート図や表を活用し、初心者にもわかりやすい表現をこころがけました。見開き2ページ1テーマになっているので、興味のあるページだけを読むことができます。

●**労働基準法のもつ意味を明確にしました。**

たとえば、変形労働時間制は、ある日だけ1日8時間を超えて働いても残業代が支払われない制度です（要件を満たす限り）。労働基準法のもつ本当の意味を明確にして解説しました。

●**労働に関する周辺の法律や過去の裁判例を盛り込みました。**

労働基準法に限定せずに、労働契約法やパートタイム・有期雇用労働法、社会保険関係の法律など、労働者を雇用する際に特に必要または有利と思われる法律・情報を抜粋して盛り込んでいます。

●**労務管理までわかる本です。**

法律や裁判例を解説しながら、将来のリスクを最小限にするという視点で、具体的にどのように対処すべきかを明らかにしています。労働者の採用から退職まで、この1冊でかなりわかるはずです。

●**労働基準監督署や社会保険の調査でチェックされるポイントから就業規則作成例まで記載しています。**

私が、12年間の会社人事部での勤務経験と23年間の社会保険労務士としての現場で得た豊富なノウハウを紹介しています。

本書は、2005年の初版以来、毎年改訂を重ねてきました。

会社が発展することで、そこで働く労働者の雇用環境も向上することを願って執筆しています。

本書が読者の皆様のお役に立つよう願っています。

下山　智恵子

目次

09 はじめに

第1章 労働基準監督署の役割

労働基準監督署の調査	16	**調査**はより**強化**されている
労働基準監督署の調査への対応	18	労働基準監督署には**逮捕権**がある
労働基準法違反の際の罰則	20	労働基準法違反には**罰則**がある
各種相談窓口の特徴	22	**相談窓口**は労働基準監督署だけではない
労働紛争解決制度	24	**労働審判制度**の導入で労働紛争が増えている
労働組合とその対応	26	**労働組合**に入った人を**解雇**できない
	28	労働基準監督署とのつきあい方

第2章 労働時間のルール

労働基準監督署の調査の強化	30	**サービス残業摘発**が強化される
労働時間の基本的な定義	32	業務命令なら**労働時間**となる
労働時間の原則と勤務間インターバル	34	労働時間の原則は**週40時間**
休日に関するルール	36	休日はできるだけ**1週に1日**与える
休憩に関するルール	38	**休憩時間**は長くても違法ではない
年少者を雇用する際のルール	40	**年少者**を雇うには制限がある
労使協定（36協定）	42	残業させるには労使協定（**36協定**）が必要
特別条項協定、その他の特例	44	限度時間を超えるときでも**月100時間未満**
変形労働時間制～1か月単位	46	**週40時間を超え**ても残業代はいらない
変形労働時間制～1年単位	48	1日8時間40分労働でも残業代はいらない
変形労働時間制～1週間単位	52	**1週間単位**の変形労働時間制は人気がない
変形労働時間制～フレックスタイム制	54	**フレックスタイム制**は職種を限定して使う
労働時間の把握・記録の保存	56	従業員が**メモ**した労働時間も**証拠**になる
管理職と認められるポイント	58	**管理職の範囲**は考えているよりずっと狭い
事業場外のみなし労働時間制	60	**会社の外**で働く人には**特例**がある
専門業務型裁量労働制	62	**裁量労働制**は残業代がいらない

企画業務型裁量労働・高度プロフェッショナル	64	高度プロフェッショナル制度は**成果で払う**
過労死対策 ①	66	**予兆**を感じたら早めに**改善策**を練る
過労死対策 ②	68	**健康診断**の結果に注意する
過労死対策 ③	70	**産業医の役割**が重要になる
	72	労働基準監督署から呼び出しを受けた事例

第3章 退職時の**トラブル防止法**

従業員都合による退職	74	**退職の撤回**は拒否できる
解雇・解雇予告・解雇予告手当 ①	76	**解雇予告**は30日以上前に行う
解雇・解雇予告・解雇予告手当 ②	78	予告して休ませたら**6割**を支払う
解雇と退職勧奨	80	**解雇**はできるだけ**避ける**努力をする
懲戒解雇の方法	82	**懲戒解雇**でも簡単にはできない
整理解雇の4要件	84	**整理解雇**は誠意をもって行う
リストラの方法	86	従業員の**やる気**を損なわない工夫をする
退職時の証明	88	**解雇の証明書**は慎重に書く
退職後の社会保険、住民税	90	退職者には退職後の**アドバイス**をする
失業保険の給付日数	92	失業保険の受給には**解雇が有利**
離職理由と助成金	94	解雇すると**助成金**はもらえなくなる
65歳まで雇用の義務化	96	定年延長義務化には**再雇用制度**で対応する
高年齢雇用継続給付（ハローワーク）	98	**公的補助**を最大限利用する
60歳～64歳の在職老齢年金	100	賃金が高いほど年金の**受給額**が減る
65歳からの在職老齢年金	102	**47万円まで**なら減額されない
助成金受給のコツ	104	時流に乗って**助成金**を受給しよう
	106	会計検査院の検査事例

第4章 賃金・退職金の決定方法

賃金の定義	108	賃金は**労働**に対して支払う
賃金支払いの5原則	110	年俸制でも**毎月1回**支払う
平均賃金の計算方法	112	会社の都合で休ませたら**平均賃金の6割**を支払う
時間外・休日・深夜手当	114	残業させると**割増賃金**が発生する

11

割増賃金の計算方法	116	**ボーナスの割合**を多くすれば残業代が安くなる
最低賃金のルール	118	**最低賃金額**以上の賃金を支払う
年功序列賃金と成果主義賃金	120	年功序列賃金と成果主義賃金の**バランス**を考える
簡単にできる賃金システム	122	**賃金システム**を教育に活かす
年俸制賃金	124	**年俸制賃金**でも残業代は必要
ボーナスの2つの体系	126	**業績連動型**ボーナスを検討する
退職金制度の改定	128	**退職金**負担が重くなっている
退職金制度の役割	130	退職金制度の**目的を明確に**する
各種退職金制度	132	目的によって**退職金制度**が決まる
ポイント制退職金	134	基本給に連動する**退職金制度**から切り替える
	136	中退共では、問題社員に退職金が支払われる

第5章 有給休暇のルール

年次有給休暇	138	**8割以上の出勤**で権利が発生する
時季指定権と時季変更権	140	有給休暇の日は**変更**できる
年次有給休暇の賃金計算	142	**通常の賃金**で処理するのが一般的
年次有給休暇の取得義務	144	**年5日**を取得させなければならない
有給休暇の計画的付与	146	普段から消化して**減らす工夫**をする
時間単位年休とその他の休暇	148	**時間単位年休**は労使協定で導入できる
妊娠中・産後の女性への配慮	150	**妊産婦**に関してはさまざまな決まりがある
介護休業と介護短時間勤務	152	**介護休業**は最高93日まで取れる
育児休業と育児短時間勤務	154	**育児休業**は父親も取ることができる
	156	社会保険の未加入がわかった場合

第6章 人材派遣、請負、パートタイマーの活用方法

派遣労働のしくみ	158	雇用関係と指揮命令の**会社が異なる**
派遣期間の制限	160	1人の派遣労働者の**上限は3年**
派遣元と派遣先の責任	162	**派遣先**にも労働法の責任が生じる場合がある
派遣労働に関するルール	164	派遣法を**知らなかったは通用しない**
業務請負(アウトソーシング)のメリット	166	**アウトソーシング**を大いに活用する

12

自営型テレワーカーの特徴	168	**自営型テレワーカー**は労働者ではない
自営型テレワーカーと労働者の違い	170	**デメリット**を理解した上で活用する
労災保険・雇用保険・社会保険	172	**社会保険**はどの会社にもあるわけではない
パートタイマーの社会保険	174	**社会保険料**を合法的に削減する
パートタイマーの権利	176	パートタイマーにも正社員と**同じ権利**がある
パートタイマーの雇い止め	178	パートタイマーも簡単に**解雇できない**
無期転換ルール	180	有期契約5年で**正社員**になる
	182	社会保険制度の加入に対する現実の運用

第7章 労災保険の請求方法

労災保険の概要	184	社長や役員はどこからも**補償**されない
治療費に関する手続き	186	**労災**では治療費の負担はない
休業に関する手続き	188	**4日目以降**は労災保険から補償される
業務災害か否かの判定	194	業務災害には**認定基準**が設けられている
通勤災害か否かの判定	196	寄り道をして帰ると**通勤災害**にならない
労災保険のメリット制	198	労災保険を使うと**保険料**がアップする
労災保険と自賠責保険	200	交通事故でも**労災保険**が使える
労働安全衛生法の決まり	202	従業員数が**50人**になったら体制を整備する
ストレスチェックの義務化	204	従業員50人以上で**ストレスチェック**が義務づけられた
	206	労災保険の補償金を徴収されることがある

第8章 人材募集・採用時のポイント

採用前の準備	208	**採用基準**を明確にして採用ミスを防ぐ
求人募集と求人票の記載	210	人の目に留まる**募集方法**を考える
労働契約期間と採用取り消し	212	**採用の取り消し**は簡単にはできない
労働条件の明示事項	214	**試用期間中**に適格者かどうかを判断する
雇用契約書の記載方法	216	**雇用契約書**を工夫してリスクを減らす
	218	労災防止計画でも過労死やメンタルヘルス対策が強化されている

第9章 就業規則の作成ポイント

労働基準法と就業規則・労働契約	220	**労働基準法**は最低基準を定めた法律
就業規則の作成と変更	222	就業規則に記載のない**懲戒処分**はできない
就業規則の記載項目	226	従業員に見せなければ**効力がない**
労働条件の変更手順	228	**労働条件**を悪くするのは難しい
就業規則作成上の注意点	230	会社と従業員を**守る意識**で作成する
就業規則と懲戒処分	232	**懲戒処分**を有効に活用する
転勤、出向、転籍	234	会社は**転勤・出向**を命じることができる
セクシュアルハラスメントへの対応	236	**セクハラ**は決して放置してはいけない
パワーハラスメントへの対応	238	**パワハラ**への対応が必要になっている
	241	就業規則
	252	賃金規程
	255	巻末資料 これから対応が必要な法改正情報（ダイジェスト版）

各種書式目次

第2章	51	1年単位の変形労働時間制に関する協定届
第3章	89	解雇理由証明書
第5章	147	計画的付与の協定書
第7章	187	療養補償給付たる療養の給付請求書
第7章	189	労働者死傷病報告（休業3日以下）
第7章	190	労働者死傷病報告（休業4日以上）
第7章	191	休業補償給付支給請求書
第7章	193	平均賃金算定内訳
第7章	201	第三者行為災害届
第8章	211	求人票
第8章	217	雇用契約書
第9章	224	就業規則（変更）届
第9章	225	意見書

第1章
労働基準監督署の役割

調査はより強化されている
労働基準監督署には逮捕権がある
労働基準法違反には罰則がある
相談窓口は労働基準監督署だけではない
労働審判制度の導入で労働紛争が増えている
労働組合に入った人を解雇できない

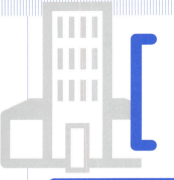

労働基準監督署の調査
調査はより強化されている

調査開始のきっかけは3つ

労働基準監督署の調査が増えています。「調査」の発端として、主に次の3つをあげることができます。
- 内部告発や相談から始まる調査（申告監督）
- 抽出によって選ばれる調査（定期監督）
- 以前に調査・指導があった会社のその後の調査（再監督）

内部告発から始まることも多い

調査のきっかけは「**定期監督**」が最も多く、**内部告発**や**相談**が発端になることもあります。

内部告発は、退職時のトラブルや残業代の未払い、長時間労働がきっかけになることが多いようです。本人だけでなく、家族から申告されることもあるようです。

内部告発や相談があれば、通常は労働基準監督署から呼び出しがあり調査されます。監督署の職員が突然、会社にやって来ることもあります（臨検）。

長時間労働が疑われる会社は調査対象になりやすい

「定期監督」は、国の施策により計画に基づいて実施するほか、大きな労災事故があった会社、就業規則や36協定を提出していない会社などが選ばれているようです。

また、最近は、月80時間を超える残業が行われた疑いのある会社や長時間労働による過労死の労災請求があった会社などを対象にすることが多いようです。

月80時間超の残業は「過労死ライン」といわれ、健康を害することと因果関係が強くなると考えられています（→67ページ）。

なお、調査に対し、法違反は平均して、7～8割となっています（厚生労働省ホームページより→2ページ）。

- ☑ 退職時のトラブルはないか
- ☑ 従業員は長時間労働などに対して不満を抱えていないか
- ☑ 休業4日以上の労災事故があった会社は調査への対策をしているか

用語ファイル
臨検（りんけん） 労働基準監督官による事業所への立ち入り調査を臨検という。臨検は予告なしに行われることが多く、拒否することもできない。労働者からの申告によるものが多い。

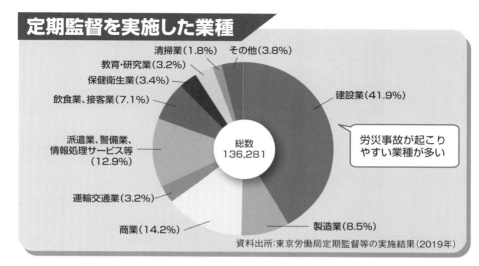

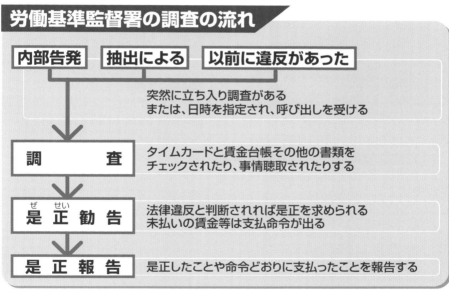

★労働基準監督署の調査が強化されている。
★休業4日以上の労災事故があった会社は調査対象になりやすい。

労働基準監督署の調査への対応

労働基準監督署には逮捕権がある

労働基準監督署はただの役所ではない

労働基準監督署の職員である労働基準監督官には、立ち入り、調査、尋問する権利だけでなく、警察官と同じように悪質な違反に対し、**送検手続きをする権限**があります。

労働基準監督署はただの役所ではないのです。

調査には誠意をもって対応する

調査を恐がる必要はありません。よほどのことがない限り、誠実に対応していれば、いきなり逮捕されることはありません（ゼロというわけではない）。

呼び出し日の都合がつかなければ、相談して日時を変更してもらいましょう。

呼び出しや調査の連絡を無視するなど、常識はずれの行動だけは絶対にしてはいけません。

改善の意思表示をする

労働基準法違反があると、通常は**是正勧告書**の交付を受けます。この段階では、まだ行政指導ですが、これは労働基準監督署が会社の法律違反を認知したということにほかなりません。

是正勧告書の交付があっても、会社に改善の意思が見られない場合には、労働基準監督官は所定の段階を経た上で**送検の手続きを開始**します。

是正勧告には慎重に対応する

是正勧告書が交付されたら、以下の2点を厳守しなければなりません。
- 早急に改善し、期限までに**是正報告書**を提出する
- 是正報告書の内容は、慎重に書く

是正勧告に対する対応は慎重に行い、虚偽の記載は絶対にしてはいけません。

- ☑ 労働者名簿や賃金台帳などを整備しているか
- ☑ 就業規則を作成、届け出しているか
- ☑ 以前に是正勧告を受けた会社は、是正報告を守っているか

用語ファイル

労働者名簿と賃金台帳

どちらも法律によって記録が義務づけられており、3年間保存しなければならない。労働者名簿は氏名や生年月日など従業員に関する事項を、賃金台帳は基本給や手当の額、労働時間などを記入する。

労働基準監督官の権限

労働基準監督官について労働基準法には次のように定められている。

事業場に臨検し、帳簿および書類の提出を求め、または使用者もしくは労働者に対して尋問を行うことができる。

この法律を施行するため必要があると認めるときは、使用者または労働者に対し、必要な事項を報告させ、または出頭を命ずることができる。

この法律（労働基準法、労働安全衛生法）違反の罪について、刑事訴訟法に規定する司法警察官の職務を行う。

臨検を拒み、妨げ、もしくは忌避し、その尋問に対して陳述をせず、もしくは虚偽の陳述をし、帳簿書類の提出をせず、または虚偽の記載をした帳簿書類の提出をした者は30万円以下の罰金に処する。

呼び出しを受けたとき持参する書類

❶就業規則、賃金規程
❷労働条件通知書または雇用契約書
❸時間外・休日労働協定書（36協定書）
❹労働者名簿
❺賃金台帳
❻タイムカードまたは出勤簿
❼変形労働時間制の協定書
❽定期健康診断個人票
など

労働基準監督署はここを見る

❶残業代、休日手当、深夜手当等を正しく計算し、払っているか
❷就業規則を作成、届け出しているか
❸労働条件通知書を交付しているか、内容は正しいか
❹時間外・休日労働協定書（36協定書）を届け出しているか
❺36協定を超えて時間外・休日労働させていないか
❻労働時間、時間外労働時間を適正に把握しているか
❼賃金台帳に労働日数、労働時間数、早出残業時間数等を記載しているか
❽年1回の健康診断を実施しているか
❾健康診断の項目が正しいか
❿以前に是正勧告で指摘を受けた会社は、その改善策の確認
⓫就業規則を法改正にあわせて改定しているか
など

Point
★労働基準監督署には逮捕する権限がある。
★是正勧告を受けた場合は、期限までに是正報告書を提出する。

労働基準法違反の際の罰則

労働基準法違反には 罰則がある

労働基準法違反は刑務所行きもある

調査などの結果、**法律違反が認められると罰則があります**。罰則は、違反行為ごとに労働基準法で決められています（→次ページ）。

たとえば、サービス残業をさせた場合は、「6か月以下の懲役または30万円以下の罰金」です。法律はそれぞれ性格が異なりますが、中でも労働基準法は罰則のある強い法律です。労働基準法違反は刑務所行きもあるのです。

従業員が勝手にした違反でも会社も罰を受ける

事業主からいっさいを任された従業員が勝手に法律違反をしていた場合でも、事業主も罰を受けます。従業員だけの責任にすることはできないからです。

ただし、事業主が違反防止の措置を取っていた場合は除かれます。

労働基準監督署へ相談に行ったことで差別してはいけない

最近の**調査発端の半数以上を占めるのが内部告発**です。告発を理由に、従業員を解雇したり、差別的な取り扱いをすることは法律で禁じられています。

何度も駆け込まれる会社は労務管理体制の見直しが必要

会社と従業員とのトラブルはさまざまで、従業員に問題があるケースも少なくありません。

しかし、労働基準監督署に駆け込まれる会社は、労働条件に不満があったり、会社のやり方に問題があったりするケースがほとんどです。こういう会社は、1度ならず2度、3度と駆け込まれることが多いものです。

「どうすれば駆け込まれないような**労務管理の体制**ができるか」という根本的な問題を解決する必要がありそうです。

✓ 従業員の違反行為を黙認していないか

✓ 労働基準監督署に駆け込まれたことがある会社は、会社側に問題がなかったかどうかをチェックしたか

用語ファイル

労務管理（ろうむかんり）

従業員の採用、配置、給与、昇進、退職などの一連の施策から、広い意味では、従業員を組織化し、従業員効率を上げるための、労使関係や労働条件、教育訓練などの施策をいう。

労働基準法違反に対する罰則

強制労働をさせると

1年以上10年以下の懲役
または
20万円以上300万円以下の罰金

最低年齢を守らないと

1年以下の懲役
または
50万円以下の罰金

賃金で男女差別をしたら

6か月以下の懲役
または
30万円以下の罰金

労働条件をきちんと明示しないと

30万円以下の罰金

Point
★労働基準法違反には違反行為ごとに罰則がある。
★駆け込まれない体制を作ることが会社を強くする。

各種相談窓口の特徴
相談窓口は
労働基準監督署だけではない

労働基準監督署の管轄外のこともある

労働基準監督署には警察官の職務を行う権限（→18ページ）がありますが、労働基準法等以外の法律は管轄外です。

一例として、ある人が事業縮小を理由に整理解雇された場合を考えてみます。

労働基準法は解雇する場合に30日前の予告または30日分の解雇予告手当の支払いを義務づけています（→76ページ）。この手当を支払っていない場合には**労働基準法違反**となり、労働基準監督署から支払命令を受けます。

しかし、この人が「整理解雇対象者になったことに納得がいかない。会社を辞めるつもりはない」という主張をしても労働基準監督署では対処できません。

就業規則に「事業縮小の場合は解雇する」という内容の記載があれば、整理解雇自体が有効か無効かの争いは労働基準法違反とは関係ないからです。

あっせんには応じなくてもかまわない

最近は、このような問題に対する**相談窓口が増えています**（→次ページ）。

行政から「貴社の従業員が相談に来た。事実関係を詳しく聞きたい」という旨の連絡を受けたら、どこからの連絡か（労働基準監督署か労政事務所か等）、どういう内容か（調査かあっせんか等）をよく確認する必要があります。それによって対応が変わってくるからです。

たとえば**あっせん**は、両者の間に入り、お互いの理解を深め、早期に解決を図ろうというものです。強制ではないので応じなくてもかまいません。

ただし、従業員が納得しなければ、合同労働組合（→26ページ）に加入したり、裁判へと進んだりする可能性があります。

トラブルは会社にも従業員にもメリットはありません。**お互いに早く解決するのが賢明**といえるでしょう。

- ☑ トラブル発生の連絡では、どこからのどのような内容かを確認しているか
- ☑ トラブルが小さいうちに解決するよう努力しているか

用語ファイル

総合労働相談コーナー

個々の労働者と事業主との間の紛争が増加していることに対応し、迅速で適正な解決を図るために設けられている。労働基準監督署の管轄外の紛争についても幅広く相談、情報提供を行っている。

労働トラブル解決手続きの特徴

	あっせん	調停	仲裁
概略	第三者が間に入って話し合いを促進することで円満な解決を図る	第三者が間に入り解決策を提示する。双方が合意すれば解決となる	第三者が紛争の解決法を判断する
開始	●労使いずれか一方（あっせんに応じる義務はない） ●労使双方	●労使双方 ●労働協約に基づいてどちらからでもできる	●労使双方 ●労働協約に基づいてどちらからでもできる
解決案の提示	提示することもある	提示する	提示する
解決	合意は任意	合意は任意	拘束力がある

各種相談窓口

公的機関　管轄外の法律には対処できない

労働基準監督署
労働基準法
労働安全衛生法
最低賃金法など

ハローワーク
労働者派遣法
職業安定法

雇用環境・均等部
男女雇用機会均等法
（男女差別、セクハラなど）
育児・介護休業法
パートタイム・有期雇用労働法

相談窓口　相談の範囲は広いが強制力はない

労政事務所
（都道府県）
必要な場合は弁護士、労働組合等との連携が図られる

総合労働相談コーナー
（都道府県労働局）
労働に関するあらゆる相談にワンストップで対応する

労働組合　労働組合法の保護が受けられる

労働組合結成または合同労働組合に加入

審判

労働審判
（地方裁判所に置く）
（→24ページ）

裁判

地方裁判所

簡易裁判所

労働紛争解決制度
労働審判制度の導入で労働紛争が増えている

労働トラブルは泣き寝入りが多い

労働基準監督署の管轄外の問題で、都道府県労働局などの助言・指導でもうまく解決しなかった場合、裁判に持ちこむしかありませんでした。

しかし、裁判で解決するには弁護士費用も時間もかかります。

そのため、以前は、ほとんどのケースで従業員は「泣き寝入り」せざるを得ませんでした。

労働審判制度に持ちこまれるケースが増えている

景気悪化が長引いたため、解雇、労働条件の引き下げ、退職勧奨などでの労働相談の件数が増えています。

このような流れを受けて、**労働審判法**（ろうどうしんぱんほう）ができました。労働審判法は、労働者と事業主の間の労働紛争を迅速に解決することを目的としています。

これにより、「泣き寝入り」していた多くの従業員が労働審判制度で申し立てできることになり、同制度に持ちこまれるケースが増えています。

訴えを起こしやすくなるということは、**労働紛争が増え、その対応に事業主が翻弄される**（ほんろう）ということです。

就業規則や日ごろの労務管理を見直す

裁判や労働審判では、就業規則（→241ページ）や雇用契約書（→217ページ）の記載が**決定的な判断材料**になります。

会社を守るという視点で、これらの内容を記載することこそが重要になってくるのです。

また、公正な立場の人が判断を下すので、**トラブルに至るまでの経緯を示す証拠書類も重要な判断材料**になります。

証拠は多ければ多いほどよいということを常に念頭に置いて、日ごろから準備しておく必要があります。

- ☑ 就業規則は、会社を守るという視点で作成したか
- ☑ 従業員が問題を起こした場合に始末書などをとっているか
- ☑ 会社の都合だけで、安易に従業員を辞めさせていないか

用語ファイル

労働審判法（ろうどうしんぱんほう）

個々の労働者と事業主の間に生じた紛争に関し、迅速、適正、実効的な解決を図ることを目的に成立した。地方裁判所において、調停による解決を図り、解決しない場合は労働審判を行う。

労働審判制度の概要

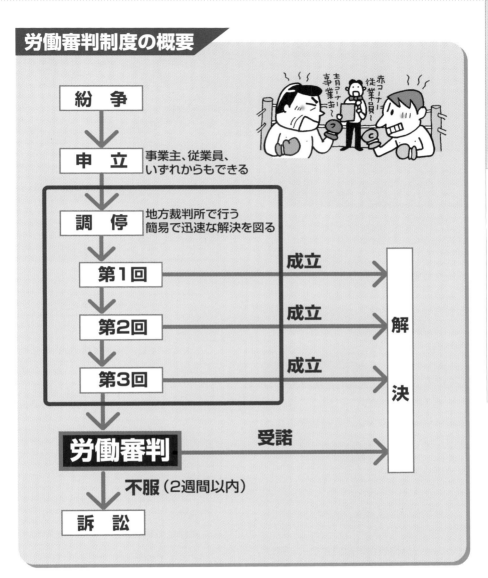

★労働紛争には、労働審判で解決する方法がある。
★労働審判法は簡易で迅速な解決を図るために作られた。

労働組合とその対応

労働組合に入った人を解雇できない

1人でも労働組合員になる方法がある

労働組合を結成するには、原則として従業員が2人以上集まる必要があります。しかし最近は、1人でも入ることができる**合同労働組合**があります。

会社に不満のある従業員が、合同労働組合の組合員になると労働組合法という法律の保護を受けることができます。

団体交渉には応じなければならない

労働組合法の保護の1つに、「**会社は正当な理由なく団体交渉を拒否することができない**」があります。

団体交渉とは、労働組合と会社との間での労働条件などに関する交渉のことです。形の上で交渉に応じるだけではなく、お互いに歩みより、誠実に交渉する義務があります。

しかし、**労働組合の要求をすべて受け入れなければならないということではありません**。無理な要求ははっきりと断りましょう。

労働組合加入を理由に解雇はできない

事業主の中には、労働組合を毛嫌いし、組合員となった人を解雇しようとする人がいます。しかし、これには特に注意が必要です。

労働組合法は、労働組合に加入したことを理由に解雇したり、差別的な取り扱いをしたりすることを禁止しています（不当労働行為）。

問題は、差別のつもりではなくても、差別と思われてしまうことです。これは裁判でも争いになることが多く、解雇に限らず、出向させても会社側が負けることが多いのです。

労働組合に入った人を解雇することは、よほどの理由がない限りできないと認識する必要があるのです。

☑ 従業員とのトラブルでは、労働組合に駆け込まれる前に解決を図る

☑ 労働組合に駆け込まれてしまった場合には、専門家に相談しながら対応しよう

用語ファイル

合同労働組合
ごうどうろうどうくみあい

従来、組合は会社単位で作るのが主流であり、会社に入社すれば自動的に組合員になる。これに対し、合同労働組合は職種や業種によって（例：プロ野球や管理職など）多種のものがあり、個人の意思で加入する。

会社と労働組合それぞれの対抗手段

会社側の対抗手段

作業所閉鎖(ロックアウト)……組合員を職場から閉め出す

労働組合側の対抗手段

同盟罷業(ストライキ)……集団で、働くことを拒否する

怠業……仕事をしながら能率を下げる

ボイコット……会社の製品を買うのをやめるよう働きかける

ビラ貼り……主張や要求を書いたビラを会社内に貼る

職場占拠……会社の操業を阻止するために、会社施設を占拠する

ピケッティング……
　労働組合員でない従業員の
　スト破りを阻止するために
　会社入口で見張り、
　説得などをする

> **COLUMN** ★★★
>
> **団体交渉は次善策**
> 団体交渉に時間と労力を消耗し、本業が手につかずにボロボロになる社長を何度も見てきました。ここに至るまでに話し合いで解決することが賢明だといえるでしょう。

Point
★労働組合の団体交渉は、正当な理由がない限り拒否できない。
★労働組合の要求をすべて受け入れる必要はない。

Column

労働基準監督署との つきあい方

労働基準監督署は、会社にとっては怖いところです（→18ページ）。しかし、労働基準監督署および労働基準監督官の置かれている立場を理解すれば、うまくつきあうことができます。労働基準監督官の立場とは、以下のようなことです。

労働基準監督官は忙しい

①労働基準監督署は会社が労働基準法などに従って処理していれば、会社に対して何もできる立場にない
▶たとえば不当解雇されたと従業員が駆け込んでも、30日分の解雇予告手当を支払っているのであれば、解雇が無効かどうかなど、それ以上のことはいえる立場にない

②労働基準監督官は絶対数が不足しており、超過密なスケジュールをこなしている。1つの案件に割く時間がない
▶トラブルが発生した場合は、できるだけ協力し、早急に解決すべきである。会社の主張や反論をしてもよいが、労働基準法に則った内容でなければ、主張しても認められることはない

労働者とのトラブルは極力避ける

③1つの事案に対し、公正に対処しており、労働者側にばかり立っているとはいえない
▶労働者からの訴えがおかしければ、その場で諭しており、訴えの中で会社が正すべきと判断した場合だけ、会社は呼び出しを受ける
④労働者側の訴えがおかしいと思っても、冷たくあしらうこともできない

▶これらの立場を理解しない労働者も多く、行政が悪くなくても、SNSなどで悪く書かれるケースも多い。
　会社と労働者が対立したままでは解決しません。
　上記①～④の立場を理解し、法律で認められる範囲のところで折れるなど、妥当な落としどころを探るのがたいせつです。

第2章
労働時間のルール

サービス残業摘発が強化される
業務命令なら労働時間となる
労働時間の原則は週40時間
休日はできるだけ1週に1日与える
休憩時間は長くても違法ではない
年少者を雇うには制限がある
残業させるには労使協定（36協定）が必要
限度時間を超えるときでも月100時間未満
週40時間を超えても残業代はいらない
1日8時間40分労働でも残業代はいらない
1週間単位の変形労働時間制は人気がない
フレックスタイム制は職種を限定して使う
従業員がメモした労働時間も証拠になる
管理職の範囲は考えているよりずっと狭い
会社の外で働く人には特例がある
裁量労働制は残業代がいらない
高度プロフェッショナル制度は成果で払う
予兆を感じたら早めに改善策を練る
健康診断の結果に注意する
産業医の役割が重要になる

労働基準監督署の調査の強化
サービス残業摘発が強化される

支払命令による金額はかなりの額になる

特別養護老人ホームの経営者が残業代を支払わなかったとして**逮捕**されたり、また、大手消費者金融会社が35億円もの未払残業代の**支払命令**を受けたりしたことがありました。

厚生労働省は、サービス残業の指導・調査を強化しています。サービス残業の支払命令は内部告発や調査などから始まります。調査の結果、残業代不払いが認められれば支払命令が出ます。

残業時間の解釈は就業規則によって変わる

残業時間の解釈は、法律で認められたさまざまな特例があります（46ページ以降で解説）。

また、労働時間を就業規則にどう定めておくかによって残業時間が変わってきます。

法律で認められたさまざまな特例を就業規則に明記し、労働基準監督署に届出することによって、調査でも有効と認められるのです。

過去3年分の支払命令額の計算方法

CASE 時給1,000円の従業員が毎日1時間のサービス残業をしていた場合の不払い額
1,000円×1.25割増×20日×12か月×3年＝900,000円
該当者が50人いれば、900,000円×50人＝45,000,000円

- 従業員が給料を請求する権利の時効は2020年4月支払い分から3年（それ以前は2年）
- 残業代の支払命令が出た場合、2020年4月支払い分以降は3年間（それ以前は2年間）の未払いの残業代を支払う
- 支払命令には期限をつけられる（筆者の経験では1か月前後）

- ☑ 調査があれば、不払いがいくらくらいになるか試算してみる
- ☑ 残業代を削減できる合法的な方法を再確認する
- ☑ 合法的な方法を就業規則に記載しているか

用語ファイル

サービス残業（ざんぎょう）

所定の労働時間外に所定の賃金や割増賃金を支払うことなく労働させること。サービス残業には、賃金を支払っていないことと長時間労働の温床になるという大きく2つの問題がある。

サービス残業調査の実状

（100万円以上の割増賃金の是正支払状況）

調査期間	是正支払企業数	是正支払額（万円）	1企業平均額（万円）	対象労働者数（百人）
平成24年度	1,277	1,045,693	819	1,024
平成25年度	1,417	1,234,198	871	1,149
平成26年度	1,329	1,424,576	1,072	2,035
平成27年度	1,348	999,423	741	927
平成28年度	1,349	1,272,327	943	980
平成29年度	1,870	4,464,195	2,387	2,052
平成30年度	1,768	1,244,883	704	1,187
令和元年度	1,611	984,068	611	787

資料出所：厚生労働省（「監督指導による賃金不払残業の是正結果（令和元年度）」）

平成29年度からは、是正支払企業数が大幅に増えている

労働基準監督署の定期監督による違反状況

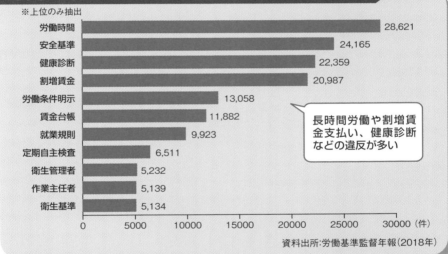

※上位のみ抽出

- 労働時間　28,621
- 安全基準　24,165
- 健康診断　22,359
- 割増賃金　20,987
- 労働条件明示　13,058
- 賃金台帳　11,882
- 就業規則　9,923
- 定期自主検査　6,511
- 衛生管理者　5,232
- 作業主任者　5,139
- 衛生基準　5,134

長時間労働や割増賃金支払い、健康診断などの違反が多い

資料出所：労働基準監督年報（2018年）

第2章 労働時間のルール ■サービス残業摘発が強化される

Point
- ★労働基準監督署の調査が強化されている。
- ★残業代不払いでの賃金は3年間遡って支払わなければならない。

31

労働時間の基本的な定義
業務命令なら労働時間となる

会社の指揮命令のもとで労働する時間が労働時間

労働時間には次の2つのポイントがあります。
- 会社の**指揮・命令を受けている**こと
- **労務を提供している**こと

1日の労働時間は、通常「事業主の指揮・命令のもとでの拘束時間（始業時刻から終業時刻）」から「休憩時間」を引いて求めることができます。

手待ち時間は労働時間

店員がお客様を待っている時間や、お昼休みにぼんやりと電話番をしているような手待ち時間は、一見仕事をしていないように見えます。

しかし、いつでも対応できるように待機しており、従業員の自由な時間ではありません。すなわち、**手待ち時間は労働時間**と判断されるのです。

労働時間となるケースと労働時間とならないケース

研修時間
会社からの出席が義務づけられている場合は労働時間
出席が自由であれば労働時間ではない
※安全衛生教育の時間は会社の責任で実施する必要があるものなので労働時間

健康診断
「定期健康診断」は労働時間としなくてもかまわない
X線利用者など特定の有害な業務に従事する従業員に対して行う「特殊健康診断」は労働時間

仕事の準備や後片付けの時間
会社の指示のもとに行われる業務に必要不可欠な時間であれば労働時間

→ 原則として会社の業務命令であれば労働時間、そうでなければ労働時間ではない

- ☑ 従業員が勝手に早く出社しているだけでは原則として労働にならない
- ☑ 1日8時間を超えて働かせる場合、変形労働時間制を検討したか
- ☑ →就業規則第13条

用語ファイル

特例事業場（とくれいじぎょうじょう）

①商業（例：小売業、卸売業）、②映画・演劇（映画の製作を除く）、③保健衛生業（例：医院、歯科医院）、④接客娯楽業（例：飲食店、パチンコ店など）を営む10人未満の事業場をいう。

労働時間のルール

一般の事業場は
1日の労働時間→8時間以内　かつ
1週の労働時間→40時間以内

特例事業場は
1日の労働時間→8時間以内　かつ
1週の労働時間→44時間以内

これを超えて労働させてはいけない

1週の労働時間40時間のパターン

❶ 1日8時間で完全週休2日制とする方法

所定労働時間は
8時間×5日＝40時間

1日8時間　1週40時間

どちらもクリアしているので○

❷ 1日6時間40分で週休1日制とする方法

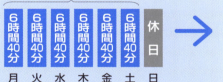

所定労働時間は
6時間40分×6日＝40時間

1日8時間　1週40時間

どちらもクリアしているので○

❸ 1日10時間で週休3日制とする方法

所定労働時間は
10時間×4日＝40時間
1週40時間はクリアしているが
1日8時間を超えているので×

46ページの変形労働時間制を
活用すればOK

労働時間の原則と勤務間インターバル
労働時間の原則は週40時間

法定労働時間内は法内残業

労働時間の原則は、1日8時間以内、1週40時間（特例事業場は44時間）以内と説明しました（→33ページ）。

所定労働時間が法律より短い場合、所定労働時間を超え、法定労働時間までの時間は、割増賃金を払う義務はありませんが、通常の賃金（×1）は必要です（→次ページ）。

「勤務間インターバル」導入が努力義務

「**勤務間インターバル制度**」は、勤務終了後、一定時間以上の「休息時間」を設けることで、働く人の生活時間や睡眠時間を確保するものです。

一定時間の休息時間を取れるようにすることで、健康やワーク・ライフ・バランスを保ちながら働き続けることができると考えられています。

勤務終了時刻が遅くなったときに、翌日の始業時刻を繰り下げたり、一定時刻以降の残業を禁止したりするなどの方法が考えられます。

働き方改革法が施行され、2019年4月からは、勤務間インターバル制度を導入することが「努力義務」とされています（義務ではない）。

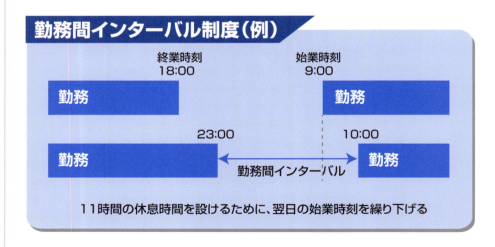

勤務間インターバル制度（例）

11時間の休息時間を設けるために、翌日の始業時刻を繰り下げる

法内残業時間と時間外労働時間

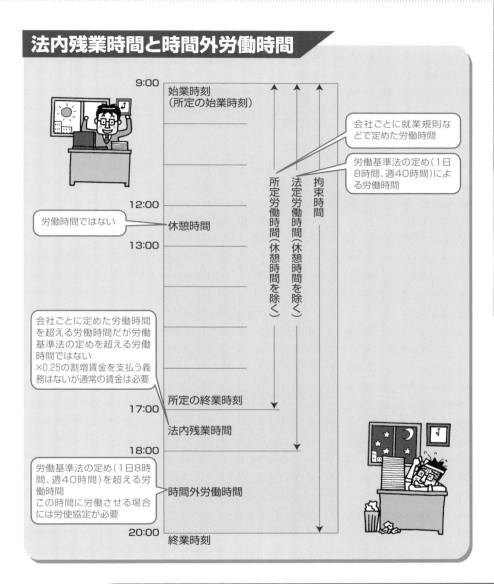

★どうしても残業せざるを得なかった日は、翌日の始業時刻を遅くする。
★働く人の健康やワークライフ・バランスを保つことで労働者のパフォーマンスも上がる。

休日に関するルール

休日はできるだけ 1週に1日与える

休日は4週に4日 与えればよい

休日は、毎週1日以上、それが難しければ**4週で4日以上**を与えなければならないと定められています。

4週で4日の場合は、就業規則などで、4週の起算日を明らかにする必要があります。

休日手当を支払う義務があるのは4週に4日の休日を確保できなかった場合だけです（→114ページ）。

国民の祝日は 休日ではない

「国民の祝日を休日にしなければならない」「週休2日でないといけない」と思い込んでいる人が多いようですが、労働基準法にこのような決まりはありません。国民の祝日が出勤日であっても、まったく問題はないのです。出勤させても休日手当を支払う必要はありません。

休日に関して決まりがあるのは、週1日の休日または4週4日の休日だけです。

すなわち、1日の労働時間を短くして出勤日数を増やすことも法律上は問題ありません。

しかし、求職者が会社を選ぶ際に休日の占めるウエイトはかなり大きいので、週休1日よりも、完全週休2日制のほうが応募者も増え有利になります。

振替休日なら 休日割増はいらない

勘違いが多いのが、**振替休日**と**代休**です。この2つの違いは、休日の変更を事前に指定する（振替休日）か、事後に指定する（代休）かです。

振替休日の場合、給料に変更はありません。つまり、休日に労働させる場合であっても、事前に別の日を休日にすれば、通常の給料を支払えばすむということです。一方、代休の場合は、**割増賃金を支払う**必要があります（→次ページ）。

- ☑ 4週で4日休んでいるのに3割5分の 休日割増が必要と思っていないか
- ☑ 休日労働させる場合は 振替休日を活用しているか
- ☑ **➡就業規則第14条、第16条**

用語ファイル

休日と休暇

休日は雇用契約書や就業規則などにより、当初より労働しなくてよいとされた日。休暇は雇用契約書や就業規則では、当初は労働すべき日とされていた日を、労働しなくてよいとされた日。

休日に関する決まり

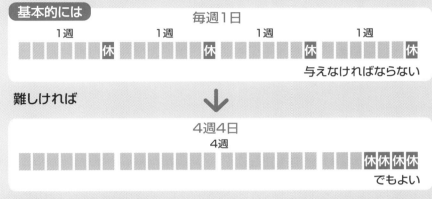

❶ 国民の祝日は休日ではない
❷ 週休2日制でなくてよい
❸ 従業員によって休日が異なってもよい
❹ 何曜日を休日にしてもよい
❺ 週によって休日の曜日が変わってもよい
❻ 原則として暦日（午前零時から翌日の午前零時）で与える
　※1日のうち少しでも仕事をさせれば休日を与えたことにはならない
❼ 交代制の場合は継続して24時間与える

振替休日と代休の違い

	振替休日	代休
要件等	就業規則に規定が必要 ●できる限り近い日を特定する ●振替は前日までに振替日を特定する	休日労働や長時間労働をさせた代償として他の労働日を休日にする
日の指定	あらかじめ事業主が指定する	事業主、従業員いずれが指定してもいい
割増賃金	●必要ない ただし、週をまたがった場合など必要になることがある	●必要 計算例：法定の休日（4週4日の休日）に8時間労働し、他の労働日に代休を取得したとき （休日労働分　時給×1.35×8時間） －（代休取得分　時給×1×8時間） ＝時給×0.35×8時間

休憩に関するルール
休憩時間は長くても違法ではない

休憩時間が短いと法律違反になる

　原則として**休憩時間**は、労働時間が**6時間を超える場合には45分以上、8時間を超える場合には1時間以上**与えなければなりません。

　休憩時間を長くとり、拘束時間を長くすることは法律違反にはなりません。

　ただし、トラックやタクシー、バスの運転手などは拘束時間などの特別な決まりがあるので、注意が必要です。

　休憩は一度だけに限らず、二度、三度与えてもかまいません。

休憩は労働時間の途中に与えなければならない

　従業員から「休憩をとるよりも早く帰りたい」といった申し出がされる場合があります。

　しかし、休憩をとる目的は、蓄積した疲労を回復させることなので、これは認められていません。**必ず労働時間の途中で与える**必要があるのです。

自由に利用させなければならない

　休憩時間は、自由に利用させなければなりません。したがって、お昼休みに電話番や来客当番をさせる場合（これは労働時間となる）は、ほかに休憩時間を与える必要があります。

一斉に与えなければならない

　休憩時間は基本的には、一斉に与えなければなりません。しかし、一斉に与えなくてよい業種が法律で決められています（→次ページ）。

　たとえば、小売店で従業員が一斉に休憩をとれば、お客様が来店したときに応対できません。医院も患者のことを考えれば、交替で休憩をとる必要があるでしょう。

- ☑ 休憩を労働時間の途中で与えているか
- ☑ 労働時間が8時間を超えたら1時間の休憩を与えているか
- ☑ ➡就業規則第13条

用語ファイル

休憩時間自由利用の原則
（きゅうけいじかんじゆうりよう　げんそく）

休憩時間は自由に利用させなければならないという原則のこと。しかし、会社に無断でビラを配ることはできないし、外出を許可制にしても違法ではない。何でも好き勝手にしていいということではない。

38

休憩時間の決まり

労働時間数	6時間まで	8時間まで	8時間超
休憩時間	0	45分以上	1時間以上

1日8時間労働のパターン

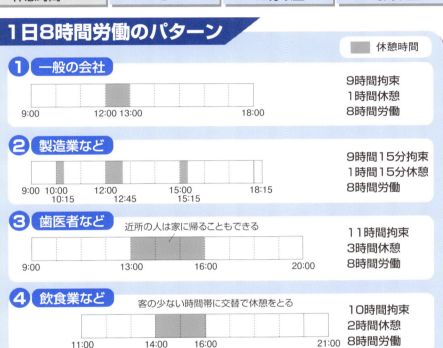

休憩を一斉に与えなくてもよい業種

❶ 運輸交通業
　（例：トラック、タクシー運転手）
❷ 商業（例：小売店、卸売店）
❸ 金融・広告業（例：銀行）
❹ 映画・演劇業
❺ 通信業
❻ 保健衛生業（例：医院、歯科医院）
❼ 接客娯楽業（例：飲食業）
❽ 官公署（例：役所）
❾ その他の業種で労使協定を定めた場合

アドバイス

労使協定を結べば一斉に与えなくていい

法律で認められていない業種でも、会社と従業員の過半数を代表する者との間で労使協定を結べば、休憩を一斉に与えなくてもかまいません。
労働基準監督署への届け出は必要ありません。

第2章 労働時間のルール ■休憩時間は長くても違法ではない

年少者を雇用する際のルール
年少者を雇うには制限がある

中学生の年齢以下の児童を働かせてはいけない

心身の未熟な児童を保護するために、さまざまな規制があります。基本的に、**中学生の年齢以下の児童**（15歳に達した直後の最初の3月31日までの者）を働かせてはいけません。

ただし、満13歳以上の児童であって、健康や福祉に有害でない業務で労働基準監督署の許可を受けた場合には、修学時間外に働かせてもよいとされています。

満18歳未満の者を深夜に働かせてはいけない

年少者には、毒薬物などの原材料を扱う業務、有毒ガスが発散する業務、高温・高圧の場所での業務など、危険な業務は禁止されています。

また、深夜労働（午後10時〜午前5時）も禁止されています。ただし、交替制で働く満16歳以上の男性などは例外があります。

満18歳未満の者を雇ったら年齢証明書を備え付ける

満18歳未満の者を雇った場合には、年齢を証明できるものを事業場に備え付けなければなりません。氏名、生年月日を確認できる「**住民票記載事項証明書**」を備え付ければよいでしょう。

未成年者の賃金を代わって受け取ってはいけない

子供を働かせて、親がその賃金を取り上げるということを防ぐために、親権者や後見人が本人に代わって、賃金を受け取ることはできません。

また、**未成年者**に代わって労働契約を締結することもできません。親権者や後見人の同意を得て、自分で締結します。

未成年者が締結した労働契約が不利であると認められた場合には、親権者や後見人、労働基準監督署は、その**労働契約を解除**することができます。

- ☑ 18歳未満の者を雇うとき、年齢の証明書を備え付けているか
- ☑ 18歳未満の者を深夜に働かせていないか
- ☑ ➡就業規則第17条第4項

用語ファイル

未成年者・年少者・児童

未成年者とは、満20歳に達しない者、年少者とは、満18歳に達しない者、児童とは、15歳に達した直後の3月31日まで（中学生以下）の者。未成年者は2022年4月1日から満18歳未満に引き下げられる。

年少者を雇うときのルール

満18歳未満

深夜（午後10時～午前5時）に働かせてはいけない

例外： いずれかの場合は働かせることができる
①交替制の満16歳以上の男性
②交替制の事業で午後10:30までまたは午前5:30から（労働基準監督署の許可要）
③農林水産業、保健衛生業、電話交換業務
④非常災害時の時間外、休日労働

- 時間外、休日労働、変形労働時間制禁止
  例外:中学卒業後の年齢（15歳に達した直後の4月1日以降）であればできるものもある
- 危険、有害、重量物取扱業務はさせてはいけない
- 年齢証明書を事業場に備え付けなければならない

中学生の年齢以下
（15歳に達した直後の3月31日までの者）

働かせてはいけない

例外:満13歳以上であれば（映画の製作などでは13歳未満も）修学時間外に働かせることができる。ただし、
①有害でない軽作業　かつ
②労働基準監督署の許可ある場合のみ

- 働かせる場合は、修学時間を入れて1日7時間、1週40時間まで
- 午後8時～午前5時に働かせてはいけない
- 時間外、休日労働、変形労働時間制禁止
- 危険、有害、重量物取扱業務はさせてはいけない
- 以下の書類を事業場に備え付けなければならない
  ①年齢証明書
  ②学校長の証明書
  ③親権者の同意書

Point
★18歳未満の者を深夜に働かせてはいけない。
★原則として、中学生以下の児童を働かせてはいけない。

労使協定（36協定(サブロク)）
残業させるには労使協定(36協定)が必要

36協定なしで残業させてはいけない

　1日8時間、1週40時間を超えて働かせてはいけないと説明しました。しかし、これは現実的ではありません。

　労働基準法は、この法定の労働時間を超えて労働させる場合には、**労使協定（36協定(サブロク)）を結ぶ**ことと、これを**労働基準監督署へ届け出る**ことを義務づけています。

　言い換えれば、この協定書を作成せずに法定労働時間を超えて労働させた場合には、罰せられるということです。

　労使協定とは、会社と従業員の過半数の代表者（労働組合がある場合は労働組合）が労働条件などについて取り交わす書面による約束ごとです。

　この協定書をはじめ、労働基準法に基づく協定書は、それぞれの事業場に掲示や備え付けるなどにより周知することが義務づけられています。

36協定は重要視されている

　「労働基準監督署はここを見る」（→19ページ）にもあげたとおり、労働基準監督署は、この**協定書を重要視**しています。サービス残業摘発が強化されている中での、重点項目の1つといえるでしょう。

　協定書に記入する「延長することができる時間」は限度時間（→次ページ）までに抑える必要があります。

　この時間を超える特別の事情がある場合は、特別条項協定を結び、届出をする方法があります（→44ページ）。

　なお、1日の時間外の上限は、定められていません。

　ただし、健康上特に有害な業務として定められた業務については、1日2時間までとされています。

　たとえば、著しく暑熱な場所での業務や有害放射線にさらされる業務などです。

- ☑ 残業させるときは、36協定を締結し、届け出しているか
- ☑ 36協定書の期限が切れていないか
- ☑ ➡就業規則第17条

用語ファイル

過半数(かはんすう)と2分の1以上

過半数は半数より1以上多いことをいう。10人の事業場であれば、6人以上であること。これに対して、2分の1以上は半数以上のことをいう。10人の事業場であれば、5人以上であること。

時間外労働限度時間

時間外労働には、法定外休日は含むが、法定休日（4週4日の休日）は含まない。

一般の場合

1週間	15時間
2週間	27時間
4週間	43時間
1か月	45時間
2か月	81時間
3か月	120時間
1年	360時間

1年単位の変形労働時間制の場合
（対象期間3か月を超える場合）

1週間	14時間
2週間	25時間
4週間	40時間
1か月	42時間
2か月	75時間
3か月	110時間
1年	320時間

新技術・新商品等の研究開発、工作物の建設等、自動車の運転、などは特例あり（→45ページ）

従業員の過半数の代表者とは

- 従業員の過半数で組織する労働組合があればその労働組合
- 投票、挙手などの公平な方法により選出されること
- 労使協定などをする人を選出することを明らかにすること

※いわゆる管理職ではない
※従業員にはパートタイマーも含まれる
※代表者は事業場（工場、店舗）ごとに選ぶ
※会社が一方的に指名してはいけない
※代表者であることなどを理由として差別してはいけない

アドバイス

震災などの場合には特例がある

災害など避けることができない理由がある場合は、特例として36協定なしで、時間外労働、休日労働をさせることができます。この特例を受けるためには、あらかじめ（または事後に遅滞なく）労働基準監督署の許可を受ける必要があります。

第2章 労働時間のルール

■残業させるには労使協定（36協定）が必要

★残業させる場合は36協定を締結し、届け出なければならない。
★36協定は限度時間の範囲で協定する。

特別条項協定、その他の特例

限度時間を超えるときでも [月100時間未満]

特別条項協定で臨時的に延長できる

前ページの「限度時間」を超えて時間外労働をしなければならない特別の事情があるときは、延長の協定を結び、届け出をすることによって、限度時間を超えて働かせることができます**(特別条項協定)**。

ただし、限度時間を超えるのは臨時的な場合に限られます。「臨時的」とは、突発的に必要で、1年の半分(6回)を超えないものに限られます。

限度時間を超える場合の上限が定められた

限度時間を超える場合の上限時間が定められていなかったために、長時間労働に際限がないと大きな問題になりました。

法改正により、限度時間を超えるときでも超えられない上限時間が定められました(2019年4月から。中小企業は2020年4月から→次ページ)。

また、これまで、「時間外労働時間」には法定休日労働の時間は加算されませんでした。しかし、次ページ上表「①1か月100時間未満」「②平均して1か月80時間以下」のカウントでは、法定休日労働を加えた時間となっており、罰則も定められています。

36協定は注意して記載する

2019年からの法改正にあわせ、指針が定められました。ここには、次の内容などが書かれており、これまでより厳しくなっています。協定の書き方が悪ければ、届出をするときに労働基準監督署から指導されることになります。

● 業務の種類を細分化し、対象業務の範囲を明確にしなければならない
● 臨時的に限度時間(原則)を超えて働かせるのは、「臨時的な特別の事情」が必要。「業務の都合上必要な場合」などは認められない。

- ☑ 36協定の範囲を超えて残業させていないか
- ☑ 災害などで残業させる場合は監督署の許可を受けたか
- ☑ →就業規則第17条

アドバイス

過労死ライン

月80時間超の残業は「過労死ライン」と呼ばれています。45時間を超えて多くなればなるほどリスクが高まると認識する必要があります。

時間外労働の限度時間など

2019年4月(中小企業は2020年4月)から下表のとおりとなった(「原則」および「回数」は、これまでと変わらず)。

	原則(一般の36協定)	例外(特別条項により認められる)
時間外労働	時間外労働は月45時間、年360時間まで(1年単位変形労働時間制で3か月を超える場合は月42時間、年320時間まで)	時間外労働および休日労働※は月100時間未満(①) 時間外労働は年720時間まで
回数	定めなし	原則である月45時間(1年単位変形労働時間制は42時間)を超えることができるのは年6回まで
2～6か月前までの平均	定めなし	時間外労働および休日労働※は2～6か月前までのそれぞれの期間の平均は月80時間まで(②)

※法定休日労働を加算する。
①、②の違反には、罰則が定められている(6か月以下の懲役または30万円以下の罰金)。

業務による時間外労働上限の例外

時間外労働の上限については、下記の業務に例外が定められている。

新たな技術、商品または役務の研究開発	適用除外。 ただし、時間外労働時間(法定休日労働時間を含む)が月100時間を超えた労働者に医師の面接指導が義務づけられる。
工作物の建設の事業	施行日から5年間(2024年3月まで)は、適用除外。
自動車運転の業務	施行日から5年間(2024年3月まで)は、適用除外。 ただし、「月100時間未満、2～6か月前の平均80時間まで。月45時間を超える回数は年6回まで」は適用せず、1年の時間外労働は960時間まで。
医業に従事する医師	施行日から5年間(2024年3月まで)は、適用除外。
鹿児島県・沖縄県の砂糖を製造する事業	施行日から5年間は、「例外の場合の月100時間未満、2～6か月前の平均80時間まで」が適用除外。

★月45時間を超える時間外労働は年6回までしか認められず、恒常的な長時間労働は認められない。
★36協定の時間を超えないよう、会社は普段から勤怠管理を徹底する必要がある。

変形労働時間制～1か月単位
週40時間を超えても残業代はいらない

平均して週40時間を超えなければ残業代はいらない

　労働基準法では、「1週40時間、1日8時間を超えて労働させてはいけない」と定めています。したがって、ある週に50時間労働させたら10時間は残業となり、この10時間に対しては1.25倍の給料を払う必要があります。

　ところが、「1か月単位の変形労働時間制」を使うと、4週であれば、
〔40時間×4週＝160時間〕
までは残業となりません。次ページのケースの場合は、合計158時間ですから、**残業代を支払う必要はない**のです。

時給制の人にはぴったりの制度

　このように、**1か月以内の一定の期間を平均して1週40時間**の範囲で労働させることができる制度を**1か月単位の変形労働時間制**といいます（4週間単位、2週間単位なども可能）。

　月末が忙しい会社やシフト制を組んでいる会社にはぴったりの制度です。また、**すべての時給制の人にはこの方法が一番有利**です。

1か月単位の変形労働時間制を活用する

　この制度を活用すると、給与計算の締めにあわせ、タイムカードを集計した際に、30日の月であれば171時間まで、31日の月であれば**177時間まで残業代は必要ありません**（→次ページ）。

　ただし、これはシフト勤務などで予定したとおりに働いた場合です。予定していたシフトを超過した労働時間がある場合には、割増賃金を支払わなければなりません。

　また、月末に業務が集中する業務であれば、月末の労働時間を9時間、月初を7時間というように変化をもたせることができます。

- ☑ 時給制の人に1か月単位の変形労働時間制を活用しているか
- ☑ 制度を活用している会社は、就業規則か労使協定に定めて届け出しているか

用語ファイル
変形労働時間制（へんけいろうどうじかんせい）
ある一定期間を平均して、1週間の労働時間が40時間を超えない定めを、就業規則や労使協定に定めることで、ある日に8時間、ある週に40時間を超えて労働させることができる制度。

時間外労働となる時間の算定方法

❶ **1日ごとに計算**
　シフト勤務表で決めた時間を超えた時間
　（定めた時間が8時間未満のときは8時間を超えた時間）

❷ **1週間ごとに計算**
　シフト勤務表で決めた時間を超えた時間（❶を除く）
　（定めた時間が40時間未満のときは40時間を超えた時間）

❸ **変形期間で計算**
　法定労働時間（30日の月は171時間、31日の月は177時間）を超えた時間（❶❷を除く）

シフト勤務表どおりのときは❸だけでよい

法定労働時間の総枠の計算方法

これがポイント

基　本…1週（7日）は40時間

同じ比率で　4週（28日）のとき　→　$40時間 \times \dfrac{28日}{7日} = 160時間$

同じ考えで　1か月（30日）のとき　→　$40時間 \times \dfrac{30日}{7日} = 171時間$　｝（切り上げは×）

同じように　1か月（31日）のとき　→　$40時間 \times \dfrac{31日}{7日} = 177時間$ ※

※計算すると、177.14285……となる。どの桁を基準にする場合であっても「切り上げ」はできない。

CASE

ある月の勤務が、第1週 50時間、第2週38時間、第3週35時間、第4週35時間だった場合

　　　　　　　　　　　　　　　　40時間
第1週　50時間
第2週　38時間
第3週　35時間
第4週　35時間

何の対策もしていない場合　→　1か月単位の変形労働時間制を活用した場合

第1週の10時間が残業となり、残業代が必要　→　4週間の合計が160時間までは残業にならない

アドバイス

労働基準監督署に届け出る

1か月単位の変形労働時間制を活用するには、就業規則または労使協定に定め、労働基準監督署へ届け出る必要があります（10人未満のときは就業規則の届出不要）。
勝手にこの制度を使った気になっていても、いざというときには通りません。きちんと手順を踏みましょう。

変形労働時間制〜 1年単位

1日8時間40分労働でも残業代はいらない

1年単位の変形労働時間制は活用しだい

年末年始やお盆、国民の祝日に休んでいるのであれば、必ず使えるのが1年単位の変形労働時間制です。労働基準法に、「年末年始やお盆、国民の祝日には休日にしなさい」とはありません。

そこで、1年単位の変形労働時間制を活用し、**1年を平均して1週あたり40時間**以内になるように設定すれば、ある週の労働時間が40時間を超えていても、残業代を支払わなくてよいのです。1週40時間を最大に活用できる方法です。

完全週休2日制なら1日の労働時間を8時間40分にできる

年末年始、お盆、国民の祝日を休日として指定し、そのしわよせを他の業務繁忙期にあてることによって、**残業代の節約が図れる**のです。

具体的に計算してみると（→次ページ）

1日の労働時間の上限は8時間40分となります。毎日の労働時間を8時間40分にしても残業代を払う必要はないということです。

隔週土曜日出勤させるには7時間45分にすればよい

隔週土曜日に出勤させたい会社の場合は、1日の労働時間を7時間45分にします（→次ページ）。

1日の労働時間を少なくすることによって、**残業代を増やすことなく出勤日数を増やす**ことができるのです。

1年単位の変形労働を最も活用できるのは繁閑がある業務

さらに高度なテクニックを使うなら、1日あたりの労働時間を業務閑散期だけ7時間にするという方法もあります。

そうすれば、業務繁忙期の労働時間を9時間にしたり、休日日数を減らしたりすることが可能になります。

- ☑ 1年単位の変形労働時間制を活用しているか
- ☑ 労使協定を届け出ているか
- ☑ →就業規則第13条、第14条

用語ファイル

特定期間
とくていきかん

特に業務が繁忙な期間として1年単位の変形労働時間制の労使協定によって定めた期間をいう。この期間であれば、連続12日までならこの制度の決まりである6日を超えて連続して労働させることができる。

法定労働時間の計算方法

基　本…1週（7日）は40時間

同じ比率で **1年（365日）のとき** → 40時間×$\frac{365日}{7日}$＝2,085時間
（切り上げは×）

結　論…1年（365日のとき）の法定労働時間の総枠は2,085時間

これがポイント

CASE 1　完全週休2日制なら1日8時間40分まで可能

ステップ1　年間の休日日数を計算する
休日日数＝日曜日　　　52日 ┐
　　　　　土曜日　　　52日 ┘完全週休2日制
　　　　　国民の祝日　15日（土曜日と重なる日を考慮）
　　　　　年末年始　　4日
　　　　　お盆　　　　3日
休日日数合計　　126日

ステップ2　年間の総労働日数を計算する
　365日－126日（休日日数）＝ 239日
年間総労働日数は　239日

ステップ3　1日あたりの労働時間を計算する
　2,085時間（年間の総労働時間）÷239日＝8.72（切り上げは×）
1日の労働時間の上限は8時間43分

CASE 2　隔週土曜日を出勤日にしたい

ステップ1　年間の休日日数を計算する
休日日数＝日曜日　　　52日
　　　　　土曜日　　　26日　（隔週土曜日出勤）
　　　　　国民の祝日　15日（土曜日と重なる日を考慮）
　　　　　年末年始　　4日
　　　　　お盆　　　　3日
休日日数合計　　100日

ステップ2　年間の総労働日数を計算する
　365日－100日（休日日数）＝ 265日
年間総労働日数は　265日

ステップ3　1日あたりの労働時間を計算する
　2,085時間（年間の総労働時間）÷265日＝7.86（切り上げは×）
1日の労働時間の上限は7時間51分

※1年単位の変形労働時間制は、特例事業場（週44時間）であっても特例扱いとはならず、週40時間労働で計算する。

Point
★変形労働時間制は、忙しい時の残業時間をヒマな時の労働時間に組み替えること。
★会社にとっては残業代の削減、従業員にとっては余分に働く必要がなく一石二鳥。

第2章　労働時間のルール
■1日8時間40分労働でも残業代はいらない

繁閑があってもカレンダーで簡単にできる

CASE 決算期の3月末と9月末に出勤日を集中できる（例：1日8時間）

ステップ1　年間の労働日数を計算する
2,085時間（年間の総労働時間）÷8時間＝260日（切り上げは×）

ステップ2　年間の休日日数を計算する
365日－260日＝105日

ステップ3　休日を決める
カレンダーに○をつけていく
①法定休日を毎週1日確保する（ここでは日曜日：52日）
②次に繁忙期を避け、残り53日（105日－52日）分の休日を決めていく

CALENDAR

1月

日	月	火	水	木	金	土
·	·	·	·	·	·	①
②	③	4	5	6	7	⑧
⑨	⑩	11	12	13	14	⑮
⑯	17	18	19	20	21	㉒
㉓₃₀	24₃₁	25	26	27	28	㉙

5月

日	月	火	水	木	金	土
①	2	③	4	⑤	6	7
⑧	9	10	11	12	13	⑭
⑮	16	17	18	19	20	㉑
㉒	23	24	25	26	27	㉘
㉙	30	31	·	·	·	·

9月

日	月	火	水	木	金	土
·	·	·	·	1	2	③
④	5	6	7	8	9	⑩
⑪	12	13	14	15	16	⑰
⑱	⑲	20	21	22	㉓	24
㉕	26	27	28	29	30	·

2月

日	月	火	水	木	金	土
·	·	1	2	3	4	⑤
⑥	7	8	9	10	⑪	12
⑬	14	15	16	17	18	⑲
⑳	21	22	㉓	24	25	㉖
㉗	28	·	·	·	·	·

6月

日	月	火	水	木	金	土
·	·	·	1	2	3	④
⑤	6	7	8	9	10	⑪
⑫	13	14	15	16	17	⑱
⑲	20	21	22	23	24	㉕
㉖	27	28	29	30	·	·

10月

日	月	火	水	木	金	土
·	·	·	·	·	·	1
②	3	4	5	6	7	8
⑨	⑩	11	12	13	14	15
⑯	17	18	19	20	21	22
㉓₃₀	24₃₁	25	26	27	28	29

3月

日	月	火	水	木	金	土
·	·	1	2	3	4	⑤
⑥	7	8	9	10	11	⑫
⑬	14	15	16	17	18	⑲
⑳	21	22	23	24	25	26
㉗	28	29	30	31	·	·

7月

日	月	火	水	木	金	土
·	·	·	·	·	1	②
③	4	5	6	7	8	⑨
⑩	11	12	13	14	15	⑯
⑰	⑱	19	20	21	22	㉓
㉔₃₁	25	26	27	28	29	㉚

11月

日	月	火	水	木	金	土
·	·	1	2	③	4	⑤
⑥	7	8	9	10	11	⑫
⑬	14	15	16	17	18	⑲
⑳	21	22	㉓	24	25	26
㉗	28	29	30	·	·	·

4月

日	月	火	水	木	金	土
·	·	·	·	·	1	2
③	4	5	6	7	8	9
⑩	11	12	13	14	15	16
⑰	18	19	20	21	22	23
㉔	25	26	27	28	㉙	30

8月

日	月	火	水	木	金	土
·	1	2	3	4	5	⑥
⑦	8	9	10	11	12	⑬
⑭	15	16	17	18	19	⑳
㉑	22	23	24	25	26	㉗
㉘	29	30	31	·	·	·

12月

日	月	火	水	木	金	土
·	·	·	·	1	2	③
④	5	6	7	8	9	⑩
⑪	12	13	14	15	16	⑰
⑱	19	20	21	22	23	㉔
㉕	26	27	28	29	30	㉛

○業務が集中する時期の土曜日（■■の部分）は毎週出勤日にする
○繁忙期の週の労働時間が48時間になるが1年単位の変形労働時間制なら残業代はいらない

1年単位の変形労働時間制に関する協定届

10時間まで

1年単位の変形労働時間制に関する協定届

様式第4号（第12条の4第6項関係）

事 業 の 種 類	事 業 の 名 称	事 業 の 所 在 地 （ 電 話 番 号 ）	事業の名称労働者数
一般機械器具製造業	株式会社 田中製作所	東京都新宿区新小川町○-○ （03-○○○○-○○○○）	52人
該 当 労 働 者 数 （満一八歳以上の者）	対象期間及び特定期間 （起算日）	対象期間中の各日及び各週の 労働時間並びに所定休日	対象期間中の1週間の 平均労働時間数	協定の有効期間
（ 52人 52人）	令和○年4月1日から1年間	（別紙）	40時間00分	令和○年4月1日 から1年間
労働時間が最も長い日の労働時間数 （満18歳未満の者）	8時間00分 （8時間00分）	労働時間が最も長い週の労働時間数 （満18歳未満の者）	48時間00分 （48時間00分）	対象期間中の 総労働日数	260日
労働時間が48時間を超える週の最長連続週数	0週		対象期間中の最も長い連続労働日数		6日間
対象期間中の労働時間が48時間を超える週数	0週		特定期間中の最も長い連続労働日数		6日間

旧協定の対象期間	令和○年4月1日から1年間	労働時間が最も長い日の労働時間数	8時間00分
旧協定の労働時間が最も長い日の労働時間数	48時間00分	旧協定の対象期間中の総労働日数	260日

協定の成立　　　令和 ○ 年 3 月 25 日

協定の当事者である労働組合の名称又は労働者の過半数を代表する者の　職　名　株式会社 田中製作所　製造課A班係長
　　　　　　　　　　　　　　　　　　　　　　　　　　　　　　　　氏　名　吉田 薫

協定の当事者（労働者の過半数を代表する者の場合）の選出方法　　（ 挙手による ）
　　　　　令和 ○ 年 3 月 25 日

　　　　　　　　　　　　　　　　　　　　使用者　職　名　株式会社 田中製作所　代表取締役社長
　　　　　　　　　　　　　　　　　　　　　　　　氏　名　田中 勇　印

　　新宿　労働基準監督署長 殿

3週間まで　　**280日まで**　　**6日まで**　　**12日まで**

労働時間には限度があることに注意する

労働時間が14時間の日や60時間の週があっては、従業員の健康に支障が出る恐れがあります。

そこで、1年単位の変形労働時間制の場合は、1日の労働時間の限度は10時間、1週間の限度は52時間、1年の労働日数の限度は280日までと決まっているので注意が必要です。

また、**連続して労働させる場合の日数の限度は6日**です。特定期間であっても、**最も長い連続労働日数は12日**と決まっています。これらは、1年単位の変形労働時間制だけの決まりです。

労使協定を届け出る

1年単位の変形労働時間制の対象期間は、1年以内であれば、3か月、6か月などでもかまいません。

また、労使協定を結び、労働基準監督署へ届け出る必要があります。その上で就業規則にも1年単位の変形労働時間制を活用する旨の記載をします。

変形労働時間制～1週間単位

1週間単位の変形労働時間制は人気がない

業種が限定されている

1週間単位で日々の労働時間を変えられるのが**1週間単位の変形労働時間制**です。ただし、活用できる業種は以下に限定されています。
- 従業員30人未満　かつ、
- 小売業、旅館、料理店、飲食店

これらの業種では、労働時間を固定することが難しいということから、弾力的に労働時間を決定することができるよう配慮された制度です。会社は、この制度を実施する週の前日までに書面で各日の労働時間を従業員に通知します。

この制度を活用する場合には、労使協定を結び、届け出る必要があります。

1か月単位の変形労働のほうが有利な点が多い

この制度には不利な点がいくつかあります。

■週44時間を活用できない

小売業、旅館、料理店、飲食店で従業員10人未満であれば、本来、週44時間制が活用できます。

ところが、この制度では、週40時間に限定されているので、週44時間制を活用することができません。

変形労働時間を活用しながら週44時間制を最大限活用するには1か月単位の変形労働時間制を使うほうが有利ということになります。

■1日の労働時間は10時間が上限

1日の労働時間の上限が10時間と決められています。1か月単位の変形労働時間制であれば上限はないので、この点についても1か月単位の変形労働時間制のほうが有利です。

ただし、日ごとの業務に繁閑があり、予測することが難しい場合には、1か月単位の変形労働時間制を使うことはできないので、1週間単位の変形労働時間制を使うほうがいいでしょう。

- ☑ 活用できる業種にあてはまっているか
- ☑ 活用している会社は、1か月単位の変形労働時間制と比較したか
- ☑ 労使協定を届け出たか

用語ファイル

1週間（いっしゅうかん）

就業規則などで定める。定めていないときは、日曜日から土曜日までをいう。土・日曜日が休日の会社は、月曜日から日曜日を1週間に定めると、休日が連続した土・日曜日となり、法定の休日がわかりやすい。

変形労働時間制の比較

	対象業種	手続き	労働基準監督署への届け出	1週間平均労働時間	労働時間の上限
1か月単位	制限なし	就業規則に定める、または労使協定を結ぶ※1	必要	40時間（特例事業場※2は44時間）	特になし
1年単位	制限なし	就業規則に定め、労使協定を結ぶ	必要	40時間	1日10時間、1週52時間（3か月を超える場合は1週48時間）
1週間単位	小売店、旅館、料理店、飲食店で30人未満	労使協定を結ぶ	必要	40時間	1日10時間
フレックスタイム制	制限なし	就業規則に定め、労使協定を結ぶ	不要※3	清算期間を平均して週40時間（特例事業場※2は44時間）	特になし（清算期間1か月超は1か月ごとに平均週50時間以内）

※1：10人未満のときは就業規則の届出は不要。
※2：商業、映画・演劇、保健衛生業、接客娯楽業で10人未満の事業場（→32ページ、用語ファイル）。これらの事業場で週44時間を最大に活用するには、1か月単位の変形労働時間制またはフレックスタイム制が有利。
※3：清算期間1か月超のときは必要。

労働時間の特例

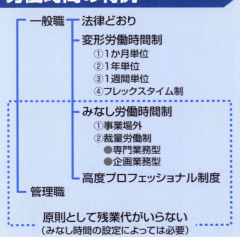

アドバイス

労働時間は早めに通知する

毎週の労働時間が前日にならないとわからないというのでは、プライベートの予定も組みにくく、よいこととはいえません。会社にとっても、毎週毎週予定を組むというのは、あまり効率的ではありません。できるだけ、1か月または2週間単位で予定を組むのがよいでしょう。

変形労働時間制～フレックスタイム制

フレックスタイム制は職種を限定して使う

フレックスタイム制には問題点がある

フレックスタイム制は、**出退勤の時刻を従業員が決める**制度です。従業員が出退勤の時刻を決めることによるデメリット（→次ページ）が大きいために、導入しても廃止する会社もあるようです。

導入には、清算期間（原則1か月）の総労働時間（1週あたり40時間の範囲内）を決めておきます。つまり、1か月の暦日数が30日の月は171時間、31日の月は177時間が最大となります。

実際に働いた1か月の労働時間を、決定した総労働時間と比較して、実労働時間のほうが少なければ、その分の給料を引きます。不足分として給料を引かずに翌月に持ち越してもかまいません。逆に、実労働時間のほうが多ければ、残業代として支払います。これは、翌月に持ち越すことはできません。必ずその月に支払います。

清算期間の上限が3か月に延長された

清算期間の原則は1か月以内ですが、**要件に合致すれば、3か月以内**とすることが可能になりました（2019年4月より）。

要件は、次の両方を満たすことです。

- 1か月ごとに区分した期間ごとに平均して週50時間以内とすること
- 労使協定を労働基準監督署へ届け出ること

清算期間を3か月にすると、ある月の所定労働時間を短くすることにより、その分、別の月の労働時間を長くすることができます。

これにより、会社としては、活用しだいで割増賃金を少なくすることができます。また、労働者としても、柔軟な働き方が可能になります。閑散期に労働時間を減らしても給料を減額されず、トータルの労働時間を短くすることができます。

- ☑ 安易にフレックスタイム制の導入を考えていないか
- ☑ 顧客に迷惑をかけない工夫をしているか
- ☑ 対象となる職種や従業員の選定はよく検討したか

用語ファイル

フレックスタイム制

就業規則や労使協定に定めておくことで、従業員がフレキシブルタイムの範囲内で出勤、退勤の時間を自由に決めることができる制度。生活と仕事の調和を図りながら、効率的に働くことを目的としている。

フレックスタイム制のメリットとデメリット

メリット
1. 通勤ラッシュを避けることができる
2. 時間外労働が削減できる
3. 従業員の自主性が尊重されることでやる気が出る

デメリット
1. 担当者が不在の場合、社外との調整が必要
   → たいせつなお客様を怒らせてしまう可能性がある。急な会議に対応できない
2. 遅刻などの制裁が効かない
   → コアタイムに遅刻しても、他の労働日に補えるなら、コアタイムの意味がない
3. 業務の繁閑にあわせて勤務してほしい会社の意思にはあわない
   → 業務が忙しいときに、遅い出勤、早い退勤をする従業員に対して対抗する手段がない

フレックスタイム制の例

要件は、
① 就業規則などに規定する　かつ、
② 労使協定を締結すること（記載内容は以下のとおり）

- 対象労働者の範囲
- 3か月以内の清算期間（いつからいつまでか）
- 清算期間の総労働時間
- 標準となる1日の労働時間
- コアタイム
- フレキシブルタイム

※清算期間が1か月を超えるときは労使協定の届出が必要

アドバイス

フレックスタイム制成功のポイント
- 清算期間は、給料の計算期間にあわせる
- 有給休暇を取得したときは、「標準となる1日の労働時間」を労働したものとして取り扱う
- コアタイムに遅刻、早退、欠勤した場合は、賞与の査定に反映させるか減給処分（→232ページ）にする（そうでなければコアタイムの意味がない）

第2章 労働時間のルール

■ フレックスタイム制は職種を限定して使う

55

労働時間の把握・記録の保存
従業員がメモした労働時間も証拠になる

労働時間の把握が義務づけられている

　会社は労働に関する書類を記録して、定められた期間保存することが義務づけられています（→次ページ）。

　また、厚生労働省は、**労働時間の把握を義務づけ**ています。**長時間労働、サービス残業**がなくならない原因の1つとして「労働時間を正確に把握できていないこと」があると重要視しているためです。

　平成29年1月に、「労働時間の把握」について、厚生労働省からガイドラインが出されました。**自己申告制が有効とされる要件が、細かく書かれている**ことに注意が必要です（→次ページ）。

　それ以降、タイムカードの打刻と自己申告による時間に乖離(かいり)があるとき、「自己申告による時間が労働時間である」という会社の主張は通りにくくなっています。仕事が終われば早く帰らせるよう、徹底しておく必要があります。

管理職も労働時間の記録が必要

　2019年4月には、「労働時間の把握義務」が労働安全衛生法に定められました。

　これにより、これまで対象外とされていた管理監督者やみなし労働時間制の労働者についても、健康管理の趣旨から把握の対象になりました。

　実態としては、労働時間を把握していない会社があります。

　「残業代を払ってくれない」という理由で従業員が労働基準監督署に駆け込むことがあります。タイムカードなどの客観的な判断材料がない場合、**従業員自身が手帳にメモした残業時間や退勤時刻は多くの場合、証拠として有効**です。

　また、最近はパソコンログの時刻なども、退勤時刻の証拠になります。

　記録がなければ反論できず、何もない状態が最もリスクが大きいことなのです。

- ☑ 労働時間を把握しているか
- ☑ 残業許可制の場合は、制度を従業員に知らせるなど徹底しているか
- ☑ ➡就業規則第17条第2項

用語ファイル
自己申告制(じこしんこくせい)と残業許可制(ざんぎょうきょかせい)

残業する必要があると従業員が判断した場合に、事前に上司にその理由や必要な時間を申請することで残業代が支払われる制度。上司に申請するのが自己申告制、上司の許可を得るのが残業許可制。

始業・終業時刻の把握方法

把握方法

 原則 どちらかの方法を使う
1. 上司が確認して記録する
2. タイムカード、ICカード、パソコンログの時間など

 例外 自己申告制をとらざるを得ない場合の要件
1. 本人、上司に対し、自己申告制で正しく申告、運用することについて十分に説明する
2. 自己申告の時間と、タイムカードの記録などに著しい乖離があるときは、実態を調査して補正する
3. 自己申告した時間を超えて会社内に残っているときは、本当に労働でないのかを確認する
4. 時間外労働時間に上限を設けないこと。36協定を記録上守っているようにすることが慣習的に行われていないか、確認する

記録の保存（主なもの）

労働者名簿や賃金台帳などの法定帳簿は、保存が義務づけられている。

名称	内容	保存期間（起算日）
労働者名簿	①労働者氏名、②生年月日、③履歴、④性別、⑤住所、⑥従事する業務の種類、⑦雇入年月日、⑧退職または解雇・死亡の年月日、その理由や原因	3年（死亡・退職・解雇の日）
賃金台帳	①労働者氏名、②性別、③賃金の計算期間、④労働日数、⑤労働時間数、⑥時間外労働時間数、⑦深夜労働時間数、⑧休日労働時間数、⑨基本給や手当等の種類と額、⑩控除項目と額	3年（最後の記入日）
出勤簿	①出勤簿やタイムカード等、②始業・終業時刻の記録、③残業命令書・報告書、④労働者が記録した労働時間報告書等	3年（最後の出勤日）

※この他、労働条件通知書（雇用契約書→217ページ）や退職・解雇の書類、災害補償に関する書類なども3年間の保存が義務づけられている。

★残業許可制で把握した時間と実際の退勤時間との乖離をなくす必要がある。
★会社が労働時間を把握していないときは、従業員がメモしていた時間が証拠となる。

管理職と認められるポイント
[管理職の範囲は考えているよりずっと狭い]

役職をつけただけでは管理職とは認められない

「管理職にすれば、残業代はいらないのでしょう？」という質問を日常よく受けます。

たしかに、労働基準法には「**管理職には残業代を払わなくてもよい**」という特例があります。

そのため、この特例を勝手に解釈して積極的に役職名をつけ、残業代を支払わない会社があります。

しかし、注意が必要です。ここでいう「管理職」の範囲（→次ページ）は思いのほか狭いのです。

管理職と認められるには、「経営者と一体的な立場にある人で、役職名ではなく、実態を見て判断する」とされています（→次ページ）。

「店長」といいながら、店舗を開けている時間はずっと在社する必要があったり、残業代で支給するよりも役職手当の

ほうが少ないケースなどは、管理職と認められるのはむずかしいでしょう。

過去にも裁判で管理職であるかどうかが争われた事例は数多くあります。役職の名称にかかわらず、その多くは**管理職として認められず**に残業代の支払いを余儀なくされています。

もちろん、管理職であっても、残業代を支払うことには、なんら問題はありません。

従業員の健康を確保するため、2019年4月からは管理職であっても労働時間を把握することが義務づけられました。

管理職でも深夜労働の割増賃金は必要

深夜手当については、管理職であっても除外されないので、2割5分の割増賃金が必要です。

また、有給休暇についても、管理職も他の従業員と同様に取得する権利があります。

- ☑ 自社の管理職は要件に合致しているか
- ☑ 合致しない場合は、対策を考えているか
- ☑ ➡就業規則第19条、賃金規程第7条

用語ファイル

管理職
かんりしょく

部下を統率管理し、経営の中枢を担う者をいうが、労働基準法の範囲と異なることが多い。管理職の仕事としては、問題を解決し、組織の課題を管理し、部下を育成することとされている。

管理職に認められる特例

- 残業代、休日手当を支払わなくてもよい
- 休憩、休日も本人の裁量でとらせる

管理職の範囲

部長、工場長など経営者と一体的な立場にある者で、役職名ではなく、実態を見て判断する。

●具体的な判断基準
① 労働時間で規制するのはあわない立場の者
　→何時から何時まで必ず在社する必要があるというような、本人の裁量の余地がない場合は認められない
② 重要な職務内容、責任と権限がある
　→肩書きをつけただけでは不十分。実態としてそれにふさわしい責任や権限が与えられている必要がある
③ 賃金等の待遇面についても、基本給、役職手当などその地位にふさわしい待遇がなされている
　→少なくとも、残業代以上の役職手当が支給されているなどの優遇措置が必要

■都市銀行の例
（管理職として認められる者）
① 役員を兼務する者
② 支店長、事務所長
③ 本部の部長
④ 本部の課長

COLUMN ★★★
秘書や守衛も残業代はいらない

管理職と同じように残業代を支払わなくてよい業務として、秘書があります。社長や管理職と行動をともにし、出勤時刻や退勤時刻について厳密な制限を受けないためです。
守衛も、身体的、精神的緊張が少ないなどの一定の要件を満たせば、残業代を支払う必要はないとされています。
ただし、守衛の場合は労働基準監督署の許可を得る必要があります。

Point
★ 管理職であれば残業代はいらないが、それなりの手当を支払う必要がある。
★ 管理職として認められなければ、残業代の支払命令を受ける。

第2章 労働時間のルール
■管理職の範囲は考えているよりずっと狭い

事業場外のみなし労働時間制
会社の外で働く人には特例がある

営業マンには特例を使う

「**営業マンには残業代を支払わなくてもよい**」というのはよくいわれることです。

会社の外で働く営業マンのようなケースでは、労働時間を正確に把握するのが難しいため、労働基準法では、実際の労働時間にかかわらず、決めた時間を労働時間とみなすことを認めているのです。

これを「**事業場外のみなし労働時間制**」といいます。現実の労働時間が何時間であったかは関係ありません。その業務をするために**必要とされる時間を働いたとみなす**のです。

労働時間を把握できる場合は認められない

みなし労働時間制には、「会社外で労働するため、労働時間を算定するのが難しい」という大前提があります。

したがって、労働時間を把握できるのであれば、みなし労働時間とは認められません（実際に労働した時間で算定する）。

また、帰社して書類の整理をした時間などは、みなし労働時間とは認められません。たとえば、外勤のみなし時間が8時間、帰社して2時間の残務処理をした場合は、2時間の時間外労働となり、残業代が必要です（所定労働時間など個別の状況により異なる）。

この他、深夜労働や休日労働などに対する賃金は、みなし労働時間制であっても、支払う必要があります。

法定の労働時間を超える場合は協定書が必要

みなし労働時間が法定労働時間の8時間を超える場合は、労使協定を締結し、労働基準監督署へ届け出る必要があります。

この場合、超える分の残業代を支払います。このときの労使協定の手続きは、時間外労働の協定書と同じです。

- ☑ 制度を活用している会社は、就業規則に内容を記載しているか
- ☑ 労働時間を把握できるのに、みなし労働時間制を使っていないか
- ☑ ➡ 就業規則第15条

用語ファイル

みなし労働時間制

労働したのであれば、実際の労働時間が何時間であったかにかかわらず、その業務をするのに必要とされる時間を労働したものとみなす制度。働かなかった日に働いたとみなすものではない。

みなし労働時間制が使えるケースと使えないケース

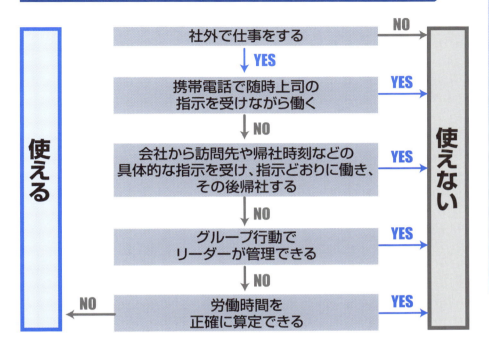

アドバイス

みなし労働時間制の活用

みなし労働時間制は、営業マンだけでなく、一般社員の出張の場合にも活用できます。

COLUMN ★★★

移動時間は労働時間ではない

経費節減のために大企業でも労働時間終了後に移動させるようになりました。労働時間終了後に、出張のために電車に乗車する時間は、労働時間にはあたりません。
ただし、荷物の運搬そのものが目的である場合などは労働時間になります。

Point
★みなし労働時間制では実際の労働時間に関係なく残業代はいらない。
★みなし労働時間制は営業マンや出張など社外で働く従業員に活用できる。

専門業務型裁量労働制
裁量労働制は残業代がいらない

成果で給料を計算する裁量労働制

裁量労働制では、「働いた日に、**実際の労働時間にかかわらず、労使協定で定めた時間を労働したものとみなす**」と定義されています。

協定で定めたみなし時間が8時間以下であれば、現実の**労働時間が何時間であろうと時間外手当を払う必要はない**のです。「働いた時間ではなく、成果にあわせて給料を払いたい」と考えている事業主は多いと思います。

成果主義が浸透し、労働を時間で計ることがあわない仕事が増えているという現実を踏まえ、認められたものがこの制度です。

厚生労働省に認められた仕事でなければならない

裁量労働制を採用するには、以下の3つを満たすことが条件となっています。

①仕事の性質上、進め方を大幅に従業員に任せる必要がある
②上司が具体的に指示をするのが困難な仕事
③仕事の内容は厚生労働省が具体的に決めたものに限る（対象業務→次ページ）

①と②の条件を満たしても、その仕事が厚生労働省に認められたものでなければ、この制度を使うことはできません。

この制度を活用する場合には、従業員の過半数の代表者と協定を結び、労働基準監督署へ届け出る必要があります。

深夜手当や休日手当は払う

裁量労働制では、休憩、深夜業務、休日は除外されないということに注意しなければなりません。

つまり、**深夜手当や休日手当は支払わなければならない**のです。有給休暇についても他の従業員と同じように権利があります。

- ☑ 裁量労働制は、なんでも自由だと勘違いしていないか
- ☑ 活用している会社は、協定届の期限は切れていないか
- ☑ 活用するには、納得のいく成果配分の賃金制度を整備する

用語ファイル

みなし時間

その業務を遂行するのに通常必要とされる時間として労使協定で定めた時間。みなし時間が8時間であれば、現実に労働した時間が11時間であろうと5時間であろうと8時間として算定する。

裁量労働制の制度概要

例：みなし時間8時間のケース

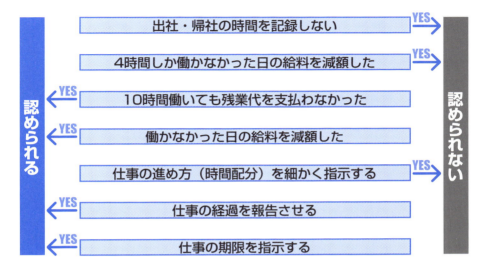

対象業務

❶ 新商品、新技術の研究開発
❷ 情報処理システムの分析・設計
❸ 新聞・出版の取材、編集
❹ デザイナー
❺ プロデューサー、ディレクター
❻ コピーライター
❼ システムコンサルタント
❽ インテリアコーディネーター
❾ ゲーム用ソフトの創作
❿ 証券アナリスト
⓫ 金融商品の開発
⓬ 大学の教授研究
⓭ 公認会計士
⓮ 弁護士
⓯ 建築士
⓰ 不動産鑑定士
⓱ 弁理士
⓲ 税理士
⓳ 中小企業診断士

アドバイス

届け出が条件

裁量労働制は、労使協定を締結し、届け出をすることが条件です。手続きをしていない場合は認められません。もし、時間外に働かせていたら、通常の勤務と同じように残業代を計算し、支払う義務が生じます。

★ 裁量労働制は働かなかった日を働いたとみなす制度ではない。
★ みなし時間が8時間であれば実際の労働時間が何時間であろうと残業代はいらない。

企画業務型裁量労働・高度プロフェッショナル

高度プロフェッショナル制度は
成果で払う

対象業務は
企画・立案・調査・分析

　ホワイトカラーに対しても**裁量労働制**が認められています。ホワイトカラーもさまざまで、労働時間での規制がなじまない仕事が増えているからです。

　採用するには、以下の3つを満たすことが条件となっています。

①**会社運営の企画、立案、調査、分析**の仕事
②仕事の性質上、その進め方を大幅に従業員に任せる必要がある
③時間配分などについて上司が具体的に指示をしない仕事

　具体的には、本社の人事労務、財務、経営企画、営業企画などが対象となります。

メリットは専門業務型と
ほぼ同じ

　導入のメリットは、専門業務型裁量労働制とほぼ同様です。働いた時間にかかわらず、決議で定めた時間を労働したも

のとみなし、その時間が8時間であれば残業代がいりません。

高度プロフェッショナル制度は
働いた時間で賃金を払うものではない

　「高度プロフェッショナル制度」は、新しく2019年4月からできた制度です。

　高度の専門的知識を有する業務に従事する労働者について、**働いた時間ではなく、成果によって賃金を払います**。労働時間、休憩、休日、深夜の割増賃金の法律が除外される制度です。

　長時間労働を強いられないよう、厳しい導入要件が定められています（→次ページ）。

　企画業務型裁量労働制も、高度プロフェッショナル制度も、導入するのはむずかしいといわざるを得ません。

　その理由は、手続きの煩雑さにあります。制度導入時には労使委員会を設置し、その決議を経ることです。また、導入時および導入後も定期的に労働基準監督署へ報告する義務があります。

- ☑ 裁量労働制の活用を検討しているか
- ☑ 長時間労働によって健康を損なわない配慮をしているか
- ☑ 監督署への定期的な報告はできているか

用語ファイル

ホワイトカラー

事務、管理部門に携わる従業員のこと。これに対し、直接、生産に携わる肉体労働者をブルーカラーと呼ぶ。最近は、生産もコンピュータ化され、これらの中間的な従業員をグレーカラーと呼ぶこともある。

企画業務型裁量労働制実施までの流れ

労使委員会の設置
　　半数が過半数労働組合（ない場合は労働者の過半数代表者）の指名

所定事項について決議
　委員の5分の4以上の決議
　決議事項
- 対象業務（どの業務を対象にするか）
　例：経営企画の部署の調査・分析、人事部の人事制度策定業務など
- 対象労働者の範囲（対象者を誰にするか）
- 1日あたりのみなし労働時間数
- 健康・福祉確保措置※
- 苦情処理措置（苦情を聞く窓口を設ける等）
- 本人の同意を得ることと不同意者を差別しないこと
- 有効期間（3年以内）
- 記録の保存（3年間）

決議届を労働基準監督署へ届け出

本人の同意

制度実施

労働基準監督署へ報告
　「決議」から6か月以内に1回、
　その後1年以内ごとに1回
　報告内容
- 労働時間の状況
- 健康・福祉確保措置※の実施状況など

※健康・福祉確保措置とは次のいずれか
① 代休または特別休暇の付与
② 健康診断の実施
③ 有給休暇の連続取得
④ 相談窓口の設置
⑤ 配置転換
⑥ 産業医の助言、指導

記録の保存　3年間

高度プロフェッショナル制度の対象者と規制

対象者	健康確保のための規則
①高度の専門的知識を必要とする次の業務 ・金融商品の開発業務 ・金融商品のディーリング業務 ・アナリスト業務 ・コンサルタントの業務 ・研究開発業務 ②年収1,075万円以上	①年104日かつ4週4日以上の休日を確保する ②次のいずれかを就業規則等に定め、実施する ・勤務間インターバル制度＋深夜業の回数制限（1か月あたり） ・1か月、3か月の健康管理時間が一定時間以下 ・1年につき2週間連続の休暇取得（本人希望により1週間連続×2回） ・臨時の健康診断の実施（在社時間が一定時間超または本人の申出） ③月100時間超の時間外・休日労働に対しては、医師の面接指導を実施 ④労使委員会で定めた措置（健康管理時間に応じて有給休暇を付与（年次有給休暇を除く）または健康診断の実施など）

過労死対策①
予兆を感じたら早めに改善策を練る

過労死の損害賠償は高額

　最近、**過労死、過労自殺**での損害賠償請求が増えています。

　過去には、大手広告会社が従業員の過労自殺によって1億6,800万円も支払っています。会社によっては存続も危ぶまれる金額です。たとえ労災保険に入っていても慰謝料などは**労災保険では補償されません**。

　この事件は、従業員が長時間労働を強いられたためにうつ病にかかり、自殺したというものでした。

会社には安全に配慮する義務がある

　会社には、従業員の健康に配慮して、従業員の従事する作業を適切に管理する義務があります（**安全配慮義務**）。

　長時間労働という問題を例にとると、従業員が長時間労働や深夜労働にならないように、適切な業務量を会社（上司）は与える必要があるということです。

予兆があれば業務量を減らす

　先の裁判では、従業員の健康状態が悪化していることに気付きながら、放置したことが特に問題になりました。

　徹夜が続いている、部下の言動がおかしい、部下やその家族から「体調がよくない」などの申し出がある場合は十分注意してください。このような予兆があれば、**業務量を減らす**とか、**配置転換をする**などの措置をとる必要があります。これを怠れば損害賠償請求が高額になるという認識が必要です。

　ただし、最近の裁判では、「労働者からの申し出がなくても、労働者の健康に配慮が必要」という判断が出されています。

　なお、管理職や裁量労働制の場合でも他の従業員と同じようにこれらの会社責任を免れることはできません。

- ☑ 従業員からの体調が悪いという申し出を放置していないか
- ☑ 徹夜続きや休日をとっていない従業員はいないか
- ☑ ➡就業規則第32条

用語ファイル

あんぜんはいりょぎむ
安全配慮義務

事業主は、従業員の生命、身体等を危険から保護するよう配慮する義務を負っているとされている。これを怠った場合の裁判は、過労死に限らず、労災事故でも高額の損害賠償を請求されている。

精神障害等に係る労災請求・認定件数の推移

請求は年々増加傾向にある

年度	請求件数	支給決定件数
25年度	1,409	436
26年度	1,456	497
27年度	1,515	472
28年度	1,586	498
29年度	1,732	506
30年度	1,820	465
令和元年度	2,060	509

資料出所:厚生労働省

労働時間と脳・心臓疾患発症の因果関係

強い
- 月100時間を超える時間外労働　または
- 発症前2か月～6か月間に1か月あたり80時間を超える時間外労働
- 発症前1か月～6か月間に1か月あたり45時間を超える時間外労働

弱い
- 発症前1か月～6か月間に1か月あたり45時間以内の時間外労働

1か月あたりの時間外労働時間が45時間以内であれば、脳・心臓疾患発症との関連が弱い。それ以上になると、長くなれば長くなるほど関連性が強まる

資料出所:厚生労働省

過労死の要因として考えられるもの

勤務状況	長時間労働・休日労働
	不規則な勤務
	拘束時間の長い勤務
	出張の多い業務
	交替制勤務・深夜勤務

作業環境	温度
	騒音
	時差
緊張	日常的な緊張
	災害や事故

資料出所:厚生労働省

※年齢、経験を考慮した上で、健康な従業員にとっても、特に過重な身体的、精神的な要因として認められるかどうかで判断される。

★予兆があるのに放置することは責任も重いと認識する必要がある。
★休日労働を含め、月80時間超の時間外労働は過労死ラインといわれている。

第2章 労働時間のルール ■予兆を感じたら早めに改善策を練る

過労死対策②
健康診断の結果に注意する

健康診断が義務づけられている

　サービス残業の問題と健康診断との間には深い関係があります。

　労働安全衛生法では、健康診断の実施および医師の意見を聴くこと、異常がある場合は、適切な措置を講じることを会社に義務づけています。適切な措置とは、**労働時間の短縮や配置転換**などです。

異常所見があれば医師の意見を聴く

　健康診断の結果、心臓の疾患や高血圧症などの異常が見つかった場合には、医師の意見を聴かなければなりません。

　これにより、適切な措置をとることなく、長時間労働をさせ、過労死などを引き起こした場合には、会社は高額の損害賠償請求をされると認識するべきです。

　労働基準監督署の調査の際に、「**年1回の定期健康診断を実施しているか**」といっ指摘を受けることが多いことからも、健康診断を重要視していることを読み取ることができます。

リスクマネジメントとして早急に取り組む

　サービス残業摘発による支払命令や過労死・過労自殺による損害賠償額は、いずれも高額になる可能性が高いものです。

　このような問題が表面化すると、ブランドイメージや社会的信用の喪失など、お金の問題以上に失うものが大きいということを肝に銘じなければなりません。

> **COLUMN** ★★★
>
> **健康診断は自由診療**
> 健康診断の費用は、医療機関によって、かなりの幅があるようです。調べてから受診するようにしましょう。
> 社会保険に加入していて指定病院で受診すれば補助が受けられる制度もあります。事前に確認してみましょう。

- ☑ 決められたとおり健康診断をしているか
- ☑ 異常所見のある者に会社として対処しているか
- ☑ **➡就業規則第32条、第33条**

> **用語ファイル**
>
> **労災保険二次健康診断等給付**（ろうさいほけんにじけんこうしんだんとうきゅうふ）
> 定期健康診断などで脳・心臓疾患などの項目についての異常所見が認められる場合に、二次健康診断を無料で受けられる制度（要件あり）。問い合わせは都道府県労働局労災補償課まで。

健康診断の流れ

健康診断を実施する
- 入社時
- 年1回の定期健康診断

※深夜労働に従事する者は6か月に1回。
※特殊健康診断（有害物を扱う作業など）は6か月に1回。

↓

労働者に結果を通知する
- 結果は5年間保管する

※特殊健康診断は結果を労働基準監督署へ届け出る。
※50人以上の事業場（支店、工場ごとに）は労働基準監督署へ届け出る。

↓

結果について医師の意見を聴く → 必要に応じて再検査

- 異常の所見がある人のみ
- 働かせるうえでの注意などを、健康診断結果個人票の「医師の意見」欄に書いてもらう

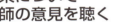

ここに注意

↓

必要がある場合は作業の変更、労働時間の短縮など適切な措置をとらなければならない

アドバイス

ストレスチェックが義務になった

平成27年12月より、ストレスチェックが義務化されました（事業場単位で従業員50人以上）。ただし、本人が希望しなければ受ける義務はありません。また、受けた結果も本人の同意なく会社に提供することはできません。

Point

★ 健康診断は定期的に行い、医師の意見は必ず聴く。
★ 損害賠償を避けるためにも早急に会社としての対策を講じる。

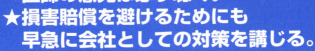

第2章 労働時間のルール ■健康診断の結果に注意する

過労死対策③
産業医の役割が重要になる

産業医へ長時間労働者の情報を提供する

長時間労働により健康が害される中、**産業医の役割がこれまで以上に重要**になっています。産業医の義務や対応、労働者の心身の情報の扱いなどについて、労働安全衛生法が改正されました（2019年4月施行）。

会社は、労働者の働いた時間などの情報を**産業医に提供することが義務づけ**られています。産業医は、情報をふまえて労働者に面接指導を勧めるなどの対応をします（→次ページ）。

産業医を選任する義務のない事業場（常時使用する労働者50人未満）では、義務ではありませんが、「努力義務」とされています。

医師の面接指導が強化された

医師の面接指導は、長時間労働で疲労がたまった労働者の健康状態を把握し、その結果をふまえてどのように対応すべきか、会社が措置を講じるためのものです。

以前より、時間外労働（休日労働を含む）が月100時間を超えたときは、**本人からの申し出により**、医師の面接指導を実施することが義務づけられています。

2019年4月からは、月80時間超に対象が拡大されました。また、次の業務に従事して、月100時間超の時間外・休日労働をした労働者に対しては、申し出の有無にかかわらず医師の面接指導を行うこととされました。

①新技術、商品、役務の研究開発
②高度プロフェッショナル制度

この他、産業医は会社に対して意見を述べたり、産業医の職務を実行するために、必要な情報を労働者から収集する権限などが与えられています。

ストレスチェックの結果の高ストレス者の面接指導は204ページ。

- ✓ 産業医への情報提供の流れを構築した
- ✓ 50人未満の事業場で時間外労働80時間超の人に注意しているか
- ✓ 心身の状態に関する情報取扱規程を策定したか
- ✓ ➡就業規則第34条

用語ファイル

「速やかに」と「遅滞なく」

「速やかに」はおおむね2週間以内、「遅滞なく」はおおむね1か月以内をいいます。産業医への情報提供のうち、健康診断結果等は1か月以内、80時間超の労働者の氏名・労働時間等は2週間以内に提供する必要があります。

産業医への情報提供

会社から産業医へ情報提供が義務づけられた

提供すべき情報
- ①健康診断、②長時間労働者の面接指導、③ストレスチェックに基づく面接指導実施後の措置に関する情報
- 時間外・休日労働が月80時間超の労働者の氏名、労働時間
- 労働者の業務に関する情報で産業医が健康管理のために必要なもの(労働者の作業環境、労働時間、作業態様、作業負荷の状況、深夜業の回数や時間数など)

産業医から会社へ勧告することができる

- 健康確保のために必要があるとき
- 会社は、産業医の勧告を尊重しなければならない
- 記録は3年間保存

会社は衛生委員会(または安全衛生委員会)に報告しなければならない

- 勧告の内容
- 衛生委員会では、産業医からの情報や勧告に従い、具体的な対策を検討する必要がある

COLUMN ★★★

労働者の心身の状態に関する情報の取り扱い

会社は、労働者の心身の状態に関する情報を収集し、保管し、使用するにあたっては、労働者の健康の確保に必要な範囲内で収集し、目的の範囲内で保管、使用しなければなりません。ただし、本人の同意がある場合や正当な事由がある場合はこの限りではありません。
また会社は、これらの情報を適正に管理するため取扱規程を策定する必要があります。

★産業医と情報のやりとりを適切に行い、指導に従わなければならない。
★法で定められたことを確実に行うことが会社、労働者を守る上で重要。

Column

労働基準監督署から 呼び出しを受けた事例

残業代不払いが原因の呼び出し

　ある会社が労働基準監督署から呼び出しを受けました。その理由は、退職した従業員から「残業代をもらっていない」という訴えがあったということです。

　事業主の話を聞き、賃金台帳とタイムカードをチェックしたところ、確かに残業代をまったく支払っていません。

　事業主の主張は、

①基本給に残業代を含んでおり、最初から説明もしている
②だらだらと残っているだけで残業ではない日もある

ということでしたが、就業規則上は①②の記載がありません。その結果、主張が通らず、2年間の遡及で約60万円の支払いを命じられました。

労働基準法運用上のポイント

　労働基準法の運用としておさえるポイントは、以下のとおりです。
①労働者が勝手に始業時刻より早く出社しても原則として労働時間ではない（会社が命じたときや顧客対応で必要なときなど実態による）
②タイムカードでの終業時刻はたとえだらだら残っているだけでも切り捨てはできない
③1か月単位の変形労働時間制（→46ページ）では、日々の労働時間を合計し、（上記①②の方法による）その合計が1か月の総枠（暦日数30日の月は171時間、31日の月は177時間）を超えた時間を残業時間として計算する（シフト表

と照合するケースは多くない）
④通常は訴えがあった人以外のことまで言及されないが、誠意をもって対応しなかったり、在職中の人からの訴えでは対象者も多くなる。

　このまま放置し、労働基準監督署から調査があれば、他の従業員について遡及支払いの命令を受けることになります。従業員数20名であれば、単純計算しても60万円×20名＝1,200万円です。

　これに備え、次のように対処しました。
①基本給とは別に残業代を手当として支払い、就業規則に記載した
②残業許可制を導入し、就業規則にも記載した

第3章

退職時の
トラブル防止法

退職の撤回は拒否できる
解雇予告は30日以上前に行う
予告して休ませたら6割を支払う
解雇はできるだけ避ける努力をする
懲戒解雇でも簡単にはできない
整理解雇は誠意をもって行う
従業員のやる気を損なわない工夫をする
解雇の証明書は慎重に書く
退職者には退職後のアドバイスをする
失業保険の受給には解雇が有利
解雇すると助成金はもらえなくなる
定年延長義務化には再雇用制度で対応する
公的補助を最大限利用する
賃金が高いほど年金の受給額が減る
47万円までなら減額されない
時流に乗って助成金を受給しよう

従業員都合による退職
退職の撤回は拒否できる

退職届は受け取った時点から効力が発生する

会社が退職届を受け取った後で、従業員が退職の撤回を申し出てくる場合があります。この申し出を拒否することはできるでしょうか。

労働基準法では、解雇については厳格に定めていますが、従業員の意思による退職については定めがありません。

従業員の都合による退職には2種類あります。1つは、従業員からの一方的な退職の申し出（**一方的解約**）です。この場合は、会社側が退職届を受け取った時点で退職の効力が発生します。

したがって、会社が退職を承諾したかどうかに関係なく、一定期間が過ぎれば従業員は退職することになります。

撤回を避けるためには承諾書を出す

これに対して、従業員の申し出に対して、会社が承諾してはじめて退職が決まるのが**合意解約**です。合意解約では、事業主が退職を承諾した時点で退職の撤回ができないとされています。すなわち、会社側が承諾する前であれば、退職の意思表示を撤回できます。

撤回されては困るようなら、すぐに承諾書を発行します。「会社の承諾には辞令が必要」などと就業規則などに記載がある場合には、これに従わなければなりません。

従業員都合による退職の申し出は14日前

従業員側からの退職の場合は、申し出から**14日たてば退職できる**ことになっています。就業規則などに、30日前とか60日前と定めてあっても法的には無効です。

しかし、労働契約は従業員と会社の問題です。お互いが合意のうえで退職日を決めるべきです。

- ☑ 就業規則の記載は実際の手続きとあっているか
- ☑ 就業規則に3か月前に退職の申し出を定めることは問題ない
- ☑ ➡就業規則第29条、第30条

用語ファイル

辞職（じしょく）

従業員の一方的な意思による解約をいい、会社が合意しているかどうかは問わない。一方的解約ともいう。これに対し、従業員と会社がお互いに合意しているものを合意解約という。

会社と従業員との労働関係終了の形態

- **退職** 従業員の意思表示によるもの
  - 一方的解約
  - 合意解約
    - 従業員からの申し入れ
    - 希望退職
    - 退職勧奨

- **契約期間満了など**
  - 労働契約期間の満了
  - 定年退職
  - 休職期間の満了
  - 死亡　　など

- **解雇** 会社の一方的な意思表示によるもの
  従業員が合意しているかどうかは関係ない
  - 普通解雇
    能力不足、経営上の必要など
  - 整理解雇
    普通解雇のうち、事業の縮小など経営上の理由によるもの
  - 懲戒解雇
    従業員の重大な過失や問題行動によるもの

アドバイス

退職日と提出日を記入してもらう

後々のトラブルを避けるために、口頭だけではなく、退職日と提出日を記入した退職届を受け取るようにします。
ここで説明した「退職届」は「退職願」「辞職願」など呼び方には関係ありません。

Point
- ★従業員の都合による退職には一方的なものと会社が合意するものがある。
- ★合意解約の場合は、会社が承諾するまでは退職の撤回ができる。

75

解雇・解雇予告・解雇予告手当①
解雇予告は30日以上前に行う

解雇するときは30日前に予告する

解雇とは、従業員の意思とは関係なく、会社が労働関係を終了するものです。

労働基準法では、解雇する場合には**30日前に予告**をしなければならないと定めています。その日は含めず、翌日からカウントします。

30日前の予告が難しければ、平均賃金（→112ページ）の**30日分の解雇予告手当**を払う必要があります。

なお、30日間には休日も含み、暦日数で計算します。

解雇予告は文書でする

解雇をするときは、口頭で説明をしただけでは、後々トラブルになることがあります。

このようなトラブルを避けるためにも、必ず文書という形にして渡す（解雇通知書）ことが重要です。従業員からは、受領書を受け取るほうがいいでしょう。

解雇通知書には、就業規則の解雇事由に則した事由と解雇の日を記載します。受領書は「解雇されることを聞いた」という意味の文書ですから、解雇を了承したかどうかにかかわらず、受け取るようにします。

解雇予告手当は解雇と同時に支払う

解雇を通告する日に解雇する場合には、30日分の解雇予告手当を同時に支払います。30日に満たない予告をした場合には、その予告期間に不足する日数分の解雇予告手当を支払います。

解雇予告手当の支払いが、解雇を有効にする要件になる場合があるので注意が必要です。

- ☑ 解雇予告手当は、解雇を伝えると同時に支払う
- ☑ 労働基準監督署の認定を受ければ解雇予告手当は必要ない
- ☑ ➡就業規則第31条

アドバイス

解雇予告手当は退職所得

解雇予告手当は退職を原因として支払われるものとして、税法上は給料とは違い、退職所得として扱われます。現実には、課税されるケースは少ないと思われます。

解雇予告日と解雇予告手当の関係

解雇をするときは、
- ●30日以上前に予告する　または、
- ●30日分以上の平均賃金を支払う
  （平均賃金を支払った日数分の予告期間が短縮される）

●予告手当はいらない（30日前に予告）

30日

予告の日　　　　　　　　　　　　　　　　　　　　　　　解雇の日

●30日分の予告手当を支払う（その日に解雇）

30日

解雇の日＝予告の日

●10日分の予告手当を支払う（20日前に予告）

10日	20日

予告の日　　　　　　　　　　　　　　　　　解雇の日

解雇予告や解雇予告手当がいらないケース

①天災その他やむを得ない理由で会社の継続が難しい
　＋労働基準監督署の認定を受ける
②従業員に問題がある＋労働基準監督署の認定を受ける

②の例
- ●会社内で横領などをした
- ●賭博などによって他の従業員に悪影響がある
- ●2週間以上無断欠勤して督促しても来ない
- ●出勤態度が悪く、注意しても改めない　など

認定を受けられるのは
かなり重大な職務違反
があった場合のみ

Point

★解雇とは会社が一方的に
　労働関係を終了すること。
★解雇するには30日前に予告するか
　30日分の解雇予告手当を支払う。

第3章　退職時のトラブル防止法　■解雇予告は30日以上前に行う

77

解雇・解雇予告・解雇予告手当②
予告して休ませたら6割を支払う

採用ミスに気付いたら14日以内に解雇する

採用ミスに気付いて、辞めさせたいのであれば、入社後14日以内に辞めてもらうようにします。なぜなら、労働基準法で、試用期間として**解雇予告手当がいらないということを認めているのが、入社後14日まで**だからです。

14日は、**労働日ではなく暦日**です。つまり、会社の休日も日数に含めます。

2か月以内の雇用契約の場合は解雇予告手当がいらない

労働基準法で、解雇予告手当がいらないとされている者に、2か月以内の期間雇用者があります。これを活用し、最初から正社員とせずに、2か月の雇用契約を締結する方法があります。**試用期間の代わりに使ってみて**、よければ正社員に登用します。

いったん従業員を雇えば、解雇することは容易ではありません。解雇予告手当の支払いに限らず、助成金を受給する際に不利になること（→94ページ）やトラブルへの発展のリスクを抱えることになります。

雇用期間を定めて、その期間が満了したために労働契約を終了する場合（1回目）は、これらのリスクがありません。

なお、2か月の期間雇用者は、社会保険に加入しないので、**社会保険料の削減**もできます（→174ページ）。

休んでもらえば6割払う

30日前に予告して、通常どおりに働いてもらえば、通常の賃金の支払いが必要です。しかし働いてもらう必要がない場合は、予告と同時に業務命令として休ませることができます。この場合は、**平均賃金の6割**を払います。

さまざまな法律で、解雇できない人もいる（→次ページ）ので注意が必要です。

- ☑ 採用ミスでは14日までは解雇予告手当なしで解雇できる
- ☑ 2か月の雇用契約を試用期間の代わりに活用しているか
- ☑ ➡就業規則第31条

用語ファイル

労働委員会（ろうどういいんかい）

労働組合と事業主との間に生じる労働紛争を中立な立場で迅速・円満に解決するために設けられた公的機関。個別労働紛争についてもあっせんを行う。地方労働委員会と中央労働委員会がある。

解雇予告がいらない従業員

- 日雇い(1か月以内)
- 2か月以内の雇用契約
- 季節的な仕事で4か月以内の雇用契約
- 試用期間(14日以内)

ただし、この期間を超えてそのまま働いている場合は解雇予告が必要

解雇できないケース

● 業務上のケガ、病気の療養による休業期間(通勤災害は関係ない)+その後30日

解雇できない期間

▲被災日　　治療のため休業する期間　　▲再出社日　　その後30日間　▲

(例外)
① 労災での療養3年経過後、傷病補償年金を受けることになった場合、または平均賃金1,200日分支払う場合
② 火災、地震などで会社の継続が不可能になった場合で労働基準監督署の認定を受けたとき

● 産前6週(多胎妊娠は14週)産後8週の休業期間+その後30日
※ただし解雇予告はできる

解雇できない期間

▲　産前6週間(多胎妊娠は14週間)　▲出産　産後8週間　▲　その後30日間　▲

(例外)
火災・地震などで会社の継続が不可能になった場合で労働基準監督署の認定を受けたとき

- 国籍、信条などを理由としたもの
- 企画業務型裁量労働制の対象従業員となることに同意しないことを理由としたもの
- 労働基準監督署などに申告したことを理由としたもの
- 女性または男性であることを理由とした差別的な取り扱い
- 妊娠中~産後1年以内で妊娠・出産を理由としたもの
- 育児休業・介護休業をした、または申し出たこと
- 従業員が、①労働組合員であること、②労働組合に加入しようとしたこと、③労働組合を結成しようとしたこと、④労働組合の正当な行為をしたこと、⑤労働委員会に申し立てをしたこと

※このほかに、会社の一方的な都合での解雇など、一般社会として認められないものは、裁判などで無効になる。

★解雇できない人を解雇しないように気をつける。
★2か月の雇用契約は社会保険料の節約ができて解雇のリスクがない方法。

解雇と退職勧奨

解雇はできるだけ避ける努力をする

30日前に予告しても解雇は簡単にできない

解雇できないさまざまなケースがあることは前のテーマで説明しました。しかし、30日前に予告しさえすれば解雇できると考えるのは誤りなのです。

会社の勝手な都合である解雇など、社会通念上「それでは従業員がかわいそうだ」という場合には、「**解雇権の濫用**」といって認められないのです。解雇権の濫用とされた場合には、その**従業員を辞めさせることができません**。会社の一方的な「解雇」はこのようなリスクをはらんでいるのです。

解雇と退職勧奨は合意しているかどうかに違いがある

解雇は、会社の一方的な意思表示です。従業員の合意は関係ありません。一方、**退職勧奨**は会社の働きかけに対して**従業員が合意**しているものです。

ここで重要なことは、従業員の意思である**「退職届」を受け取っておく**ことです。トラブルに発展した場合、「退職届」は会社の強い味方になります。ただし、これを強要してはいけません。脅迫したり、だましたりして書かせた場合には「退職届」自体が無効になります。

プロのアドバイスを参考にする

すぐに「クビだ」という事業主に対しては、「一方的な解雇はやめてください。うまく話し合って自己都合か退職勧奨にする努力をしてください」とアドバイスしています。

解雇は、「会社にとって必要のない人間」ということです。それを認めたくない気持ちがどこかへ駆け込んだり、訴えたりするエネルギーに変わるのです。**こじらせてしまうと、修復は不可能**です。事前に専門家のアドバイスを受けることをおすすめします。

- ☑ 解雇は避け、自己都合か退職勧奨にするよう努力する
- ☑ 自己都合か退職勧奨では必ず「退職届」を受け取る
- ☑ ➡就業規則第31条

用語ファイル

民事上の紛争（みんじじょうのふんそう）

労働基準法などの法律の定めがないために、労働基準監督署などが関与できない紛争のこと。賃金引下げが有効か無効か、解雇が有効か無効かの争いなどは、民事上の紛争にあたる。

従業員からの相談の内訳

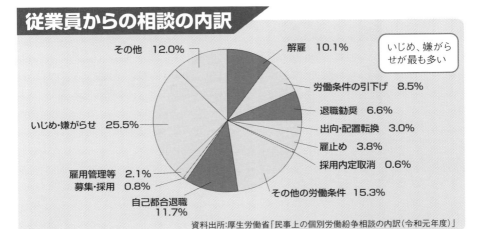

- その他 12.0%
- 解雇 10.1%（いじめ、嫌がらせが最も多い）
- 労働条件の引下げ 8.5%
- 退職勧奨 6.6%
- 出向・配置転換 3.0%
- 雇止め 3.8%
- 採用内定取消 0.6%
- その他の労働条件 15.3%
- 自己都合退職 11.7%
- 募集・採用 0.8%
- 雇用管理等 2.1%
- いじめ・嫌がらせ 25.5%

資料出所：厚生労働省「民事上の個別労働紛争相談の内訳（令和元年度）」

正当な解雇をするポイント

POINT1 就業規則に根拠が載っている ●会社は解雇の理由を就業規則に定めておく

POINT2 30日以上前に予告している。または解雇予告手当を支払っている

POINT3 出産や育児休業を理由とするなど法律で禁じられた解雇ではない

POINT4 解雇されるのは仕方ないと誰もが納得できるような理由がある

裁判では、会社側が解雇権濫用ではない（会社の勝手な都合ではない）ということを証明する必要がある

●指導記録や始末書など証拠書類を文書で残しておく

解雇の理由（例）

就業規則第31条参照

- ●能力が不足している
- ●欠勤・遅刻が多い
- ●配置すべき仕事がない
- ●事業の縮小
- ●店舗の閉鎖

など

アドバイス

失業保険ではどちらも有利

従業員が退職するときに、失業保険をもらう上では自己都合よりも解雇が有利です（→92ページ）。退職勧奨でも、失業保険をもらう上での扱いは解雇と同じです。退職後、7日間だけ待てば、すぐにもらえて、日数も多くもらえます。

懲戒解雇の方法
懲戒解雇でも簡単にはできない

懲戒解雇には就業規則が大事な役目を果たす

懲戒解雇とは、従業員に重大な過失や問題行動があった場合に、それを理由に会社側が辞めさせるものです。

懲戒解雇するにも要件があり、決して簡単ではありません。

ポイントとなるのは就業規則です。労働基準法には、「懲戒解雇をするのであれば、その理由を載せなければならない」と定められています。ほとんどの就業規則には、「懲戒解雇の事由」という条項があり、その理由を載せています。

その問題について記載がなければ懲戒解雇できないので就業規則の中でも最も重要な部分です（→222ページ）。

なんでも懲戒解雇にできるわけではない

就業規則に記載があるからといって、どんなことでも懲戒解雇にできるわけではありません（→次ページ）。

行為に対する処分が重すぎる場合には、懲戒解雇が無効になることがあります。

監督署の認定をとれば解雇予告手当はいらない

懲戒解雇でも、**30日前の予告または30日分の解雇予告手当が必要**です。例外として、従業員に問題がある解雇の場合は、**労働基準監督署の認定**を受ければ30日前の予告は必要ないとされています。

お互いの合意がトラブルを防ぐ

会社と従業員の関係は、当事者同士の問題です。お互いが合意して退職を決めるなら、わざわざ懲戒解雇にする必要はありません。

ただし、懲戒解雇の場合に退職金を減額する規定があるなど、安易に従業員の都合による退職として扱えないケースがあることに注意が必要です。

- ☑ 就業規則の「懲戒」の記載と「懲戒の手続き」を見直す
- ☑ 懲戒解雇するには、それに相当するほどの理由が必要
- ☑ ➡就業規則第40条、第41条

用語ファイル

懲戒解雇（ちょうかいかいこ）

従業員の故意や重大な過失によって損害を被った場合など、従業員に問題があるという理由で解雇すること。懲戒処分の一種で最も重いものとされる。一般に、懲戒解雇であれば、退職金は支払わない場合が多い。

懲戒解雇が有効とされる判断基準

前提条件
- ❶ 就業規則に懲戒理由が載っている
- ❷ 懲戒理由に当たる事実がある

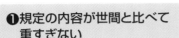

判断基準

❶ 規定の内容が世間と比べて重すぎない
「無断欠勤3日で懲戒解雇する」と就業規則に載っていたとしても重すぎる

❷ 平等な取扱いである
他の従業員が同じ違反をして、始末書の提出ですんだのに、今回は懲戒解雇されている

❸ 解雇するほどのことである
- 今回の行為が会社を辞めさせるほどのことである必要がある
- 始末書などの過去の証拠をこまめに残しておく

→ これがよく問題になる

❹ 就業規則に定められた手続きを経ている
就業規則に「懲戒委員会で協議する」などと書かれている場合は、その手続きを経る必要がある

❺ 同じ理由で2度懲戒処分していない
過去にすでに減給したのに、さらに同じ事由で懲戒解雇することはできない

懲戒解雇の理由（例）

- 無断欠勤
- 会社のお金を横領した
- 会社の重大な秘密を漏洩した
- 業務命令に従わなかった
- 経歴を詐称した　など

Point
★ 処分が重すぎると、懲戒解雇が無効になることがある。
★ 労働基準監督署の認定を受ければ解雇予告が必要ないケースがある。

第3章　退職時のトラブル防止法　■懲戒解雇でも簡単にはできない

整理解雇の4要件
整理解雇は誠意をもって行う

整理解雇には4つの要件がある

事業の縮小などの経営上の理由によって解雇することを整理解雇といいます。

整理解雇に有効と判断される要件が、過去の裁判でできあがっています。原則として、4つの要件（→次ページ）のすべてを満たす必要があります。

このような場面では、会社と従業員の信頼関係が最もたいせつです。4要件の中でも、従業員への説明を誠意をもって行うことが最も重要なポイントだといえるでしょう。

希望退職を募る

整理解雇の4要件を満たすためには、希望退職募集は避けて通ることはできないと肝に銘じておきましょう。

ただし、十分な注意が必要です。なぜなら、会社の希望と従業員の希望があわないことが多いからです。その結果、会社が退職してほしいと思う人が応募せずに、残ってほしいと思う人が応募することが多いのです。

これを防ぐために、**募集対象を限定する**などの工夫をします。たとえば、希望退職を40歳以上や管理職に限定するなどです。

また、退職金に年齢ごとの加算割合を調整するなど退職条件を工夫します。さらには、残ってほしい人には会社の思いを伝えておきます。

労働組合結成を覚悟する

整理解雇では、数多くの従業員が対象となるので、団結して**労働組合が結成される**ことがあります。

労働組合の加入員は労働組合法の保護が受けられます。会社側は団体交渉などに対する対応が必要になることを覚悟しておく必要があります（→26ページ）。

- ☑ 整理解雇する場合、4要件を満たしていることを確認したか
- ☑ 従業員に誠意をもって説明したか
- ☑ ➡就業規則第31条

用語ファイル

せいりかいこ
整理解雇

経営が悪化したことなどによって企業規模を縮小するために人員削減をすること。解雇のうちの1つ。会社の一方的な解雇は、従業員の生活にかかわる問題となるため、厳しい制限がある。

整理解雇の4要件

原則として、以下の4つの要件をすべて満たす必要があるが、各ケースにより、総合的に判断される

1. 経営上の必要性がある

会社経営上、必要であること。その程度は裁判によって3つに分かれる
① 削減しなければ倒産する状況にある
② かなりの経営危機である
③ ①②ほどではないが、会社の運営上必要である
根拠としては、営業の状態、資産の状況、人件費の動き、新規採用など

2. 解雇を避けるために努力した

新規採用の停止、労働時間の短縮、配置転換、希望退職の募集などの最大限の努力をしている

3. 人選が合理的である（妥当である）

選定基準は状況によって判断される

- 勤続年数、実績などの貢献
- 勤務成績や能力などの評価（遅刻、欠勤が多い人が優先など）
- 従業員の雇用形態（正社員よりもパートタイマーのほうが優先など）
- 再就職や家計への打撃（30歳以下を優先）　など

4. 従業員に十分説明している

- 従業員に対して整理解雇の必要性と、その内容を十分に説明し、納得を得るための努力をしている
- 場合によっては、財務状況を示す必要がある

アドバイス
ハローワークへの届け出
1か月以内に30人以上を解雇する場合は、1か月前までにハローワークへの届け出が義務づけられている。

COLUMN ★★★
会社には従業員の雇用を守る責任がある

2年連続赤字の建設業の会社があります。私は、さまざまなリストラ策（首切りだけではない）をあれこれ提示するのですが、社長を踏み切れないでいます。この社長は、良い人でしょうか？
私は経営者として失格だと思います。なぜなら、会社が倒産すれば従業員は明日から路頭に迷うからです。
こういうときは、あらゆる手をつくして、会社を守らなければならないと思うのです。会社には従業員の雇用を守る責任があるのです。

リストラの方法
従業員のやる気を損なわない工夫をする

明るい未来を語る

　リストラで最も恐いのは、残った従業員がやる気をなくすことです。その大きな原因は未来への希望がなくなることです。

　将来に向けて会社が発展するとか、仕事を通じて社会に貢献するということは働く意味の大きな部分を占めます。

　会社の未来に明るいものがなければ、やる気をなくし、転職を考えます。やり方が悪ければ、会社はボロボロになって、経営どころではなくなります。

　明るい未来とは、今回のリストラ策によって**会社が将来どうなるかを明確に示す**ことです。会社の再建に向けてのビジョンを熱く語ることがたいせつです。

一時的な賃金ダウンは2年と約束する

　リストラ策は、大きく分けて2つあります。従業員を整理解雇することと、賃金をダウンすることです。過去の裁判では、どちらを優先すべきかについては判断が分かれるところです。

　状況にもよりますが、**整理解雇はできるだけ避ける**べきです。なぜなら、従業員のやる気をなくす危険性が最も高いからです。

　「次は自分が解雇されるのか」という不安があっては、仕事どころではなくなります。

　最も有効な方法は、
- **雇用は必ず守る**
- **2年間に限って賃金をダウンする**

を約束することです。

　2年間だけ賃金をダウンすれば、会社の建て直しができるという経理上の説得材料も用意して、これを誠意をもって説明するのです。

　役員をはじめ、管理職など賃金が高い従業員ほどダウン率を上げるのがポイントです。役員報酬のダウンもせずに、従業員の納得を得ることなどできません。

- ☑ 整理解雇する一方で新規採用をしていないか
- ☑ 解雇を避けるための努力をしたか
- ☑ ➡就業規則第31条

用語ファイル

リストラ

事業の再構築ともいわれる。クビを切ることだと思われがちだが、本来、クビ切りに限らず、設備投資の圧縮や生産体制の見直しなど、会社を再建するためのさまざまな方策をいう。

リストラの手順

労働時間の短縮、新規採用を停止、配置転換、昇給停止、業績賞与への変更など

↓

労働条件の変更、一時的な賃金ダウン、役員報酬のカット

- ●誠意をもって説明する
  - ①会社の状況とその原因
  - ②役員報酬をカットして経営責任をとる
  - ③経営計画を示す
  - ④賃金ダウンを行う方法
- ●個別に同意を得る

※労働条件変更は228ページを参照。

↓

希望退職の募集

- ●誠意をもって説明する
- ●退職金の積み増しなど退職者に有利な条件を示す

※希望退職は従業員が合意しているということ。

↓

個別に退職の意思を聞く

↓

対象者を選定する

- ●選定基準をはっきりさせる
  - ●勤続年数、実績などの貢献
  - ●勤務成績や能力などの評価(遅刻、欠勤が多い者が優先など)
  - ●雇用形態(正社員よりもパートタイマーが優先など)
  - ●再就職や家計への打撃(30歳以下を優先) など

※「女性である」「育児休業を取得した」「労働組合員」などの理由は違法になるので注意。

↓

選定した人を解雇する

- ●誠意をもって説明する

COLUMN ★★★

会社にとっての本当の財産とは

整理解雇をやりすぎて、コアとなる従業員がいなくなった製造業の会社があります。とりあえず、目先の財務状況は改善したようです。しかし、このリストラは成功したといえるのでしょうか？

会社にとっての財産は、従業員と技能です。コアの人材がいなくなれば、技能の伝承は難しいでしょう。長い間会社に貢献してくれた従業員をたいせつにしない会社がどうなっていくかは明らかです。

退職時の証明
解雇の証明書は慎重に書く

退職時の証明が義務づけられている

　従業員から請求があれば、解雇の理由を書いた証明書を発行しなければなりません。解雇のときは、解雇日以前でも発行が義務づけられています（→次ページ）。

　従業員と会社とのトラブルが増えています。解雇されたことに納得がいかない従業員にとっては、トラブルを解決する際に、この解雇の証明書が活きてくるのです。言い換えれば、会社にとって、**この証明書が後で問題になる**ことがあるのです。

　中でも、普通解雇、懲戒解雇をする際には、「解雇の理由」が争いの一番重要なポイントになります。

　トラブルになれば、事業主はここに記載した解雇理由について立証しなければならないという意識をもつ必要があります。解雇理由証明書は漏れや誤りがないよう注意して記載します。

解雇の理由は解雇の段階から想定しておく

　本来、解雇理由は、解雇予告の段階で解雇通知書に明記すべきことです。一度発行した証明書の解雇理由は、後で変更することも追加することもできません。解雇する段階で、解雇理由証明書に書く内容を考えておく必要があります。

請求しない事項や秘密の記号を記入しない

　従業員から請求があれば、解雇の場合だけではなく、従業員の都合による場合も退職時の証明が義務づけられています。

　退職時の証明書には、**従業員が請求した内容だけを記入**します。請求しないことを勝手に記入してはいけません。

　また、従業員の国籍、信条、社会的身分、労働組合活動について記入したり、秘密の記号を記入したりすることは禁じられています。

- ☑ 解雇理由証明書を安易に作成してはいないか
- ☑ 解雇する時点において解雇の理由が明確か
- ☑ 退職時の証明書は従業員が請求した事項だけを書く

用語ファイル

信条と社会的身分（しんじょうとしゃかいてきみぶん）

信条とは、宗教的な信念や政治的な信念のこと。社会的身分とは、生来の身分であって、正社員、臨時員などのことではない。これらのことによって、労働条件等で差別的な取り扱いをすることは禁じられている。

退職時の証明事項

① 会社の在籍期間
② 従事していた仕事の種類
③ 役職名
④ 給料の額
⑤ 退職または解雇の理由

→
- このうち、従業員が請求した事項だけを証明する
- これ以外の事項を請求されても証明する義務はない

解雇理由証明書（かいこりゆうしょうめいしょ）

解雇日以前でも請求があれば発行しなければならない

令和○年○月○日

○○○○殿

株式会社○○○○
代表取締役○○○○　　印

解雇理由証明書

解雇の理由につき、下記のとおり証明いたします。

記

1. 解雇予告日　　令和○年○月○日
2. 解雇日　　　　令和○年○月○日
3. 解雇理由　　　事業の縮小を余儀なくされたため（就業規則第○条第○項に該当）

30日以上前に予告していること

後で追加・変更できない。この部分についての立証責任が事業主にあるため、注意が必要

就業規則の該当条項を記載する

退職時の証明

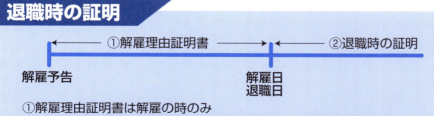

①解雇理由証明書　──→　解雇日・退職日　←──　②退職時の証明
解雇予告

① 解雇理由証明書は解雇の時のみ
② 退職時の証明は、自己都合のときも解雇のときも証明する。
　退職後2年まで

退職後の社会保険、住民税
[退職者には退職後のアドバイスをする]

退職後の不安を取り除く

　退職後の社会保険などは退職者にとって大きな不安の1つです。

　健康保険の**任意継続の手続きは、退職後20日以内**に行う必要があり、1日でも遅れれば手続きはできなくなります。また、住民税は後から徴収されるので、収入がなくなった後の資金を残しておく必要があります。

任意継続と国民健康保険のどちらが得かは一概にいえない

　退職後は、任意継続が得か、国民健康保険が得かはよく聞かれることです。人によって異なり、一概にはいえません。

　どちらが得かを保険料の面から見てみます。**任意継続は、現在給料から引かれている健康保険料の2倍を負担**します（上限があるので、窓口で確認する）。国民健康保険は、前年の年収で保険料が決まります。

　会社都合による退職（雇用保険の特定受給資格者）や正当な理由のある自己都合退職（雇用保険の特定理由離職者）の場合は、国民健康保険料が軽減される制度があります。市町村によっても保険料は違うので、こちらも窓口で確認しましょう。

任意継続は法改正によってうまみが少なくなった

　以前は、任意継続は傷病手当金（病気やけがで働くことができず、給料がもらえない場合に給付される制度）や出産手当金（出産のために働くことができず、給料がもらえない場合に給付される制度）がもらえました。しかし、平成19年4月に法改正され、任意継続の場合はこれらの制度の対象ではなくなりました。

　また、以前は、退職後も出産手当金を受給することができました。この制度も平成19年の法改正によってなくなり、退職すると出産手当金を受給することができなくなりました。

　ただし、加入中に受け取り始めた人は、残りの期間について受け取れます。

- ☑ 退職者に健康保険の任意継続制度について説明しているか
- ☑ 住民税は後から徴収される

用語ファイル

傷病手当金と出産手当金

傷病手当金は療養のために働けない場合に給料の約3分の2を受給できる制度。出産手当金は、産前6週間、産後8週間、働けない場合に給料の約3分の2を受給できる制度。

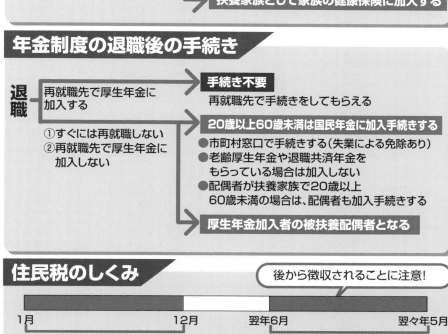

失業保険の給付日数
失業保険の受給には解雇が有利

解雇なら失業保険の給付日数が多い

　失業保険に関していえば、解雇・退職勧奨の場合は、従業員の都合で退職するよりかなり有利です。

　有利な点の1つ目は、受け取る失業保険の日数です（→次ページ）。

　40歳で勤続16年のケースでは、従業員の都合の場合は120日ですが、解雇の場合は240日です。解雇のほうが4か月も**多く受け取ることができる**のです。

　2つ目の有利な点は、**失業保険をすぐにもらえる**ことです。自己都合で退職した場合は、ハローワークへ離職票を最初に持って行った日から、原則として7日間＋2か月間は失業保険を受給することができません（給付制限→次ページ）。

　しかし、解雇・退職勧奨の場合は、7日間だけ待てば、2か月を待たずに受給することができます。ただし、懲戒解雇の場合は、この優遇が受けられません。

特定理由離職者なら2か月の給付制限がない

　自己都合の場合でも、「正当な理由」として、**「特定理由離職者」と認定されると、2か月の給付制限がありません。**

　たとえば、次の理由があげられています。
- 体力不足、心身の障害、疾病、負傷、視力、聴力などの減退
- 妊娠、出産、育児
- 親族の介護など家庭の事情の急変
- 配偶者や扶養親族と別居が困難
- 結婚、育児、勤務先の移転、転勤、その他通勤が困難になった

　この他、期間雇用者で契約期間が満了し、更新されなかった場合（本人が更新を希望した場合に限る）も特定理由離職者になります（特定受給資格者に該当する場合を除く）。

　不本意ながら会社を退職せざるを得ない人には、このような制度があることを、知らせてあげるといいでしょう。

- ☑ 自己都合退職なのに解雇として手続きしていないか
- ☑ 離職票を早く渡すよう努力しているか
- ☑ 自己都合退職でも、正当な理由と判断される可能性はないか

用語ファイル

給付制限（きゅうふせいげん）

雇用保険加入者が懲戒解雇された場合や自己都合によって退職した場合には、待期期間（7日間）の満了後、原則として2か月間は失業保険を受給することができないとされている。

失業保険給付の流れ

● 自己都合退職の場合

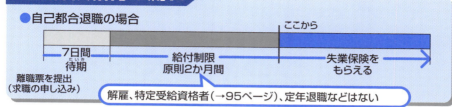

失業保険の給付日数

● 法律上、誕生日の前日が満年齢となる
● 年齢、勤続年数は退職日で判断する
● 障害者などは日数が異なる

1　倒産、解雇、退職勧奨、特定受給資格者などの場合

区分 \ 被保険者であった期間	1年未満	1年以上5年未満	5年以上10年未満	10年以上20年未満	20年以上
30歳未満	90日	90日	120日	180日	ー
30歳以上35歳未満	90日	120日※	180日	210日	240日
35歳以上45歳未満	90日	150日※	180日	240日	270日
45歳以上60歳未満	90日	180日	240日	270日	330日
60歳以上65歳未満	90日	150日	180日	210日	240日
65歳以上	30日	50日	50日	50日	50日

※離職日が平成29年3月31日以前の場合は90日。

2　自己都合退職、懲戒解雇などの場合

区分 \ 被保険者であった期間	1年未満	1年以上5年未満	5年以上10年未満	10年以上20年未満	20年以上
65歳未満	ー	90日	90日	120日	150日
65歳以上	30日	50日	50日	50日	50日

資料出所:厚生労働省職業安定局

前職の勤続期間に注意
前職を退職してから再就職するまでに、①1年以内であって、②失業保険などを受け取っていない場合は、前職の勤続年数を通算する

失業保険の受取総額
(直前6か月の給料÷180日)×(50〜80%)×給付日数
(上限あり)

★退職理由によって失業保険の給付日数や給付制限が大きく違う。
★会社都合による退職でなくても、期間満了や正当な理由の自己都合は給付制限がない可能性がある。

離職理由と助成金
解雇すると助成金はもらえなくなる

失業保険の喪失届の記入が問題になる

　離職理由を解雇・退職勧奨にすると「失業保険が早く受け取れて有利」という理由から、従業員の都合による退職であっても、従業員に頼まれて、解雇扱いにしようとする事業主がいます。

　しかし、これはやめるべきです。なぜなら、**会社が助成金をもらえなくなる場合がある**からです。

　失業保険の喪失届や離職票に記入する離職理由が「解雇・退職勧奨」の場合は、労働者が有利になる代わりに会社には不利になります。

　助成金の種類によっても異なりますが、会社が助成金をもらえなくなる期間は、解雇の前後6か月間が多いようです。

　できることなら離職理由に解雇、退職勧奨と書かずにすませたいものです。

　なお、助成金によっては、影響のないものもあります。

特定受給資格者にも注意する

　特定受給資格者を4人以上出すと、解雇ではなくても、会社が助成金を受給できなくなる場合があります。特定受給資格者とは、次ページにある理由で退職した従業員のことを指します。

　たとえば、残業が多い、給料がダウンしたなどの理由で退職者を数多く出さないよう注意しましょう。

助成金は労働保険料から支払われている

　このように、助成金と失業保険とが密接な関係にあるのは、助成金も失業保険も、どちらも労働保険料から賄われているからです。

　会社は、知らず知らずのうちに助成金の元になる費用を負担しているのです。したがって、**助成金は積極的に活用すべきもの**だといえるでしょう。

- ☑ 離職理由を安易に解雇と記載していないか
- ☑ 受給できそうな助成金はないか検討したか
- ☑ 特定受給資格者も出さないように気をつける

用語ファイル

離職票（りしょくひょう）

従業員が退職したとき、失業保険などを受給するために必要な書類。会社がハローワーク所定の離職証明書を作成、手続きしたらハローワークから交付される。離職証明書と呼ぶこともある。

解雇などで助成金が受け取れないケース

（例）特定求職者雇用開発助成金

❶ 解雇、退職勧奨をした場合は受給できない

❷ $\dfrac{\text{雇い入れ前後6か月間の「特定受給資格者」}}{\text{雇い入れ日の雇用保険加入者}} > 6\%$ の場合は受給できない

※「特定受給資格者」が3人以下の場合は②が除外される。
※助成金の種類によっては影響がないものもある。
※この他の要件あり。

特定受給資格者（例）
下記の理由で退職した従業員

- 解雇・倒産
- 労働条件が聞いていたものと著しく異なる
- 給料の支払いが遅延した
- 給料が85％未満に低下した
- 直前3か月間の残業が各月45時間を超えた
- パワハラ
- マタハラ
- 退職勧奨
- 会社の休業が3か月以上
- 会社が法令違反をした

など

会社に影響の出る助成金

- 特定求職者雇用開発助成金
- キャリアアップ助成金
- トライアル雇用助成金

など

※助成金は改定されることが多いので注意すること。

アドバイス

会社の体制を整える

助成金は、労働保険料で賄われている関係から、労働保険料の滞納をしている会社は受給できない場合があります。
また、残業代を法律どおりに払っていないなど労働基準法をはじめとする法律違反の会社には支給されないこともあります。
助成金を受給する上でも、会社の体制を整備することが重要なのです。

★解雇、退職勧奨をすると助成金をもらえないことがある。
★残業時間が月45時間を超えたなどの離職理由も助成金に影響がある場合がある。

65歳まで雇用の義務化
定年延長義務化には再雇用制度で対応する

定年年齢は変わらず60歳

2013年4月から法改正され、**65歳までの雇用が義務化**されました。しかし、定年年齢が65歳になったわけではありません。

定年年齢は、現在も法律で60歳と定められています。

定年年齢が65歳になることと、定年は60歳で65歳まで継続雇用することでは、大きな違いがあります。

定年65歳の場合は、60歳になったからといって、賃金をはじめとする労働条件を引き下げることは、簡単にはできません。

これに対し、継続雇用（再雇用）であれば、定年年齢でいったん退職扱いとし、新たな雇用契約を結ぶので、労働条件をリセットできます。

賃金を変更したり、1年契約での更新という扱いにすることもできます。

- ☑ 60歳以上の労働条件をどうするかを検討したか
- ☑ 就業規則の見直しをしたか
- ☑ ➡就業規則第28条

定年後の選択肢は3つある

60歳以上の定年の後、会社は①～③のいずれかを選択することになっています。この制度は法改正後も変わりません。
① 定年年齢の引き上げ
② 継続雇用制度の導入
③ 定年の定めの廃止

ほとんどの会社が、②継続雇用制度（再雇用制度）を導入しています。

対象者を限定できるしくみが廃止された

2013年3月までは、定年後、再雇用する対象者を労使協定で限定することができました。しかし、2013年4月以降は、それができなくなりました。例外（→次ページ）を除いて全員を**65歳まで雇用しなければなりません。**

また、2021年4月以降は70歳までの雇用が努力義務となりました（→265ページ）。

用語ファイル

勤務延長制度と再雇用制度

勤務延長制度は、現在の定年年齢に達した後、退職させることなく引き続き雇用する制度。再雇用制度は、現在の定年年齢に達した者をいったん退職扱いとし、再び雇用する制度。どちらも継続雇用制度の1つ。

雇用延長義務年齢の段階的引き上げ

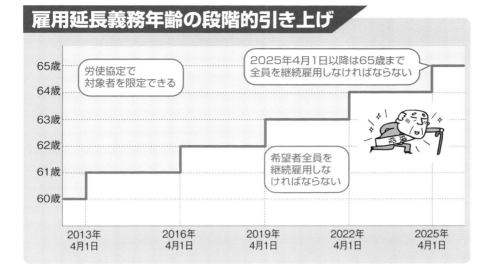

65歳までの全員雇用についての例外

例外1

対象者限定の段階的な引き上げ
- 厚生年金の受給開始年齢が60歳から引き上げられるため、受給開始までの雇用が義務化された。
- 受給開始がすぐに65歳になるわけではなく、段階的に上がっていく。そのため、全員を雇用する義務の上限年齢も同じタイミングで段階的に上がっていく。
- 2013年3月31日までに、労使協定で対象者の基準を定めている場合は、受給開始年齢に達した後の対象者を限定できる（→上の図）。

※厚生年金受給のスケジュールは、男性と女性で異なるが、このスケジュールは男性にあわせている（男性、女性とも同じ）。

例外2

就業規則に定める解雇・退職事由に該当する場合
- たとえば、工場を閉鎖する場合など、解雇せざるをえない場面も考えられる。このような場合でも、60歳以降の労働者全員を継続雇用しなければならないとすると、60歳前の労働者とのバランスを欠くことになる。
- そのため、就業規則に定める解雇・退職事由と同じ事由を継続雇用しないことができる事由として就業規則または労使協定で定めることができる。

★法律上の定年年齢は60歳であり、65歳になったわけではない。
★定年延長義務化では、いったん退職する再雇用制度を導入すれば会社の負担が少ない。

高年齢雇用継続給付（ハローワーク）
公的補助を最大限利用する

給料が下がると給付金が出る

　給料が60歳到達時に比べて75％未満に低下した場合にハローワークから給付金がもらえるという制度があります。これを「高年齢雇用継続給付」といいます。給付を受けられる期間は、60歳から65歳に達するまでの5年間です。

　計算式は、「**当月に支払われた賃金×支給率**」で、「60歳到達時賃金」と比べた**低下率に応じて支給率が決まっています**。61％以下の場合に最大の15％が支給されます。当月の賃金額に支給率を掛けるので、低ければ低いほどたくさん受給できるわけではありません。

　なお、「60歳到達時賃金」とは、60歳になる直前6か月間の給料を平均したもので、60歳に到達した月だけの給料をもとにするものではありません。

　この制度は、2025年4月から支給率が引き下げられることになっています。

勤続5年未満の場合は注意が必要

　この制度では、対象者が勤続5年未満の場合は、給付が受けられません。

　勤続5年に達し、その時点の直前6か月間の給料に比べて75％未満に低下してはじめて給付が受けられます。

　この場合、60歳になる直前6か月間の給料を平均するのではなく、**勤続5年に達する直前6か月間の給料を平均する**ことに特に注意が必要です。

前職の在籍期間も通算できる

　「勤続5年」の判断には、前職を退職後、1年以内に再就職していて、失業保険や再就職手当などを受けなかった場合は、前職の在籍期間も勤続年数に通算することができます。

　通算できるかどうかは、個別にハローワークに確認するのがいいでしょう。

- ☑ 公的補助を活用しているか
- ☑ 勤続期間を確認したか
- ☑ 60歳到達の6か月前から賃金を検討しているか

関連用語ファイル

高年齢再就職給付金（こうねんれいさいしゅうしょくきゅうふきん）

60歳以上65歳未満の失業者が、100日以上の失業給付を残して再就職した場合で、直前の賃金額の75％未満に下がるなど一定の要件を満たせば、再就職時から1〜2年間、給付金として給付される制度。

高年齢雇用継続給付

受給資格
（①②ともあてはまる場合）

① 60歳以上65歳未満の雇用保険加入者
② 60歳到達時点で勤続5年以上（前職を退職後1年以内に再就職していて、失業保険や再就職手当などを受けなかった場合は通算する）

以下の要件をすべて満たす月に支給される

① 1日から末日まで被保険者である
② 支払われた賃金が60歳到達時（上限あり）よりも75％未満に低下している
③ 支払われた賃金が上限（365,055円。毎年8月に変わる）を超えていない
④ 育児休業給付、介護休業給付の支給対象ではない

支給期間

60歳に到達した月から
65歳に到達する月まで

支給額（上限・下限がある）

① 低下率61％以下の場合：その月に払われた賃金×0.15
② 低下率61％超～75％未満の場合：その月に払われた賃金×支給率（支給率は、支給早見表にあてはめる）

支給早見表

低下率	支給率	低下率	支給率	低下率	支給率
75.00％以上	0.00％	70.00％	4.67％	65.00％	10.05％
74.50％	0.44％	69.50％	5.17％	64.50％	10.64％
74.00％	0.88％	69.00％	5.68％	64.00％	11.23％
73.50％	1.33％	68.50％	6.20％	63.50％	11.84％
73.00％	1.79％	68.00％	6.73％	63.00％	12.45％
72.50％	2.25％	67.50％	7.26％	62.50％	13.07％
72.00％	2.72％	67.00％	7.80％	62.00％	13.70％
71.50％	3.20％	66.50％	8.35％	61.50％	14.35％
71.00％	3.68％	66.00％	8.91％	61.00％以下	15.00％
70.50％	4.17％	65.50％	9.48％		

※2025年4月から支給率が引き下げられる。

60歳～64歳の在職老齢年金
賃金が高いほど年金の受給額が減る

賃金の額によっては年金の額が減る

老齢厚生年金を受給する権利がある人が、働いて社会保険制度に加入した場合には、年金額が減額されます（**在職老齢年金**）。

年金月額と総報酬月額相当額を早見表にあてはめれば、受け取る年金のおおよその金額がわかります。**年金月額（加給年金を除く）と総報酬月額相当額の合計が28万円以下のときは、年金減額はありません。28万円**を超えるときは、高いほど減額されます。

在職老齢年金早見表　60歳～64歳

年金月額(基本月額) ／ 総報酬月額相当額	98,000	140,000	180,000	200,000	240,000	260,000	300,000
10,000	10,000	10,000	10,000	10,000	10,000	10,000	0
20,000	20,000	20,000	20,000	20,000	20,000	20,000	0
30,000	30,000	30,000	30,000	30,000	30,000	25,000	5,000
40,000	40,000	40,000	40,000	40,000	40,000	30,000	10,000
50,000	50,000	50,000	50,000	50,000	45,000	35,000	15,000
60,000	60,000	60,000	60,000	60,000	50,000	40,000	20,000
70,000	70,000	70,000	70,000	70,000	55,000	45,000	25,000
80,000	80,000	80,000	80,000	80,000	60,000	50,000	30,000
90,000	90,000	90,000	90,000	85,000	65,000	55,000	35,000
100,000	100,000	100,000	100,000	90,000	70,000	60,000	40,000
110,000	110,000	110,000	105,000	95,000	75,000	65,000	45,000
120,000	120,000	120,000	110,000	100,000	80,000	70,000	50,000
130,000	130,000	130,000	115,000	105,000	85,000	75,000	55,000
140,000	140,000	140,000	120,000	110,000	90,000	80,000	60,000
150,000	150,000	145,000	125,000	115,000	95,000	85,000	65,000
160,000	160,000	150,000	130,000	120,000	100,000	90,000	70,000
170,000	170,000	155,000	135,000	125,000	105,000	95,000	75,000
180,000	180,000	160,000	140,000	130,000	110,000	100,000	80,000
190,000	186,000	165,000	145,000	135,000	115,000	105,000	85,000
200,000	191,000	170,000	150,000	140,000	120,000	110,000	90,000
210,000	196,000	175,000	155,000	145,000	125,000	115,000	95,000
220,000	201,000	180,000	160,000	150,000	130,000	120,000	100,000
230,000	206,000	185,000	165,000	155,000	135,000	125,000	105,000
240,000	211,000	190,000	170,000	160,000	140,000	130,000	110,000
250,000	216,000	195,000	175,000	165,000	145,000	135,000	115,000
260,000	221,000	200,000	180,000	170,000	150,000	140,000	120,000
270,000	226,000	205,000	185,000	175,000	155,000	145,000	125,000
280,000	231,000	210,000	190,000	180,000	160,000	150,000	130,000

$$総報酬月額相当額 = 標準報酬月額 + \frac{直近1年間にもらったボーナスの合計}{12}$$

また、社会保険に加入しない範囲（→174ページ）で働くなど、社会保険に加入しない場合には減額されません。

この計算方法は、改正され、65歳以降と同じ計算方法（→102ページ）で減額されることになっています（2022年4月から）。

定年で賃金が下がったときは取得届、喪失届を提出する

定年退職し、再雇用で給料が下がることがあります。

給料が低下したときの社会保険料は、通常、4か月後から減額されることになっています（随時改定）。しかし、60歳以降に退職し、「継続再雇用」された場合は、下がった月からすぐに標準報酬月額が下がる特例があります。

この特例は平成25年4月から対象が拡大し、「60歳以降に退職し、継続再雇用された人」となりました。厚生年金を受け取る権利がない人や65歳以降の人も、このときから対象になりました。

手続きには、会社から**「被保険者資格取得届」と「被保険者資格喪失届」を同時に提出する**必要があります。新たな雇用の証明書等の添付が必要です。

年金額は報酬が高いほど減額される

340,000	380,000	400,000	440,000	460,000	480,000	500,000	520,000
0	0	0	0	0	0	0	0
0							0
0							0
0							0
0							0
0	0	0	0	0	0	0	0
5,000	0	0	0	0	0	0	0
10,000	0	0	0	0	0	0	0
15,000	0	0	0	0	0	0	0
20,000	0	0	0	0	0	0	0
25,000	5,000	0	0	0	0	0	0
30,000	10,000	0	0	0	0	0	0
35,000	15,000	5,000	0	0	0	0	0
40,000	20,000	10,000	0	0	0	0	0
45,000	25,000	15,000	0	0	0	0	0
50,000	30,000	20,000	0	0	0	0	0
55,000	35,000	25,000	5,000	0	0	0	0
60,000	40,000	30,000	10,000	0	0	0	0
65,000	45,000	35,000	15,000	5,000	0	0	0
70,000	50,000	40,000	20,000	10,000	0	0	0
75,000	55,000	45,000	25,000	15,000	0	0	0
80,000	60,000	50,000	30,000	20,000	5,000	0	0
85,000	65,000	55,000	35,000	25,000	10,000	0	0
90,000	70,000	60,000	40,000	30,000	15,000	0	0
95,000	75,000	65,000	45,000	35,000	20,000	0	0
100,000	80,000	70,000	50,000	40,000	25,000	5,000	0
105,000	85,000	75,000	55,000	45,000	30,000	10,000	0
110,000	90,000	80,000	60,000	50,000	35,000	15,000	0

※厚生年金基金に加入していた期間がある場合はこのとおりにはならない。
※総報酬月額相当額＝社会保険の標準報酬月額＋直近1年間の賞与額／12
※年金月額は加給年金を除く。

65歳からの在職老齢年金
[47万円までなら減額されない]

老齢基礎年金は減額されない

　65歳以降で老齢厚生年金を受け取る権利のある人も、**働いて厚生年金に加入すると、老齢厚生年金が減額**されます（在職老齢年金）。

　ただし、減額の計算方法は、60歳〜64歳とは、大きく異なります。

　65歳以降は、基本月額と総報酬月額相当額（→101ページ）の合計が47万円を超えない限り減額されません。47万円を超えた場合に、超えた額の2分の1が減額されます。

　基本月額は、老齢厚生年金の額を12で割って月額になおします。老齢基礎年金は、基本月額には加えずに計算し、在職中でも全額支給されます。

　加給年金も加えずに計算しますが、老齢厚生年金が全額停止されるときは、全額停止され、一部でも支給されるときは全額支給されます。計算方法は70歳以降も同じです。

　老齢厚生年金を受け取る権利がある人が働くと減額される制度は、以前は70歳まででした。

　しかし、平成19年4月に法改正され、70歳以降も同じ計算式で減額されることになりました。

●厚生年金基金の加入期間がある人は、このとおりにはなりません。

年金月額（基本月額）＼総報酬月額相当額	98,000	140,000	180,000	200,000
10,000	10,000	10,000	10,000	10,000
20,000	20,000	20,000	20,000	20,000
30,000	30,000	30,000	30,000	30,000
40,000	40,000	40,000	40,000	40,000
50,000	50,000	50,000	50,000	50,000
60,000	60,000	60,000	60,000	60,000
70,000	70,000	70,000	70,000	70,000
80,000	80,000	80,000	80,000	80,000
90,000	90,000	90,000	90,000	90,000
100,000	100,000	100,000	100,000	100,000
110,000	110,000	110,000	110,000	110,000
120,000	120,000	120,000	120,000	120,000
130,000	130,000	130,000	130,000	130,000
140,000	140,000	140,000	140,000	140,000
150,000	150,000	150,000	150,000	150,000
160,000	160,000	160,000	160,000	160,000
170,000	170,000	170,000	170,000	170,000
180,000	180,000	180,000	180,000	180,000
190,000	190,000	190,000	190,000	190,000
200,000	200,000	200,000	200,000	200,000
210,000	210,000	210,000	210,000	210,000
220,000	220,000	220,000	220,000	220,000
230,000	230,000	230,000	230,000	230,000
240,000	240,000	240,000	240,000	240,000
250,000	250,000	250,000	250,000	250,000
260,000	260,000	260,000	260,000	260,000
270,000	270,000	270,000	270,000	270,000
280,000	280,000	280,000	280,000	275,000

※働いても減額されない薄いブルーの範囲は、60歳以上65歳未満（→100ページ）と比較するとかなり広い。

在職老齢年金の計算方法

● 老齢厚生年金を12で割って月額になおしたものを基本月額といいます。
● 厚生年金基金がある人は、なかったものとして計算します。

ケース 1 総報酬月額相当額（→101ページ）と基本月額が47万円以下のとき

➡ 減額されません。

47万円

総報酬月額相当額	基本月額

ケース 2 総報酬月額相当額と基本月額が47万円を超えるとき

減額される部分

➡ 超えた額の1／2が減額されます。

総報酬月額相当額	基本月額		

240,000	260,000	300,000	340,000	380,000	400,000	440,000	460,000	500,000	520,000
10,000	10,000	10,000	10,000	10,000	10,000	10,000	10,000	0	0
20,000	20,000	20,000	20,000	20,000	20,000	20,000	15,000	0	0
30,000	30,000	30,000	30,000	30,000	30,000	30,000	20,000	0	0
40,000	40,000	40,000	40,000	40,000	40,000	35,000	25,000	5,000	0
50,000	50,000	50,000	50,000	50,000	50,000	40,000	30,000	10,000	0
60,000	60,000	60,000	60,000	60,000	60,000	45,000	35,000	15,000	5,000
70,000	70,000	70,000	70,000	70,000	70,000	50,000	40,000	20,000	10,000
80,000	80,000	80,000	80,000	80,000	75,000	55,000	45,000	25,000	15,000
90,000	90,000	90,000	90,000	90,000	80,000	60,000	50,000	30,000	20,000
100,000	100,000	100,000	100,000	95,000	85,000	65,000	55,000	35,000	25,000
110,000	110,000	110,000	110,000	100,000	90,000	70,000	60,000	40,000	30,000
120,000	120,000	120,000	120,000	105,000	95,000	75,000	65,000	45,000	35,000
130,000	130,000	130,000	130,000	110,000	100,000	80,000	70,000	50,000	40,000
140,000	140,000	140,000	135,000	115,000	105,000	85,000	75,000	55,000	45,000
150,000	150,000	150,000	140,000	120,000	110,000	90,000	80,000	60,000	50,000
160,000	160,000	160,000	145,000	125,000	115,000	95,000	85,000	65,000	55,000
170,000	170,000	170,000	150,000	130,000	120,000	100,000	90,000	70,000	60,000
180,000	180,000	175,000	155,000	135,000	125,000	105,000	95,000	75,000	65,000
190,000	190,000	180,000	160,000	140,000	130,000	110,000	100,000	80,000	70,000
200,000	200,000	185,000	165,000	145,000	135,000	115,000	105,000	85,000	75,000
210,000	210,000	190,000	170,000	150,000	140,000	120,000	110,000	90,000	80,000
220,000	215,000	195,000	175,000	155,000	145,000	125,000	115,000	95,000	85,000
230,000	220,000	200,000	180,000	160,000	150,000	130,000	120,000	100,000	90,000
235,000	225,000	205,000	185,000	165,000	155,000	135,000	125,000	105,000	95,000
240,000	230,000	210,000	190,000	170,000	160,000	140,000	130,000	110,000	100,000
245,000	235,000	215,000	195,000	175,000	165,000	145,000	135,000	115,000	105,000
250,000	240,000	220,000	200,000	180,000	170,000	150,000	140,000	120,000	110,000
255,000	245,000	225,000	205,000	185,000	175,000	155,000	145,000	125,000	115,000

※70歳以降は、原則として厚生年金に加入しない。そのため、加入はしないが減額の対象になるという複雑な制度となっている。

助成金受給のコツ

時流に乗って助成金を受給しよう

社内の体制を整備する

　政府は、労働者の雇用を促進したり、労働条件を改善することなどを目的として、さまざまな助成金を用意しています。

　国からもらえる助成金は、融資とは異なって、**返済する必要がありません**。

　厚生労働省の助成金を受給するコツは、時代の流れにうまく乗ることです。助成金は、労働基準法や雇用保険法などと密接な関係があります。これらの法改正にあわせ、その時々に国が力を入れていることに対して助成金が出されます。

　助成金をうまく受給している会社の多くは、法改正の情報を得て、**就業規則や社内制度の改定などをきちんとしている会社**なのです。

　また、事前に計画届を提出する必要があるものもあり、手順を誤るともらえません。あらかじめ、申請方法や必要書類などを確認しておきましょう。

高齢者を積極的に雇うと助成金がもらえる

　60歳以上65歳未満の人を新たに雇うと**60万円（中小企業以外は50万円）が助成される**制度があります（特定求職者雇用開発助成金）。

　ただし、ハローワークまたは職業安定局長の指定を受けた職業紹介事業者を通じて雇い入れるなどの条件があります。

期限に遅れたらもらえない

　助成金は、期限を厳守する必要があります。**1日でも遅れたら受給できません。**特定求職者雇用開発助成金の場合は、雇い入れた日から6か月ごとに区切り、6か月経過した日から2か月以内に申請しなければなりません（それ以降も同様。賃金締め切り日によって期限が異なる）。

　あらかじめスケジュールを立て、申請を忘れないように注意しましょう。

- ☑ 助成金で活用できるものはないかチェックしたか
- ☑ 高齢者を活用する職務を検討したか

用語ファイル

助成金（じょせいきん）

失業の予防、雇用機会の増大などを図る目的で、労働保険料から給付される。返済は不要。会社は、助成金の原資として賃金支払額の1,000分の3（建設業は1,000分の4）の労働保険料を負担している。

特定求職者雇用開発助成金

※要件の詳細は最寄りのハローワークに確認すること。
※雇用保険の適用事業所でなければ対象にならない。

受給できる

60歳以上65歳未満の人　　または
母子家庭の母、父子家庭の父（条件あり）や
障害者で65歳未満の人を新たに雇った
→ **NO**

↓ **YES**

過去3年以内に自社でアルバイトや3か月超の実習などをしていた
→ **YES**

↓ **NO**

週20時間以上で2年以上継続して働き、雇用保険にも加入する
→ **NO**

↓ **YES**

ハローワークまたはこの助成金対象の
職業紹介事業者を通じて雇い、紹介状もある
→ **NO**

↓ **YES**

紹介以前に内定していない。代表者と親族ではない
→ **NO**

↓ **YES**

雇い入れ日の前後6か月に会社都合で退職した人がいる
（雇用保険の喪失理由が会社都合）
→ **YES**

↓ **NO**

雇い入れ日の前後6か月に特定受給資格者を4人以上、
かつ6％超出した
→ **YES**

↓ **NO**

NO ←
過去にこの助成金の対象となった人が5人以上いて、
その離職率が25％を超えている
→ **YES**

受給できない

助成額と助成期間

平均実労働時間が最低基準に満たない月の分は
支給されない。

対象労働者		助成総額		助成期間	
		大企業	中小企業	大企業	中小企業
短時間労働者以外	①高年齢者（60歳以上65歳未満）、母子家庭の母等	50万円	60万円	1年	1年
	②重度障害者等を除く身体・知的障害者	50万円	120万円	1年	2年
	③重度障害者等※1	100万円	240万円	1年6か月	3年
短時間労働者※2	④高年齢者（60歳以上65歳未満）、母子家庭の母等	30万円	40万円	1年	1年
	⑤身体・知的・精神障害者	30万円	80万円	1年	2年

※1：重度身体・知的障害者、45歳以上の身体・知的障害者、精神障害者。
※2：週当たりの所定労働時間が20時間以上30時間未満の人。

資料出所：厚生労働省

Column

会計検査院の検査事例

助成金を受給したら会計検査の覚悟が必要

　助成金を受給すると会計検査院による検査が入る可能性があります。

　助成金は、雇用の機会を増やしたり、失業を予防したりするなどを目的として、国から給付されるものです。

　うまく活用すれば事業資金としても有効なものですが、事業主の中には、不正に受給しようとする者もいます。

　それを防止するために、助成金を受給したら、会計検査院の検査が入ることがあります。会計検査院は、国のお金が正しく使われているか、お金を正しく徴収しているかなどについて検査する国の機関です。

　検査の結果、不正受給が判明したら、全額を返還しなければなりません。さらに、悪質な場合は詐欺事件として扱われ、過去にも逮捕者が出ています。

検査のポイント

　会計検査院の検査を受検する際には、以下の点などについて重点的に検査されます。

1. 経費の補助について、申請額が正しいことを以下の書類と照合される

①見積書　②納品書　③請求書

④支払いの証拠（銀行の振込依頼書等）

2. 人件費について、申請額が正しいことを以下の書類と照合される

①労働者名簿　②出勤簿（タイムカード）

③賃金台帳　④就業の状況（補助の対象として正しいかどうか）

　このように、会計検査院の検査では、申請書類の裏づけとなる経理関係の書類をチェックされることが多いようです。教育訓練関係では実態を確認されることもあります。

　会計検査院のホームページ（令和元年度決算）によると、厚生労働省管轄の助成金では、「キャリアアップ助成金」や「特定求職者雇用開発助成金」などを検査しています。

　「キャリアアップ助成金」では、54の事業主を検査した結果、8事業主が合計で2,279万円を返還しています。

　会計検査院では、毎年、何らかの助成金について検査しており、助成金を受給したら検査を受ける覚悟が必要です。

第4章

賃金・退職金の決定方法

賃金は労働に対して支払う
年俸制でも毎月1回支払う
会社の都合で休ませたら平均賃金の6割を支払う
残業させると割増賃金が発生する
ボーナスの割合を多くすれば残業代が安くなる
最低賃金額以上の賃金を支払う
年功序列賃金と成果主義賃金のバランスを考える
賃金システムを教育に活かす
年俸制賃金でも残業代は必要
業績連動型ボーナスを検討する
退職金負担が重くなっている
退職金制度の目的を明確にする
目的によって退職金制度が決まる
基本給に連動する退職金制度から切り替える

賃金の定義
賃金は**労働**に対して支払う

賃金は会社と従業員の約束事

賃金とは、従業員が働いた対価として会社が支払うものをいい、名前や呼び方が何であるかは問いません。

ひとたび「賃金」と判断されれば、会社は支払う義務があります。もし支払わなければ、労働基準監督署から支払命令を受け、罰則もあります。

就業規則で約束したら支払う義務がある

判断がわかりにくいものが、結婚祝い金や弔慰金です。会社が恩恵的に支払う場合は賃金ではありません。ただし、結婚手当など、就業規則などで支給基準がはっきりしているものは賃金です。

支給基準がはっきりしていても、出張に伴う旅費や日当などの実費を支払ったものは、賃金とはなりません。

問題になることが多いものが退職金です。就業規則に支給条件などがはっきり記載されている場合は賃金となり、支払い義務が生じます。その一方で、退職金が制度としてある場合は、就業規則に記載することが法律で定められています（→227ページ）。

慣習にも注意する必要がある

就業規則に定めがない「慣習」にも注意が必要です。過去の退職者の多くが退職金を受け取っていれば「賃金」として支払う義務が生じるケースがあるのです。退職金制度を取り入れないなら、安易に支給しないこともたいせつです。

制度として取り入れるのであれば、どのように計算するのか、どのような場合に払わないのかなどの支給基準を就業規則に書くなど、書き方に工夫をします。「不公平感」はやる気をなくす最も大きな原因になります。従業員が安心して働き、力を出すためにも、不公平感を感じさせないようにしなければなりません。

- ☑ 賃金の意味をきちんと理解しているか
- ☑ 気分によって支払ったり支払わなかったりするものはないか
- ☑ 性別によって賃金に差をつけていないか

用語ファイル

慣習（かんしゅう）

社会生活において、取り扱いが反復、継続して行われていることが従業員に広く認識されており、事業主もこれを黙認し、事実上ルール化していること。労働慣行ともいう。

第4章 賃金・退職金の決定方法 ■賃金は労働に対して支払う

賃金とは

❶賃金、給料、手当、賞与その他名称を問わない
❷会社が従業員に支払うもの
❸労働の対価であるもの

賃金
- 就業規則に決められた条件のとおりに支払ったもの
  - 結婚手当
  - 退職金

賃金ではない
- 就業規則に定めがなく任意恩恵的なもの
  - 結婚祝い金
  - 死亡弔慰金
  - 退職金
- 社宅など福利厚生施設
- 実費の支給
  - 制服・作業服
  - 旅費

差別できない要件
❶国籍、信条、社会的身分
❷性別によるもの
❸労働組合に加入している

アドバイス

非常時払い

出産、病気、災害などの非常時に従業員から請求があったときには、すでに労働した分の賃金は給料日前でも支払わなければなりません。将来の分まで前貸しする必要はありません。

Point
★就業規則に記載したら支払い義務が生じる。
★退職した人のほとんどに退職金を支払っている場合は支払い義務が生じる場合がある。

賃金支払いの5原則
年俸制でも毎月1回支払う

賃金支払いには5つのルールがある

①通貨で支払う
②直接本人に支払う
③全額を支払う
④毎月1回以上支払う
⑤一定期日に支払う

賃金支払いには、上記5つの原則があります。従業員の生活上の不安を防ぎ、定期的な収入を確保するために決められたものです。

したがって、年俸制賃金であっても、まとめて年に1回支払うことはできません。月給者と同じように、毎月25日というように決めて支払う必要があります。

給料から勝手に引くことはできない

所得税や社会保険料など法律で決められたものは給料から引いてよいことになっています。また、欠勤や遅刻、早退など働かなかった時間分の賃金を減額することも認められています（**ノーワーク・ノーペイの原則**）。

一方、旅行積立金や食事代を給料から勝手に引くことはできません。この場合は、会社と従業員の代表者が労使協定を結べば、引くことができます。

会社の物品を壊した場合などに、従業員に損害賠償請求をすることがあります。この場合も、従業員の給料から勝手に引くことはできません。

家族の銀行口座に振り込んではいけない

賃金は現金で支払うことが決められています。ただし、従業員本人が希望しているなど、一定の要件のもと、銀行口座に振り込むことは認められています。

この場合も直接本人に支払うことが義務づけられています。本人が希望したとしても家族の銀行口座に振り込むことはできません。

- ☑ 労使協定を締結せずに給料から引いているものはないか
- ☑ 働かなかった分以上に減額してはいないか
- ☑ ➡賃金規程第10条、第11条

用語ファイル
月給制と日給月給制
どちらも月を単位として賃金を支払う制度。月給制は、月のうち、欠勤、遅刻、早退など働かない時間があっても減額しない制度。日給月給制は、これらの働かない時間があれば、その時間に応じて減額する制度。

賃金支払いの5原則

通貨払いの原則
●振り込む場合の要件
　❶従業員に書面での同意を得る
　❷従業員の指定する本人名義の預貯金口座に振り込む
　❸賃金の全額が所定の支払い日午前10時までに払い出しできる

一定期日払いの原則
今月は25日、翌月は20日というような支払いは認められない

直接払いの原則
❶直接従業員本人に支払う
❷他人を介して支払ったり、従業員の代理人に支払ったりすることはできない
❸未成年者であっても親権者が代わって受け取ることはできない
※病気欠勤中に従業員の妻子が受け取りに来たような場合には支払うことができる。

全額払いの原則
●勝手に引くことはできない
例外として
　❶所得税、社会保険料など法律に定められているもの
　❷会社と従業員の間で労使協定を結んでいる場合（社宅料、物品の代金など）
●以下のものは違反にあたらない
　❶欠勤、遅刻、早退など労働しなかった時間について賃金を支払わないこと
　❷賃金の一部を前払いしたときに、その分を差し引くこと

毎月1回以上の原則
※臨時支給の賃金、賞与、退職金などはこの原則にあてはまらない

Point
★食事代などを給料から勝手に引くことはできない。
★働かなかった分に相応して減額することはできる。

平均賃金の計算方法

会社の都合で休ませたら 平均賃金の6割を支払う

休業中も賃金を 支払わなければならない

景気が悪く仕事がない場合に、製造業などでは工場を止めて従業員に自宅待機してもらうことがあります。だからといって、「仕事をしていないのだから給料もなし」というわけにはいきません。

働く意思があるのに働けず、給料ももらえなければ、従業員は生活に困ってしまいます。

そこで、労働基準法では、会社の都合で従業員を休ませる場合には、その従業員の**平均賃金**（計算方法→次ページ）**の6割を従業員に支払う**ことを義務づけています。1日のうちの一部を働いた場合でも1日分の6割以上を支払う必要があります。

休業手当は、通常の賃金支給日に支払います。これらは、労働基準法で定められていることなので、支払わない場合には労働基準監督署から支払命令が出ます。

- ☑ 歩合給には約6割以上の保障をしているか
- ☑ 会社の都合で休ませたら平均賃金の6割以上を支払う
- ☑ 健康診断の結果、休ませる場合には保障する必要はない

会社都合の範囲は広い

ここでいう「会社都合」は、広い範囲で認められています。たとえば、親会社の経営難のために資材を調達できなかったことによって休業せざるを得ない場合も、会社都合として休業手当を支払わなければなりません（→次ページ）。

歩合給制には 一定の保障がいる

歩合給制を取り入れている会社があります。この方法であれば、営業成績によっては、給料が極端に低くなってしまうことがあります。しかし、それでは従業員が生活をしていく上で支障が出ます。

そこで、通常の賃金とあまり隔たらない程度の収入を保障することが義務づけられています。保障額は、大体の目安として、その従業員の**平均賃金の60%**程度が妥当と考えられています。

用語ファイル

へいきんちんぎん 平均賃金

過去3か月間の賃金を平均して算出する。平均賃金は、次のような場合に使う。①従業員を解雇する場合の解雇予告手当、②会社の都合で休業させる場合の休業手当、③業務災害の場合の災害補償等。

平均賃金の計算方法

一般のケース

① $\dfrac{3か月間に支払われた賃金総額}{3か月間の暦日数}$

時給制や日給制、歩合給制のケース（①と②の高いほうを平均賃金とする）

② $\dfrac{3か月間に支払われた賃金総額}{その期間に働いた日数} \times 60\%$

※直前の賃金締切日から起算する。入社3か月に満たない場合は入社後の期間で計算する。
※賃金総額には、通勤手当、精皆勤手当、年次有給休暇の賃金なども含めるが、ボーナスなど3か月を超える期間ごとに
　支払われる賃金、慶弔見舞金など臨時に支払われる賃金は賃金総額から除く。
※業務災害による休業、産前産後休暇、会社都合の休業、育児・介護休業、試用期間は賃金総額、暦日数から除く。

CASE 1 一般のケース

4月の賃金　250,000円
5月の賃金　300,000円
6月の賃金　280,000円

① $= \dfrac{250,000円+300,000円+280,000円}{30日+31日+30日}$
　$=9,120.87円（小数点3位以下切り捨て）$

→ **これが日額となる**

CASE 2 時給制や日給制、歩合給制

4月の賃金　50,000円（労働日数　10日）
5月の賃金　40,000円（労働日数　8日）
6月の賃金　60,000円（労働日数　12日）

① $= \dfrac{50,000円+40,000円+60,000円}{30日+31日+30日}$
　$=1,648.35円（小数点3位以下切り捨て）$

② $= \dfrac{50,000円+40,000円+60,000円}{10日+8日+12日} \times 60\%$
　$=3,000円$

→ **高いほうを平均賃金とする
（この場合は3,000円）**

税法上の扱い

会社の都合で休ませたとき	所得税課税（普通の賃金と同じ）
解雇予告手当	退職所得
業務上災害の休業補償で賃金ではないもの	非課税

会社都合で休ませたとされるケース

会社の都合

● 親会社の経営難のために資材を調達できなかった
● 内定者の入社時期を遅らせ、自宅待機させる

以下のようなケースは会社都合にはならない

● 健康診断の結果、休ませる必要がある
● 一部の従業員のストライキのために仕事ができない
● 地震で工場が倒壊して仕事ができない

第4章　賃金・退職金の決定方法 ■会社の都合で休ませたら平均賃金の6割を支払う

時間外・休日・深夜手当
残業させると割増賃金が発生する

時間外労働割増は通常の0.25倍の割増賃金を支払う

　残業代の計算方法は労働基準法で定められています。残業させた場合は通常の賃金の0.25倍の割増賃金を支払わなければなりません。ただし、これは法律で定めた週40時間を超える時間の残業代です。これを**時間外労働**といいます。

　平成22年に法改正され、1か月60時間を超える時間外労働に対しては、0.5倍の割増賃金を払うことが義務づけられました（中小企業は猶予されているが、2023年4月から適用）。

　0.5倍を支払う義務があるのは、1か月の起算日から累計し、60時間を超えたとき以降の時間外労働です。それまでの時間については、原則どおり0.25倍の割増賃金で足ります。

　また、法定労働時間を超えない残業を法内残業といいます。たとえば、1日の労働時間が7時間30分の会社であれば（変形労働時間制を使わない場合）、8時間までの30分間は法内残業です。この場合、0.25倍の割増賃金を支払う必要はありませんが、通常の賃金を支払う義務はあります。

4週4日休ませれば休日手当はいらない

　労働基準法での**休日は、4週間に4日だけ**です（→36ページ）。0.35倍の割増率を支払う義務があるのは、4週間に4日の休日を確保できなかった場合だけです。

　つまり、それ以外の休日は単なる時間外労働となり、0.25倍の割増賃金を支払うことで足りるのです。

深夜労働はダブルでかかる

　深夜労働とは、午後10時から午前5時までの労働をいいます。この時間帯に働かせた場合は、割増率に0.25倍を足して支払います（→次ページ）。

- ☑ 4週間に4日休まなかった場合だけ休日手当を払えばいい
- ☑ 週40時間を超えなければ時間外割増を支払う必要はない
- ☑ ➡**賃金規程第6条**

用語ファイル

時間外労働（じかんがいろうどう）と法内残業（ほうないざんぎょう）

時間外労働は週40時間を超える残業、法内残業は週40時間を超えない残業をいう。現実には、これらを区分して管理することは難しく、いずれも時間外労働と同様に扱っている会社がほとんどである。

割増率

基本	時間外労働（1日8時間または週40時間を超える労働）（変形労働時間制の場合は、定めた労働時間を超える労働）	0.25(0.5)以上
	休日労働（4週4日の休日の労働）	0.35以上
	深夜労働（午後10時～午前5時の労働）	0.25以上
重複する場合	時間外労働＋深夜労働	0.5(0.75)以上
	休日労働＋深夜労働	0.6以上

※（　）内は、大企業で1か月の時間外労働60時間超の時間に対する割増率。2023年からは中小企業にも適用。

CASE 1 所定労働時間は午前8時30分から午後5時（休憩1時間）の7時間30分

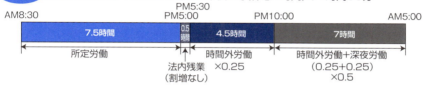

CASE 2 法定の休日に休日労働させた場合

CASE 3 所定労働時間が午後10時から午前7時（休憩1時間）の8時間

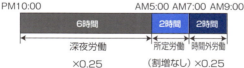

※1か月の時間外労働は60時間を超えていないものとして表示。

所定休日と法定休日

CASE
1日8時間労働
完全週休2日制

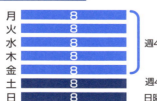

週40時間＝法定労働

※1か月の時間外労働は60時間を超えていないものとして表示。

週40時間を超える労働＝時間外労働×0.25

日曜日が法定休日であれば
法定休日労働×0.35

第4章　賃金・退職金の決定方法　■残業させると割増賃金が発生する

115

割増賃金の計算方法
[ボーナスの割合を多くすれば残業代が安くなる]

割増賃金の計算には手当も含める

残業代を抑えようと、基本給だけをもとに割増賃金を計算している会社がありますが、これは認められていません。

残業代の計算の基礎から除外できる手当は、労働基準法で決まっています（→次ページ）。これらは実際の内容によって判断されるので、名称をつけただけで除外できるわけではありません。

また、一律に支給されるものは除外できません。

労働基準監督署は残業代のもとになる給料を重要視しています。就業規則の届け出をすると、必ずチェックしている項目の1つのようです。

毎月の給料を抑える工夫をする

この中で注目すべき手当があります。それは、「1か月を超える期間ごとに支払われる賃金」です。つまり、ボーナスは残業代を計算する際の基礎から除かれるということです。

すなわち、**毎月の給料を低くして、その分をボーナスで支払えば残業代を抑えることができる**のです。

もう1つメリットがあります。毎月の給料を抑えれば平均賃金（→112ページ）も下がるので、解雇予告手当、休業手当、労災補償も安くなります。

給料計算の端数処理には決まりがある

「働いた分を支払う」というのが賃金の基本的な考え方です。これを守らなければ、法律違反になります。厳密にいえば、毎日の残業時間を1日単位で集計して、15分単位で切り捨てることは違法になります。

1日単位での端数処理は認められないが、1か月単位での端数処理として認められていることがあります（→次ページ）。

- ☑ 除外できない手当を割増賃金の計算の基礎に入れているか
- ☑ ボーナスを増やして給料を減らせば残業代が安くなる
- ☑ →賃金規程第6条

用語ファイル

家族手当（かぞくてあて）

扶養家族の人数をもとに支給される手当。扶養家族は、所得税の扶養家族の範囲に限定している会社が多い。実績をもとに賃金を決定する制度に改定し、家族手当も廃止する会社が増えている。

割増賃金の計算方法

CASE 1 月給制

割増賃金額 = $\dfrac{\text{基本給}+\text{手当}}{1\text{か月の所定労働時間数}} \times \text{割増率} \times \text{労働時間数}$

↑
月によって異なるときは1年の所定労働時間数÷12か月

CASE 2 日給制

割増賃金額 = $\dfrac{\text{日給}}{1\text{日の所定労働時間数}} \times \text{割増率} \times \text{労働時間数}$

↑
日によって異なるときは1週間における1日の平均所定労働時間数

CASE 3 時給制

割増賃金額 = 時間給 × 割増率 × 労働時間数

計算の基礎の分子から除外できる手当
① 家族手当
② 通勤手当
③ 別居手当
④ 子女教育手当
⑤ 住宅手当
⑥ 臨時に支払われた賃金
⑦ 1か月を超える期間ごとに支払われる賃金

賃金計算の端数処理として認められるもの

割増賃金の計算
❶ 1か月を合計したとき
→ 30分未満の端数を切り捨て、それ以上を1時間に切り上げる
例:10時間15分 → 10時間
❷ 1か月の時間外労働、休日労働、深夜労働それぞれの総額
→ 50銭未満の端数を切り捨て、それ以上を1円に切り上げる
例:36,037.2円 → 36,037円

1時間あたりの賃金額
→ 50銭未満の端数を切り捨て、それ以上を1円に切り上げる
例:1,162.4円 → 1,162円

1か月の賃金支払額
❶ 50円未満の端数を切り捨て、それ以上を100円に切り上げる
例:257,815円
→257,800円
❷ 1か月の賃金支払額の1,000円未満の端数を翌月の賃金支払日に繰り越して払う
例:257,800円
→257,000円
（800円は翌月支払う）

最低賃金のルール
最低賃金額以上の賃金を支払う

最低賃金を上回らなければならない

賃金を決めるときに忘れてはならないのは、最低賃金の決まりです。会社は、**最低賃金額以上の賃金を支払わなければなりません。**

これは、正社員だけでなく、パートタイマーやアルバイトなどすべての従業員に適用されます。

仮に事業主と従業員が合意していたとしても、最低賃金を下回る契約はできません。最低賃金に満たない賃金しか支払っていない場合、不足分について労働基準監督署の是正勧告を受けることになります。

最低賃金から除外されるものがある

月給制や日給制の場合は、時間給に換算して、その金額を最低賃金額と比較すれば、自社の賃金が最低賃金を上回っているかどうかを確認できます。

このとき、対象となる賃金は、基本給と手当に限られ、残業代やボーナスなどは除きます（→次ページ）。

地域別と産業別の最低賃金がある

最低賃金には、地域別最低賃金と特定最低賃金の2種類があります。

地域別最低賃金は、各都道府県別に決められています。

特定最低賃金は、特定の産業について、地域別最低賃金よりも高い水準にする必要があるものについて決められています。どちらにも該当する場合には、高いほうが最低賃金となります。

ただし、18歳未満の従業員や65歳以上の従業員、清掃や片付けの業務に従事する従業員などは、特定最低賃金は適用されず、地域別最低賃金が適用されます。

なお、特例として最低賃金が適用されない人がいます（→次ページ）。

- ☑ 自社の給料は最低賃金を下回っていないか
- ☑ 障害者などを最低賃金未満にしたいときは許可を得る

用語ファイル
最低賃金額（さいていちんぎんがく）

労働者の生計費や世間相場の賃金額などを考慮して、毎年10月ごろ改定し、発表される。最低賃金額は、都道府県労働局のホームページや労働基準監督署でも確認できる。

最低賃金の確認方法

1. 時間給制の場合
時間給 ≧ 最低賃金額

2. 日給制の場合
$$\frac{日給}{1日の所定労働時間} ≧ 最低賃金額$$

3. 月給制の場合

① $\frac{基本給＋手当－（除外される賃金）}{年間所定労働時間数÷12}$ ＝A（1時間あたりの従業員の賃金）

② 最低賃金額 ＝B（1時間あたりの最低賃金）

A≧Bでなければならない

CASE
基本給 158,100円
年間所定労働時間数 2,040時間

① $\frac{158,100円}{2,040時間÷12}$ ＝930円 ……A

② 1,013円※ ……B

A＜Bなので、違反している

※東京都地域別最低賃金（2019年10月から）。東京労働局ホームページより。

最低賃金より低くてもよい従業員
❶ 精神または身体の障害により著しく労働能力の低い人
❷ 試用期間中の人
❸ 基礎的な職業訓練（認定されたもの）を受けている人
❹ 軽い仕事に従事する人、断続的労働に従事する人

※事前に労働基準監督署に減額特例の許可を得る。

最低賃金の対象から除外される賃金
❶ 臨時に支払われる賃金
　結婚手当など
❷ 1か月を超える期間ごとに支払われる賃金
　賞与など
❸ 精皆勤手当、通勤手当および家族手当
❹ 残業代、休日手当、深夜手当

Point
★許可を受ければ最低賃金未満にできる場合がある。
★最低賃金は都道府県労働局のホームページでも確認できる。

年功序列賃金と成果主義賃金

年功序列賃金と成果主義賃金の**バランス**を考える

年功序列賃金を見直す

　若いうちは賃金が低くても、中高年以降に高い賃金を受け取り、一生のトータルで考えればつじつまがあうというものが、従来の**年功序列賃金**でした。

　最近は、一生同じ会社で働くという意識が低くなり、現在の労働や貢献にあわせた賃金を受け取るという考えが主流になっています。

　そのため、年功序列の低い賃金のままで、若い優秀な従業員を確保することは難しくなっているのです。

成果主義賃金にも問題は多い

　最近は成果主義賃金の問題点も指摘されています。

　最大の問題点は、自分1人の成果を短期で追求するという点にあります（その他の問題点→次ページ）。

生活保障の給料と成果にあわせたボーナスにする

　賃金制度を考える上では、年功序列賃金と成果主義賃金のよいところをバランスよく取り入れることが重要です。

　日本人が実力を発揮するためには、安心感が必要だといわれています。まずは、**生活給としての毎月の給料**を保障する必要があります。現在は、仕事や役割をもとに決定する職務給や役割給が主流です。

　次に、**努力が認められる、楽しみのあるしくみ**をプラスアルファとして支給する方法を工夫します。

　努力に報いる方法としては、
①給料に反映させる
②ボーナスに反映させる
③退職金で差をつける
などがあります。

　まずは、ボーナスに反映させることが最もやりやすく、従業員の納得も得やすいでしょう。

- ☑ 自社の給与体系は年功序列に偏っていないか
- ☑ 年齢による差が若い従業員の不満になっていないか
- ☑ 生活保障の給料と業績配分のボーナスにしているか

用語ファイル

年功序列制（ねんこうじょれつせい）

年齢や勤続年数等をもとに賃金や昇進等を決定する制度。年齢や勤続年数だけでなく、習熟度や責任感も向上することを前提としている。「終身雇用制」「企業内組合」とともに日本的経営の三種の神器といわれる。

給与体系

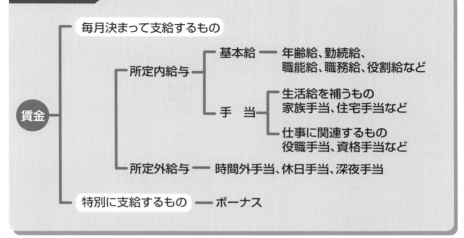

基本給を決定する上での考え方

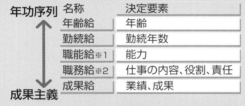

※1 従業員が保有している能力を評価要素として、その価値に応じて決められる賃金。
※2 従事する仕事の役割、困難度、重要度などを評価要素として、その価値に応じて決められる賃金。役割給ともいう。

年功序列賃金と成果主義賃金の問題点

年功序列賃金の問題点
❶ がんばってもがんばらなくても給料が変わらない
❷ 会社の利益に目を向けない
❸ 中高年齢者の賃金が経営を圧迫する
❹ 中高年齢者との不公平感が若い世代のやる気をそぐ
❺ 若い世代の賃金が安いため、若くて優秀な従業員を確保しにくい

成果主義賃金の問題点
❶ 自分だけの成果を追求した結果、チームを大事にしない
❷ 部下を育成しない
❸ 短期の成果を追求し、長期的な視野に立った仕事をしない
❹ 達成できそうな低い目標を設定する
❺ 不公平感が増す
❻ 従業員の納得が得にくい

簡単にできる賃金システム
[賃金システムを教育に活かす]

賃金システムを整備する

雇ってみたけれど、期待したほどの仕事をしていない、ということがよくあります。賃金をはじめ、**労働条件の引き下げは、簡単にはできません**（→228ページ）。しかし、正当な理由があれば引き下げることができます。

正当な理由とは、誰もが納得できる理由です。そのために、賃金システムを整備することをおすすめしています。

等級を決める

具体的な方法としては、まず、仕事の役割、責任に応じて等級を分け、定義づけます（→127ページ「等級の定義」）。定義づけが難しければ、この例のまま使ってもいいでしょう。従業員数が少なければ、在籍者がいない等級もあるかもしれませんが、そのままにしておきます。

これをもとに、基本給を決定します。この場合、等級ごとの上限と下限を重視して決定します。

賃金システムで正当に賃金を下げる

実際に賃金を下げる場合に、やりやすい方法は、以下の2つです。
①等級を下げる
②役職を下げる

たとえば、課長（6等級）として雇ったけれど、仕事のレベルは係長（5等級）である場合には、5等級の給料に変更します。この場合の変更は一般的に、正当な理由として認められます。ただし、その役割、責任が5等級として納得できるものである必要があります。従業員にも、「等級の定義」を見せながら、説明します。

また、課長としての役割を担っていないのであれば、役職を下げることができます。これは、正当なこととして認められやすい方法です。

✓ 賃金を決定した理由を従業員に説明できるか
✓ 自動的に昇給するしくみになっていないか
✓ →賃金規程第5条

用語ファイル

賃金システム

どのような要素をもとに、どのような方法で賃金を決定するのかを明確にするもの。従来は能力をもとに決定する職能給が主流であったが、最近は仕事の役割をもとに決定する職務給が主流になりつつある。

賃金システム（例）

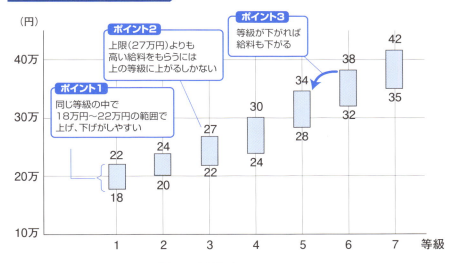

※各等級の定義は127ページ「等級の定義」を参照。
※評価のシステムを作れば等級の中での根拠を明確にすることも可能。

役職手当（例）

部長	80,000
課長	60,000
係長	20,000
主任	10,000

課長としての役割を担っていなければ役職を下げる

アドバイス

本来の目的は教育すること

このシステムの本来の目的は、従業員を教育することです。上位の「定義」を明らかにすることによって、どのような行動をとれば、上位に上がれるのかが明確になります。さらに「定義」の中に、必要な資格を組み入れれば、「この資格を取らなければ、上位に上がることができない」ことが明確になります。

Point
★等級別の定義を明確にすることで目標が明確になる。
★賃金システムを明確にすれば従業員の納得が得られる。

年俸制賃金

年俸制賃金でも残業代は必要

年俸制に向く人は決まっている

年俸制にすれば、残業代が必要ないと誤解をしている人が多いようです。しかし、労働基準法では、年俸制であれば、残業代を支払わなくてもいいとはされていません。**年俸制であっても、残業代を支払う義務に変わりはない**のです。

ただし、年俸制であってもそうでなくても、労働基準法で、残業代がいらない（みなし時間の設定によっては必要）とされている人がいます。それは、

①管理職（→58ページ）
②裁量労働制（→62、64ページ）
③事業場外のみなし労働時間制（→60ページ）

で働く人たちです。年の最初に年俸額を固定して計算する、年俸制の趣旨に向いている人です。

これ以外の一般職に年俸制を導入する場合は、残業代を払う必要があります。

- ☑ 一般職の年俸制では残業代を支払っているか
- ☑ 定額で残業代を支払う場合は、就業規則等に記載しているか
- ☑ 年俸を引き下げる際には納得の得られる理由があるか

残業代計算のもとにボーナスを入れる

一般職に年俸制を導入する場合は、2つの問題点があります。

■残業代の単価が上がる

最初から年俸額に組み込まれている**ボーナスは残業代単価に入れて計算**しなければなりません。

当然、残業代は上がります。除外してよいものを除外せずに、年俸制にする意味を再確認する必要があります。

ただし、業績に応じて後で決定するボーナスは除きます。

■残業代を支払わなければならない

年俸制賃金を一般職に導入する場合、年俸額とは別に残業代を支払う必要があります。**残業代が毎月変動することを避けるには、固定で支払う**方法を導入すればよいでしょう。この場合、要件が決まっている（→次ページ）ので、これに沿った方法で支払わなければなりません。

用語ファイル

ねんぽうせい
年俸制

年を単位として賃金を決定する制度。前年の賃金をもとに、本年の賃金が上がっていく方式（積上げ方式）から、前年の賃金とは関係なく実績をもとに決定する方式（洗替え方式）へ脱却する目的で導入が進んだ。

年俸制賃金のメリット・デメリット

メリット	デメリット
●人件費が管理しやすい ●成果を反映させた賃金制度にしやすい ●目標を個人別に設定しやすい ●優秀な人材にとっては魅力的な制度であるというアピールがしやすい	●目先の業績のみを追う ●不公平感が増す ●連帯感が喪失する ●部下の育成を軽視する ●失敗を恐れる

残業代を定額で払う場合の要件

1 通常の賃金と残業代とをはっきりと区別する

例：「基本年俸6,000,000円＋時間外労働手当1,000,000円」と雇用契約書に明記する

2 残業代の何時間分が年俸額に含まれているかを就業規則に記載する

例：「毎月20時間分の時間外労働手当として支給する」と手当ごとに分けて記載する

3 残業代を法律以上に計算して払う

例：基本年俸6,000,000円÷12か月＝500,000円（月給）
　　月給500,000円 ÷ 160時間 × 1.25 ＝3,906.25円（1時間あたりの残業代）
　　　　　　　　　　（月間所定労働時間）（時間外割増率）
　　3,906.25円 × 20時間 × 12か月 ＝937,500円（1年あたりの残業代）
　　（1時間あたりの残業代）（時間外時間）（年になおす）
　　※この金額を上回る1,000,000円を定額で支払うのでクリアしている。

4 実際の残業が定額を上回る月は、差額を支払う

例：ある月の残業時間が30時間であった場合
　　30時間－20時間＝10時間（追加で支払うべき残業時間）
　　3,906.25円×10時間＝39,063円（追加で支払うべき残業代）

Point
★年俸制でも残業代を支払わなければならない。
★管理職、裁量労働制などが年俸制に向いている。

ボーナスの2つの体系
業績連動型ボーナスを検討する

基本給連動型ボーナスはありがたみがない

ボーナスの支給額の計算方法は大きく分けて2種類あり、性質が異なります。

1つは、**基本給連動型ボーナス**といわれるものです。これは、従来から長年にわたって使われてきた方法で、「基本給の○か月分のボーナス」というものです。

この方法の問題点は、生活給である基本給をもとに計算するということです。そのため、当然ボーナスも年功的になってしまいます。

また、毎回同じように支給されるボーナスは、当然受け取れるものと期待させてしまうことになり、ボーナス本来のありがたみがあまりありません。

業績連動型ボーナスはメリットが多い

もう1つは、**業績連動型ボーナス**です。この方法には、大きなメリットが2つあります。

■**会社の利益を配分**できる

会社の業績が悪化し、利益が出ないことがあります。固定的に支払う制度は、このような場合にも前回と同様のボーナスを期待させてしまい、減額が難しくなります。

しかし、利益を配分するのであれば、利益が少ない場合、ボーナスの支給が少なくても、それを理解してもらいやすくなります。

■**会社の利益向上**に目を向ける

会社の利益が上がれば、自分のボーナスも上がるので、会社の利益を上げることに目を向けるようになります。全従業員が、会社の利益を上げようと少しずつ努力をすれば、結果は大きなものになるはずです。

計算のもとになる業績も、個人だけではなくチームでの業績を重視したものにし、チーム全体で業績が上がることを考えるように工夫します。

- ☑ ボーナスを固定的に支払っていないか
- ☑ 貢献をボーナスに反映させているか
- ☑ ➡賃金規程第13条、第15条

用語ファイル

ポイント制賞与（せいしょうよ）

等級、評価などを基準に各人のポイントを決定し、これをもとにして賞与の総支給額を配分する方法。業績を配分する方法（業績連動型賞与）として導入する会社が増えている。

業績連動型ボーナスのしくみ

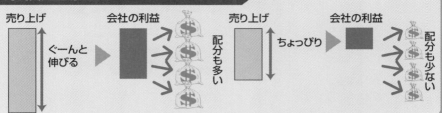

等級の定義とポイント制賞与（例）

階層	等級	資格呼称	定義	評価ポイント A	B	C	D	E
管理職	7	部長	●経営方針に沿って、長期的な視野から業務運営を組織的に進めている	240	205	170	155	120
管理職	6	課長	●全般にわたる広範な知識、技術、経験をもち、課方針・目標に沿って困難な業務を進めている ●極めて高度な専門的・技術的な知識、経験をもち、専門的な企画を進めている	210	180	150	135	105
管理職	5	係長	●広範な知識と長期の実務経験をもち、管理業務を進めている ●自らの経験と知識から部下へ適切な助言をしている	170	145	120	110	85
指導職	4	主任	●部下への指導助言を適切に行っている ●担当業務についての知識または経験をもち、専門的な業務を進めている	140	120	100	90	70
一般職	3	—	●上司からの一般的な指導、あるいは規定・慣行などに従って、熟練業務を遂行している ●簡単な定型業務については後輩を指導している	115	100	80	75	60
一般職	2	—	●通常の業務に精通し、日常の定型業務を独立して遂行している ●後輩に自己の経験を活かしアドバイスしている	85	75	60	55	45
一般職	1	—	●上司からの指示・監督を受け、指示された方法・手順に従って、定型的・反復的業務を処理している	70	60	50	45	35

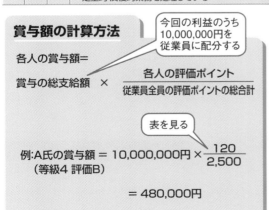

アドバイス

ボーナスの支給は義務づけられていない

ボーナスに関しては、義務づけられていません。会社の業績が悪ければ、支給しなくてもよいものです。
しかし、就業規則に「○月に支給する」と定められていれば、支給しなければなりません。就業規則の記載のしかたには注意が必要です。

第4章 賃金・退職金の決定方法 ■業績連動型ボーナスを検討する

退職金制度の改定
退職金負担が重くなっている

退職金は1人約2,000万円

不景気が長く続いた経験から、固定的な人件費をできるだけ削減し、利益が出たら払う、変動費として人件費を払おうとする方向にあります。

退職金は、定年まで勤め上げるとして、1人2,000万円もの資金が必要です（厚生労働省「就労条件総合調査（平成30年）」より）。会社が利益を上げ続けるために、この制度を改定する会社が増えています。

退職金の果たす役割が変わってきている

日本には、「従業員に会社で一生働いてもらう代わりに、会社が従業員の一生の面倒をみる」という**終身雇用**の考え方がありました。

そのため、退職金には、従業員が退職後の生活をしていく資金としての役割があったのです。

現在では、「働いてもらう代わりに一生面倒をみる」という意識は薄れました。

そのため、貢献にあわせて、退職金額に差をつけやすい制度に変更しようという会社が増えているのです。

退職金の額を約束することは避ける

従来の退職金制度は、退職金の額を約束する制度（**確定給付**）でした。

ところが、低金利が長く続いた結果、予定していた額の利息がつかず、資金が不足する会社が増えました。たとえ資金が不足したとしても、**退職者には約束した額を支払わなければなりません**。その結果、退職金の支払いが原因で赤字に陥る会社もあります。

これを踏まえ、退職金は、支払額を約束する制度から積み立てるときに精算する制度（**確定拠出**）に改定する方向に動きました。

- ☑ 退職金制度は自社にとって必要なのかを考えてみる
- ☑ 必要だとすれば、目的は何かを考えてみる
- ☑ 懲戒解雇の場合に退職金を支払うことに抵抗はないか

用語ファイル

確定拠出年金（かくていきょしゅつねんきん）

事業主（または個人）が掛金を拠出し、将来、年金などで受け取る制度。拠出金を自己責任のもとに運用するため、その実績次第で受取金額が変わる。導入する場合には、金融商品の投資教育が不可欠である。

退職金制度の比較

制度	概要	懲戒解雇の場合（これがポイント）	支給方法	退職後の持ち運び
確定給付企業年金	●従業員の受取額を確定できる ●不足額を生じた場合は会社が補填しなければならない	各規約による	労働者に直接支払われる	できる（条件あり）
確定拠出年金（401k）	●毎月の掛け金を個人名義で外部に積み立てる ●労働者に投資教育が必要	労働者に支払われる	労働者に直接支払われる	できる（条件あり）
中小企業退職金共済制度	●毎月の掛け金を個人名義で外部に積み立てる ●加入後1年未満で退職すると退職金はもらえない ●中小企業しか使えない ●掛け金を下げるには労働者の同意が必要	相当な理由があれば減額できるが会社には返ってこない	労働者に直接支払われる	できる（条件あり）
前払退職金	●毎月の給料に上乗せする（実質的には給料と変わらない）	労働者に支払われる	毎月支払うことで完了する	毎月支払うことで完了する
社内準備	●資金不足に注意する必要がある ●退職者の多寡が決算に影響する	退職金規程に従い支払わない	会社が支払う	できない

一般的にいわれている退職金の性質

功労報償説	貢献してくれた人の労をねぎらう
老後の生活保障説	退職後の生活資金
賃金後払い説	毎月払うべき給料を全額払わずに、退職金として残しておく

> **アドバイス**
>
> **支給日を定めていない場合**
>
> 退職金規程に支給日を定めていない場合、請求があれば7日以内に退職金を支払わなければなりません。

第4章 賃金・退職金の決定方法 ■退職金負担が重くなっている

Point
★退職金がなくても法律違反ではない。
★一度約束した退職金は、制度変更や廃止するには手順を踏む必要がある。

退職金制度の役割
退職金制度の目的を明確にする

退職金制度はなくてもかまわない

退職金制度は、法律上はあっても**なくてもかまわない**ものです。ただし、制度化すれば賃金と同じになり、支払わなければなりません。

退職金制度は本当に必要なのかどうかを考えてみる必要がありそうです。

懲戒解雇の場合は退職金を支払わない

退職金によって、従業員の行動を抑制することができます。

世間を騒がせた事件に「顧客名簿の流出」がありました。これを就業規則の懲戒解雇の事由に入れるとともに、退職金規程に「懲戒解雇事由に該当したときは退職金を支払わない」という内容を載せることで、従業員に**問題行動を起こさせない**ようにするのです。

しかし、確定拠出年金のように、懲戒解雇の場合も従業員に退職金が支払われてしまう制度があります（→129ページ）。

問題行動を抑制することが目的の大きな部分を占める会社は、このような制度を避けるべきでしょう。

突然の退職を抑制する

「引き継ぎもせずに、急に退職されて困っている」という相談を受けることがあります。

就業規則に「退職の申し出は3か月前にしなければならない」「退職までに業務の引き継ぎをしなければならない」と書いてあっても、法律上は、従業員が退職するという意思表示をしてから14日後には退職できることになっています（→74ページ）。

しかし、「これらの規定に違反した場合には退職金を減額する」という規定を退職金規程等に盛り込んでおけば、**突然の退職を避けることができます**。

- ☑ 自社の退職金負担は将来どのようになるか把握しているか
- ☑ 資金を準備しているか
- ☑ 税制適格退職年金が廃止になった

> **用語ファイル**
> **前払退職金制度**（まえばらいたいしょくきんせいど）
> 給料やボーナスに退職金を上乗せして支払い、退職時には退職金は支払わない制度。従業員にとっては、通常の給料やボーナスと何ら変わりはなく、給料として所得税が課税され、社会保険の算定にも算入される。

退職金制度決定までの流れ

目的の明確化
一般的な目的
- 顧客名簿流出などの問題行動を抑制したい
- 退職後の生活資金を用意してあげたい
- 評価制度の一環として貢献に報いたい
- 従業員が転職することを防ぎたい
- 急な退職を抑制したい　など

どんな制度で準備するのか
制度例→129ページ
- 確定拠出年金
- 中小企業退職金共済制度
- 前払退職金
- 社内準備　など

どんな内容にするのか
制度の内容例
- 基本給に連動させる
- ポイント制退職金制度
- 別テーブル方式　など

制度内容の詳細を決定する
例:ポイント制退職金制度の場合
- ポイント加算の基準（勤続、資格等級、役職など）を決定する
- ポイント単価（1ポイント＝10,000円など）を決定する
- どのような場合に減額するのか、いつ支給するのか　など

労働者に説明する
- 改定の場合は、個別に同意書をとっておく

就業規則、退職金規程の改定
- 改定の方法は、就業規則の章（→220ページ以下）

COLUMN ★★★

退職金は長期の評価制度

中小企業にとって、優れた人材をいかに定着させるかは、大きな課題です。会社に貢献してくれた人には、報酬を多くすることでやる気を出してもらうという工夫が必要です。
退職金は長期にわたる貢献に対し、報いようというものです。制度の特徴を総合的に考えて有効に活用すべきでしょう。

Point
★退職金制度を導入することは義務づけられていない。
★従業員の行動を抑制するのに退職金制度は有効。

第4章　賃金・退職金の決定方法　■退職金制度の目的を明確にする

各種退職金制度

目的によって
退職金制度が決まる

問題行動を抑制するなら
直接支払われる制度は避ける

さまざまな金融機関が、退職金制度の導入や見直しについて提案しています。制度を検討する前に、退職金制度を導入する目的を明確にすることが重要です。

たとえば、機密の漏洩等従業員の問題行動を抑制したいのであれば、従業員に直接支払われる制度は避けるべきです。問題行動があった場合にも退職金が支払われることを止められないからです。

結果として、本来の目的である退職金の意味がなくなってしまいます。

資産を持ち運びできる制度は
会社にとってマイナス

確定拠出年金などはポータビリティがある制度です。

これは、自社を退職しても、転職先が同じ制度を導入していれば、資産を持ち運びできる、従業員にとっては、都合の

よい制度といえるでしょう。

しかし、従業員に定着してもらうことを目的としている会社にとっては、自社を退職しても損にならないこの制度は、会社の目的に合致するものではないということになります。

「積み立てるだけで完了」
のワナ

必要な退職金の総額に比べ、準備資金が不足している会社がたくさんあります。この経験から、「積み立てるだけで完了」し、その上に「全額損金計上できる」という制度がよいように思えます。これは、事務手続きも簡単で、資金不足になる心配がありません。

しかし、払い終えた資金は会社に戻ることはいっさいないということを認識すべきです。言い換えれば、掛け捨ての保険に入っているのと同じです。

「積み立てるだけで完了」することには一長一短あるのです。

- ☑ 問題行動を抑制したい場合は直接支払われる制度を避ける
- ☑ 従業員を引き止めたい場合は、持ち運びできる制度を避ける
- ☑ 継続した投資教育ができないなら、確定拠出年金は避ける

用語ファイル

ちゅうしょうきぎょう
中小企業

卸売業は資本金1億円以下または従業員100人以下、サービス業は資本金5,000万円以下または従業員100人以下、小売業は資本金5,000万円以下または従業員50人以下、製造業などその他の業種は、資本金3億円以下または従業員300人以下の企業。

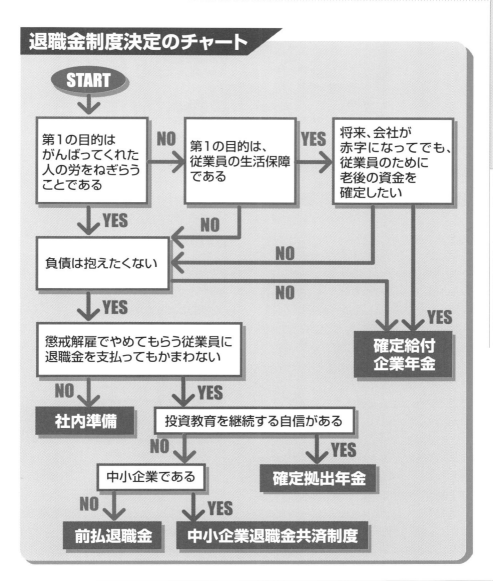

ポイント制退職金
基本給に連動する退職金制度から切り替える

制度の内容を決定する

制度が決定したら、具体的な制度の内容を決めます。ここでは、社内で資金を準備することを前提に進めていきます。

退職時の基本給をもとに計算するのは問題

従来ほとんどの会社の退職金制度の基礎となる算式は「退職時の基本給×乗率」でした。これには問題点があり、制度を改定した会社もありました。

■基本給が上がると退職金も上がる

基本給が上がれば退職金も上がります。基本給は上げたいけれど、退職金は上げたくないと考える場合に、不都合が生じます。

■必要な退職金の額が把握できない

将来のために、いくらの資金を準備しておく必要があるのかを把握することが難しくなります。なぜなら、将来の基本給が今後どれだけ上がるのか、または下がるのかがはっきりしないからです。

■基本給が変化する会社には向かない

基本給が上がったり下がったりするのであれば、基本給が高いときに退職すれば多くの退職金を受け取れ、逆に低いときに退職すると少なくなるということが起こります。

■貢献による差をつけにくい

基本給が同じで、手当で格差をつけるような場合、長年の貢献があった部長と一般職の退職金の額がさほど変わらないということが起こります。

ポイント制退職金が増えている

会社に貢献してくれた人に多く支払うという考えにあうのは、ポイント制退職金です(制度例→次ページ)。

この方法なら、**会社への貢献を退職金に反映させやすくなります**。また、現時点の必要資金がすぐにわかります。

- ☑ 自社で準備する場合は、資金を準備しているか
- ☑ 貢献によって差をつける工夫をしているか
- ☑ 変更する会社は従業員に説明して規程に記載したか

用語ファイル

別テーブル方式と定額方式

別テーブル方式とは、退職金の計算のために、賃金表とは別に算定の基礎となる表を設けている制度。
定額方式とは、たとえば勤続年数別に退職金額が決められているものをいう。

社内準備の算定の基礎と導入状況

「別に定める」制度へ改定した会社が増えている

- 退職時の賃金（55.6%）
  - 基本給　　　　　　（33.9%）
  - 一部の基本給　　　（21.6%）
- 別に定める（44.6%）
  - 別テーブル方式　　（14.6%）
  - 定額方式　　　　　（7.8%）
  - 点数方式（ポイント制）（19.0%）
  - その他　　　　　　（1.0%）
- その他　　　　　　　（3.2%）

資料出所：厚生労働省平成25年就労条件総合調査

ポイント制退職金制度（例）

STEP1
会社への貢献度をポイント化し、毎年1回積み立てる

- 勤続ポイント：1年につき10点
  （勤続しているだけで1年あたりのポイントを加算する）
- 等級ポイント
  （格付けされている等級をもとに毎年加算する）

STEP2
退職時に積み立てたポイント数累計にポイント単価を掛けたものを退職金とする

退職金額＝
（勤続ポイント＋等級ポイント）×ポイント単価

- 勤続ポイント＋等級ポイント：年齢、勤続年数、役職、人事考課など
- ポイント単価：10,000円にする場合が多い

例：退職時累計ポイント500点
　　500点×10,000円（ポイント単価）＝5,000,000円

等級	1年あたりのポイント
7等級	50
6等級	45
5等級	35
4等級	25
3等級	15
2等級	10
1等級	5

※各等級の定義等については127ページ参照。

アドバイス
将来に向けて変更できる

退職金制度がすでにある場合は、変更時点に確定している退職金額については保障しなければなりません。
そうでない部分については、将来に向けて変更できます。従業員に十分に説明をし、個別に同意書を取っておきます。

第4章　賃金・退職金の決定方法　■基本給に連動する退職金制度から切り替える

Column

中退共では、問題社員に退職金が支払われる

中退共制度の概要

　中小企業の退職金制度として、「中小企業退職金共済制度」（略して「中退共」という）があります。この制度の概略は以下のとおりです。

● 中小企業退職金共済法に基づき、独立行政法人勤労者退職金共済機構が運営している
● 一定規模以下の中小企業（→132ページ用語ファイル）が加入することができる
● 会社は毎月の掛け金を納付することで退職金を積み立てることができる
● 新しく加入したときや、掛け金を増額したときに、国から助成される制度がある

● 掛け金は全額会社が負担する
● 掛け金を増額することはできるが、減額するときは従業員の同意が必要
● 掛け金は全額を会社の経費とすることができる
● 退職金の管理をする必要はない
● 加入後1年未満で解約すると退職金はもらえない
● 掛け金月額は5,000円〜30,000円（パートは2,000円〜4,000円）のうちから選択できる
● 中退共に加入している会社へ就職したときは、そのまま新しい会社へ引き継ぐことができる

納めたお金は会社に戻ることはない

　この制度への加入は、事業主にとって、掛け捨ての保険に加入することと同じです。いったん納付したお金は会社に戻ることはありません。従業員が退職したときは、直接従業員に退職金が支払われます。

　一般的に、従業員が問題行動を起こし、懲戒解雇した場合、従業員に退職金は支払いません。しかし、中退共に入っている場合は、懲戒解雇した従業員に対

しても原則として退職金が支給されます。事業主が申し出て、厚生労働省が認めた場合に限り退職金の一部を減額することができます。

　しかしながら、そのお金が事業主には戻らず、機構の資金になってしまいます。

　問題行動を起こした従業員の退職金が会社に戻ってこないことを、よく理解した上で加入する必要があります。

第5章
有給休暇のルール

8割以上の出勤で権利が発生する
有給休暇の日は変更できる
通常の賃金で処理するのが一般的
年5日を取得させなければならない
普段から消化して減らす工夫をする
時間単位年休は労使協定で導入できる
妊産婦に関してはさまざまな決まりがある
介護休業は最高93日まで取れる
育児休業は父親も取ることができる

年次有給休暇
8割以上の出勤で権利が発生する

2つの条件をクリアしなければならない

年次有給休暇とは、従業員が**働かなくても給料を支払う必要がある休暇**のことです。年次有給休暇は、
①6か月間継続勤務した
②所定労働日の**8割以上出勤**した
の2つの条件を満たしたときに10日の権利が発生します（フルタイムの場合。パートタイマーは177ページ）。

それ以後は、1年ごとに前1年間の所定労働日数の8割以上出勤した場合に、権利が発生します。

新規発生分から使わせてもいい

たとえば勤続1年6か月では、前年権利を取得した10日（**繰越分**）と今年権利を取得した11日（**新規発生分**）の合計21日の権利をもつことになります。

年次有給休暇を使うときに、新規発生分から使うと従業員の権利は少なくなります。年次有給休暇の時効は2年なので、繰越分については1年後に権利が消滅するからです。**どちらを優先して消化するかについて法律の定めはない**ので、就業規則で定めたとおりに取得することになります。**決める権利は会社にあります**。

なお、年次有給休暇については、就業規則に必ず載せなければならない項目として法律で定められています。

定年後再雇用されても勤続年数は通算する

年次有給休暇日数を算定する際の勤続年数は在籍期間を指し、実態によって判断します。たとえば、定年退職後、再雇用されて会社に籍を置く場合は、再雇用されてからの年数だけではなく、定年退職**前の期間を通算します**。

同じ考え方で、在籍出向やパートタイマーから正社員になった場合などは、待遇が変わる以前の期間を通算します。

- ☑ 繰越分と新規発生分のどちらから取得するか定めているか
- ☑ パートタイマーの在籍年数を通算して日数計算しているか
- ☑ ➡就業規則第20条

用語ファイル

新規発生分と繰越分（しんきはっせいぶん　くりこしぶん）

年次有給休暇の権利が2年あることから、最初の年度内に行使しない分については権利を繰り越せる。2年目を「繰越分」、これに対する1年目を「新規発生分」と呼んでいる。

出勤率の計算法

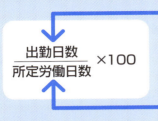

出勤したものとして計算する
① 業務上のケガや病気で休んだ期間
② 産前産後休業
③ 育児・介護休業期間
④ 年次有給休暇

①〜③は所定労働日数に含まれない
① 休日労働
② 会社都合や不可抗力による休業
③ ストライキなどで働かなかった日

※労働者の責任ではなく働かなかった日は、分母、分子とも含める（例：解雇の取り消し）。

年次有給休暇の日数

勤続年数	6か月	1年6か月	2年6か月	3年6か月	4年6か月	5年6か月	6年6か月以上
日数	10日	11日	12日	14日	16日	18日	20日

※週30時間未満の労働者は177ページ「パートタイム労働者の年次有給休暇付与日数」を参照。

勤続年数に通算する期間（例）

❶ 定年退職後再雇用した場合は以前の期間
❷ 日雇従業員の場合は実際に6か月以上勤務したとき
❸ 在籍出向したときは出向元の期間
❹ 臨時、パートタイマーが正社員に登用されたときは、パートタイマーの期間

勤続年数通算の例（パートタイマー）

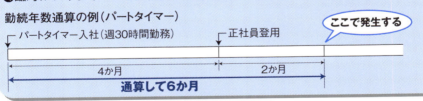

年次有給休暇の日数と2年の時効

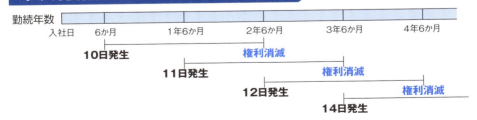

時季指定権と時季変更権
有給休暇の日は変更できる

休まれると困る場合は日を変更させてもいい

従業員には「有給休暇をこの日に取りたい」といえる権利があります（**時季指定権**）。会社は、基本的に従業員が取りたいときに取らせなければなりません。

ただし、従業員の有給休暇の希望日に休まれることが事業の正常な運営を妨げるのであれば、会社には、日を変更させる権利があります（**時季変更権**）。

時季変更権は、どんな場合でも使えるものではありません。例えば、シフト変更すれば対応できる場合などでは使えません（→次ページ）。

「退職まで全部使う」には3つの対処法がある

よく問題になるのが、退職の申し出とともに退職の日まで年次有給休暇の残日数を全部消化し、出社しないケースです。

法律上は、退職する人に時季変更権は使えません。変更する日がないからです。しかし、それでは業務の引き継ぎができません。対処法は3つあります。

- **普段から計画取得などで取得してもらう（→146ページ）**
- **就業規則に、退職の場合は必ず引き継ぎを行うことを定める**
- **退職金を有効に活用する**（業務の引き継ぎをせずに退職した場合に退職金を減額する規定にしておく。有給休暇の取得を理由とする減額は法律違反）

転職しても、以前に在籍した会社にどんな形でお世話になるかわかりません。例えば、新たな取引先になる可能性や技術指導や営業ノウハウを教えてもらう可能性などです。

無責任な辞め方で、在職中の人脈をすべて無にすることは得にならないことを日頃からしっかりと教育しておきましょう。

- ☑ 退職時に引き継ぎをさせる方策を検討しているか
- ☑ 業務に支障なく消化させる方策を検討しているか
- ☑ ➡就業規則第20条

アドバイス
派遣労働者の年次有給休暇

派遣労働者に年次有給休暇を与える義務は派遣元会社にあります。休暇が事業の正常な運営を妨げるかどうかは、派遣元の事業について判断し、場合によっては、代替要員の派遣も含めて判断します。

有給休暇取得の流れ

取得を請求する
- 従業員が日を指定する
- 理由は問わない

基本 → **希望どおり与える**

事業の正常な運営を妨げる場合 → **日を変更させる**

時季変更権が使える判断基準（事業の正常な運営を妨げるかどうか）

❶ どうしてもその従業員に働いてもらう必要がある
❷ 代替要員を確保できない

具体的には、総合的に判断される
- 会社の規模
- 職場の配置
- 作業の内容・性質
- 作業の繁閑
- 代行する人がいるかどうか
- 同じ日に年次有給休暇を請求する人数

★時季変更権を使えるのは事業の正常な運営を妨げる場合に限られている。
★業務の都合が悪ければ従業員が取りたい日を変更することができる。

年次有給休暇の賃金計算
通常の賃金で処理するのが一般的

有給休暇を取得した日の賃金の扱い方は3つある

年次有給休暇を取得したときの賃金を計算する際に基準となる賃金には、
①平均賃金（→112ページ）
②**通常の賃金**
③健康保険の標準報酬月額÷30（会社と従業員の代表者との労使協定が必要）
の3つあります。

このうちのいずれの方法によって計算するかを就業規則に定めておかなければなりません。ほとんどの会社は「通常の賃金」で処理しています。

通常の賃金とは、年次有給休暇を取得した日に**給料を減額すべきところを減額しなければいい**のです。

年次有給休暇の買い上げはできない

年次有給休暇を賃金に換算して買い上げることは、法律違反となります。たとえ従業員からの申し出であっても認められません。

ただし、退職時と、2年の時効消滅時には、買い上げることが許されています。

基準日を設けると入社1年目で有給休暇が21日になる

年次有給休暇の日数管理は、手間がかかります。その手間を省くために、基準日を設ける会社があります。これは、たとえば毎年4月1日に全従業員まとめて権利を発生させるという方法です。

法律を上回る有給休暇を与えるのであれば、問題はないので、常に法律を上回った計算をします。

たとえば、4月1日にまとめて権利を発生させるのであれば、9月1日入社の場合、わずか入社7か月で2年度分の計算となるので、21日もの権利を取得することになります（→次ページ）。

このように、基準日を設けると、会社には相当不利になります。

- ☑ 有給休暇取得の賃金計算方法を賃金規程に記載しているか
- ☑ 基準日を設けている会社は、法律以上で計算をしているか
- ☑ ➡賃金規程第8条

用語ファイル

標準報酬月額（ひょうじゅんほうしゅうげつがく）

健康保険、厚生年金保険に加入する際に、給料や手当等の月額をもとに決定する等級を標準報酬月額という。年次有給休暇の計算に使われるケースはそれほど多くはない。

基準日を設ける会社

例:基準日を4月1日とする会社に2019年9月1日に入社したとき

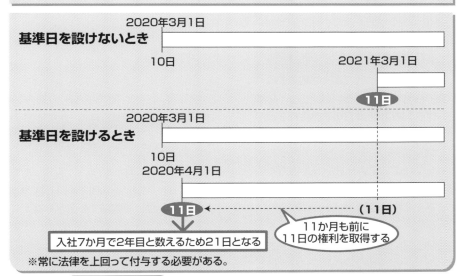

※常に法律を上回って付与する必要がある。

アドバイス

その日の申し出は拒否できる

次の場合は有給休暇を認めなくてもかまいません。
- 当日の朝になって、休暇を請求してきた場合
- 欠勤として扱ったものを、後で「年次有給休暇に変更してほしい」といってきた場合

COLUMN ★★★

取得時の賃金のソントク

年休取得時の3つの計算方法（→左ページ）では、ほとんどの場合、②通常の賃金が一番高くなります。
なぜなら、日額を計算する際に、①③は暦日数（30）で除しますが、②は出勤日数で除するからです。

★当日の朝の有給休暇の申し出は
　拒否して欠勤扱いにしてかまわない。
★基準日を設けることは
　会社にとって不利。

年次有給休暇の取得義務

年5日を取得させなければならない

「取れなかった」は通らない

2019年4月より、**付与した日（基準日）から1年以内に5日の有給休暇を取得させることが会社に義務づけられました。**

これまでは、労働者から取得の申し出があったのに取得させなかった場合に法違反となりました（時季変更権は認められる→140ページ）。しかし、取得の申し出がないのに取らせることまで義務づけられてはいませんでした。

法改正後は、「取得できなかった」ことが違反になり、罰則が定められています。

10日付与した人への取得が義務づけられた

5日の取得が義務づけられたのは、年10日付与された労働者です。この「10日」には繰り越し分は含みません。

パートタイマーやアルバイトで週所定労働日数が少ない人は、付与する日数も少なくなっています（→177ページ）。

そのため、勤続年数が浅い人は対象にならず、週4日勤務の人であれば3年6か月勤務で10日付与されるため、対象になります。

管理職や有期雇用労働者も対象です。

会社が時季を指定する

法律で義務になったといっても、労働者が取得しないケースもあるでしょう。そのため、**会社が取得する時季を指定して取らせる**ことになっています。ただし、労働者が自ら取得した日数と計画的付与（→146ページ）とあわせて5日に達したら、会社が指定する必要はなく、指定することもできません。

指定にあたっては、本人に意見を聴かなければならず、その意見を尊重するよう努めなければなりません。

なお、半日取得は0.5日としてここでいう「5日」にカウントされますが、時間単位年休はカウントされません。

会社は、年休取得日などを記録した「年休管理簿」を作成しなければなりません。

- ✓ 確実に5日取得したかをいつ、どのようにチェックするかを検討したか
- ✓ 計画的付与を検討したか
- ✓ →就業規則第20条

用語ファイル

年休管理簿（ねんきゅうかんりぼ）

労働者ごとに年休を取得した時季、日数、基準日を記載したもので、取得後3年間保存することが義務づけられている。年休管理簿は、必要なときにいつでも出力できるなら、システム上で管理してもかまわない。

年5日の取得義務

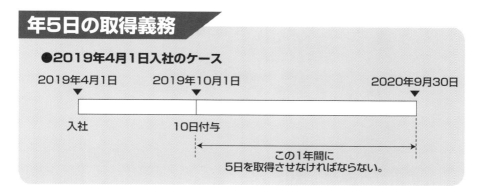

●2019年4月1日入社のケース

時季指定の方法

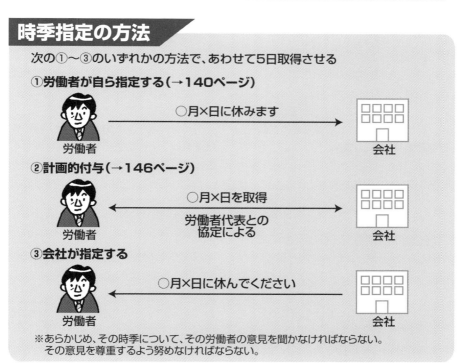

次の①〜③のいずれかの方法で、あわせて5日取得させる

① 労働者が自ら指定する（→140ページ）
② 計画的付与（→146ページ）
③ 会社が指定する

※あらかじめ、その時季について、その労働者の意見を聞かなければならない。その意見を尊重するよう努めなければならない。

Point
★取得義務の対象者には、管理職や10日付与するパートタイマーも含まれる。
★労働者が自分で取得、計画的付与、会社が指定して取得、あわせて5日取れればよい。

有給休暇の計画的付与
普段から消化して減らす工夫をする

有給休暇は計画的付与で取得させる

年次有給休暇は、**最大40日の権利をもつ**ことになります。これを退職時にまとめてとられたら、たまったものではない、というのが事業主の本音でしょう。

これに対する方法としては、普段から業務にさしつかえのない日に取得してもらい、**退職時にまとめて取得できる日数をできる限り減らしておく**というものがあります。

具体的には、「**計画的付与**」の制度があります。これは、個人の意思とは関係なく、会社と従業員代表者が協定を結び、有給休暇の取得日を決定し、計画的に取得してもらうものです（労使協定の届出は不要）。

ただし、計画的付与できるのは、従業員の年次有給休暇のうち**5日を超える分**についてです。5日までについては、従業員が指定する日に取得するために残しておかなければなりません。

カレンダーで日を決める

計画的付与は、カレンダーに組み入れる方法で簡単にできます。1年単位の変形労働時間制で年間休日カレンダーを作る際に、計画的付与の日を組み入れればいいのです（→50ページ）。

法定を上回る年間休日を与えることができる会社なら、**その部分を計画的付与にすれば、会社にとっての負担も少なく取得させることができます。**

ただし、従来、会社の所定の休日であった日を年次有給休暇の計画的付与に充てる場合は、労働条件を引き下げることになります。もともと休日だった日を労働日に変えるからです。この場合、従業員に十分に説明をする必要があります。

労働条件をよくするのは簡単ですが、悪くするのは簡単ではありません。**会社を設立する際には、労働条件をしっかりと考えておく**ことが重要だといえるでしょう。

- ☑ 業務にさしつかえないときに消化する工夫をしているか
- ☑ 従業員の代表者と労使協定を締結しているか
- ☑ ➡就業規則第20条第5項

用語ファイル

休職（きゅうしょく）

従業員がその地位を維持したままで、一定期間働く義務を免除されること。業務外の傷病や出向、海外留学などの場合がある。休職期間は法律上の決まりはないが、通常は就業規則に定め、これに基づく。

計画的付与の協定書の記載例

> 5日は従業員が指定する日とする

株式会社　○○○○と従業員代表　○○○○は、労働基準法第39条第6項の規定に基づき、年次有給休暇の計画的付与に関し次のとおり協定する。

第1条
①本協定に基づく年次有給休暇の計画的付与の対象とする日数は、就業規則第20条第1項、第2項に基づき毎年付与される日数（前年度からの繰越分を含む）のうち、5日を超える日数とする。
②本協定に基づく計画的付与の対象外とされた休暇日数については、事業の正常な運営を妨げない限り従業員各人の指定する時季に付与するものとする。

第2条
①本協定に基づく全社一斉休業をもって付与する計画休暇は、年間カレンダーに基づき事前に通知するものとする。
②前項の期間について充当すべき年次有給休暇の残日数を有しない従業員については、事前に他の休日と振り替える「振替休日」として扱うものとする。
③一斉休暇付与の日に休職中の者については、第1項の一斉休業による休暇の付与は適用しない。これらの者に対しては、当該従業員が就業規則に基づき有する年次有給休暇のうち、一斉休暇に充当すべき休暇として留保されている日数については自由付与日数に振り替える。

第3条
会社は、やむを得ない事情により休暇の変更を希望するときは、14日前までに申し出るものとする。従業員は、予定を著しく妨げる事由のない限り、この変更に応じるものとする。

令和　　年　　月　　日

　　　　株式会社　　○○○○
　　　　代表取締役　○○○○　　　　　　印

　　　　株式会社　　○○○○
　　　　従業員代表者　○○○○　　　　　印

> 次のいずれかを記載しておく
> ①平均賃金の6割を支払う会社都合の休業
> ②振替休日
> ③翌年度の法定休日の前渡し
> ④特別休暇など

> このような定めをするかどうかは自由
> 休職中の人も一斉付与するのであれば、休職中でも給料を支払うことになる

> ①事業場全体の休業と②班別の交替制付与の場合には、具体的な付与日
> ③個人別付与の場合には計画表を作成する時期、手続きなどを定める

COLUMN ★★★

新入社員には配慮する
新入社員など、有給休暇の権利のない従業員を休ませれば、会社都合での休業となり、平均賃金の6割を支払わなければ、法律違反となります。
振替休日（事前に休日と出勤日を振り替える）にするなどの工夫が必要です。

アドバイス

計画的付与の方法
以下の3つの方法があります。
●事業場全体の休業による一斉付与
●班別による交替制付与
●計画表での個人別付与

第5章　有給休暇のルール

■普段から消化して減らす工夫をする

時間単位年休とその他の休暇

時間単位年休は労使協定で導入できる

取得の目的はなんでもいい

有給休暇を、どのように使うかは従業員の自由です。会社が妨げることはできません。また、会社に休暇の理由を説明する必要もありません。

ただし、ストライキのように会社の正常な運営を阻害する目的で職場放棄をする場合は取得させなくてもかまいません。

また、有給休暇を取得したことで、差別的な取り扱いをしてはいけません。

半日単位、時間単位で取得できる

年次有給休暇は、年5日を限度として、**時間単位で取得することができます**。分単位は認められませんが、2時間単位、3時間単位などは認められます。

導入には、労使協定（届出は不要）が要件とされています。会社または労働者が認めない場合は、導入しなくてもかまいません。

一方、半日単位の取得は、会社が認めるのであれば、労使協定なしで導入できます。

有給休暇以外は働かない分を引いていい

年次有給休暇は働かなくても給料を支払わなければならない休暇です。しかし、それ以外の休暇について、**働かない分の給料を引くことは問題ありません**。

たとえば、育児休業は法定どおり与える義務がありますが、有給とも無給とも法律で定められていません。また、**結婚休暇や忌引休暇は、法律で決まっている休暇ではありません**。会社の制度として設けるのは自由で、有給でも無給でもかまいません。

法律を上回る休暇を与えたり、それを有給扱いにすることは自由です。他社よりも優遇していることを従業員にしっかりとアピールしましょう。

- ☑ 有給か無給かを就業規則または賃金規程に記載しているか
- ☑ ➡就業規則第21条〜第25条
- ☑ ➡賃金規程第8条

用語ファイル

公民権行使（こうみんけんこうし）

①国会議員、裁判の証人、選挙立会人などの国や地方公共団体の仕事、②選挙投票などの時間を請求した場合に与える義務があるとされる。これらの権利行使に支障がない範囲で業務の都合により、日時を変更することができる。

法定の休暇と法定外の休暇

	法定の休暇	法定外の休暇（自由）
有給扱い （給料を引かない）	年次有給休暇	結婚休暇 忌引休暇 誕生日休暇 アニバーサリー休暇 リフレッシュ休暇 など
無給扱い （働かない時間分を引いて もいい）	産前産後休暇 育児休業 介護休業 育児時間 生理休暇 通院休暇 看護休暇 公民権行使	

生理休暇

```
┌─────────────────────┐
│ 生理日の就業が著しく困難 │
└─────────────────────┘
          ＋
┌─────────────────────┐
│    従業員の請求      │
└─────────────────────┘
          ↓
┌─────────────────────┐
│   生理休暇を与える    │
└─────────────────────┘
```

医師の証明まで
求めない

- 日数の制限はできない
- 半日や時間で与えてもいい
- 無給でいい

育児時間

```
┌──────────────────────────┐
│ 生後1年に達しない子を養育する女性 │
└──────────────────────────┘
            ＋
┌──────────────────────────┐
│      従業員の請求         │
└──────────────────────────┘
            ↓
┌──────────────────────────┐
│     育児時間を与える       │
└──────────────────────────┘
```

授乳時間を想定
しているため、
育児休業が
男女であることに対し
これは女性のみ

- 1日2回各30分
- 労働の始めや終わりでも請求されれば与えなければならない

★年次有給休暇以外は有給とも無給とも
　法律では定められていない。
★結婚休暇や忌引休暇は
　法律で定められた休暇ではない。

妊娠中・産後の女性への配慮
妊産婦に関してはさまざまな決まりがある

妊産婦には十分な配慮をする

母体や胎児を保護するために、妊娠中および産後1年までの女性（妊産婦）には配慮すべきことが決められています。

産前6週間は申し出があれば、働かせることはできません。また、産後8週間は原則として、働かせることはできません。ただし、産後6週間経過後は本人の希望と医師の許可があれば、働かせることができます。

また、会社は**妊娠・出産・保育に有害な業務をさせてはいけません**。従業員から申し出があった場合は残業などもさせてはいけません（→次ページ）。

これら働かない時間については、給料を支払う義務はありません。

社会保険から3分の2が支給される

産前産後休業については、給料を支払わなくても、社会保険から給料の3分の2が出産手当金として支給されます。給料を支払った場合は、その分減額され、出産手当金よりも多ければ支給されません。

軽易な業務へ転換する

妊娠中の女性が「軽易な業務に替えてほしい」と申し出てきた場合は、転換させる必要があります。どのような業務が軽易かは状況によって判断されます。

ただし、転換する適当な業務がない場合に、新しく業務をつくることまで要求されているわけではありません。

医師の指導に基づいて対応する

妊娠中や産後の健診の結果として、従業員から作業の制限や勤務時間の短縮、休業などについて申し出があった場合には、**担当医師の指示のもとでの適切な対応が義務づけられています**（次ページ）。

- ☑ 妊娠4か月以上での流産も出産としての配慮が必要
- ☑ 妊娠、出産で差別的な取り扱いをしていないか
- ☑ ➡就業規則第21条～第24条

用語ファイル

マタハラ

妊娠・出産に関連して、不利益な取り扱いをしたり、嫌がらせをしたりすること。上司や同僚からの言動によって働く環境が害されないよう、会社は相談体制の整備が義務づけられている。

妊娠中、産後の女性への配慮期間

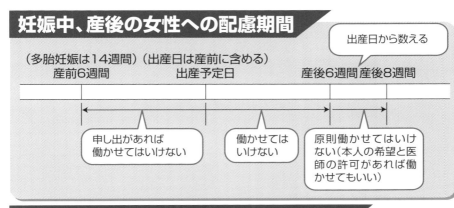

妊娠中、産後の女性への具体的な配慮

	妊娠中の女性	産後1年を経過しない女性
させては いけない	●妊娠・出産に有害な業務 （重量物や有害ガスが発生する業務など）	●産後8週間は働かせてはいけない（6週間を超えた場合、本人が希望し医師が支障ないと認めた業務に就かせることはできる） ●保育に有害な業務 （重量物や有害ガスが発生する業務など）
従業員の 申し出が あれば	●産前6週間（多胎妊娠の場合は14週間）は働かせてはいけない ●妊娠中の健康診査の時間を確保 　　妊娠23週まで　　　　　　4週間に1回 　　妊娠24週から35週まで　　2週間に1回 　　妊娠36週以後出産まで　　1週間に1回 ●他の軽易な業務に変更 ●変形労働時間制を採用しても1日8時間、1週40時間を超えてはいけない ●時間外労働、休日労働、深夜業を禁止 ●通勤緩和措置 ●休憩の措置 ●症状等に対応する措置	●変形労働時間制を採用しても1日8時間、1週40時間を超えてはいけない ●時間外労働、休日労働、深夜業の禁止 ●1日2回、それぞれ30分以上の育児時間をとらせる ●症状等に対応する措置

Point
★ 妊娠中や産後1年までの女性には さまざまな配慮が義務づけられている。
★ 産前産後休業、育児休業中には給料を支払わなくても健康保険などの給付が受けられる。

第5章 有給休暇のルール ■妊産婦に関してはさまざまな決まりがある

介護休業と介護短時間勤務

介護休業は最高
93日まで取れる

短時間勤務は3年間
利用できる

　介護が必要な状態にある家族を介護するために、従業員は介護休業を取ることができます。ここでいう介護とは、ケガや病気、身体上または精神上の障害によって2週間以上の期間にわたって、常時介護を必要とする状態をいいます。

　介護休業は、1人の家族の1つの要介護状態で、3回まで通算93日まで取得することができます。

　介護休業を希望しない場合は、介護短時間勤務を取ることができます。介護短時間勤務は、休業せずに働きながら介護する従業員のためのものです。会社の制度として、4つの中から1つを選んで導入しなければなりません（→次ページ）。**介護短時間勤務は、連続3年の間で2回以上、利用することができます。**

　なお、介護休業も介護短時間勤務も就業規則に記載しなければなりません。

ハローワークから67%
の給付金がもらえる

　介護休業を取得した雇用保険加入者は、ハローワークから休業開始時の賃金の**最高67%**の給付金を受けることができます（**介護休業給付金**）。

　ただし、賃金が一定以下に下がったなどの要件にあてはまる必要があります。

介護休暇制度、所定外労働の
免除制度を請求することもできる

　要介護状態の家族を介護する人は、休暇制度を取得することもできます。上限は、介護が必要な家族が1人のときは年5日、2人以上のときは年10日です。

　この他、**所定外労働の免除を請求することもできます**。ただし、事業の正常な運営を妨げる場合、会社は請求を拒否することができます。また、入社1年未満の従業員は労使協定で除外することができます。

- ☑ 介護休業を取得しようとしたことで差別扱いしていないか
- ☑ ハローワークからの給付金を活用しているか
- ☑ ➡就業規則第24条

用語ファイル

ハローワーク

公共職業安定所ともいう。失業した場合の失業保険などのさまざまな給付をはじめ、再就職を援助するための求人情報の提供、職業訓練の受付、助成金の給付などを行っている。

152

介護休業

期間	家族1人につき、要介護状態ごとに3回まで、通算して(延べ)93日まで
対象従業員	次の従業員は除く ● 日雇い ● 期間雇用者で雇用された期間が1年未満(2022年4月に撤廃) ● 期間雇用者で介護休業開始予定日から93日を超えて雇用される見込みがない(93日を超えて6か月以内に雇用が終了し更新される見込みがない) 次の従業員は労使協定で対象外にすることができる ● 雇用された期間が1年未満 ● 93日以内に雇用が終了する ● 週所定労働日数2日以下
対象家族	● 配偶者 ● 父母 ● 配偶者の父母 ● 子 ● 祖父母、兄弟姉妹、孫

介護休業したときの給付金

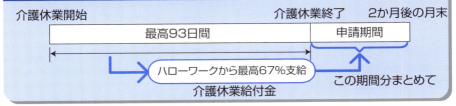

介護短時間勤務

期間	連続3年の間で、2回以上
対象従業員	● 日雇いは除く ● 入社1年未満の従業員は労使協定で除外できる
短時間勤務などの措置	次のいずれかの制度を導入しなければならない ● 短時間勤務 ● フレックスタイム制 ● 始業・終業時刻の繰上げ・繰下げ ● 従業員が利用する介護サービスの費用の助成

アドバイス

転勤などへの配慮

転勤や出向などの就業場所の変更を伴う配置替えは、育児・介護中の従業員に配慮することが義務づけられています。転勤をすれば家族を介護できなくなる場合などがこれにあたります。
育児・介護中の従業員には、その状況に配慮しながら配置を考える必要があります。

育児休業と育児短時間勤務
育児休業は父親も取ることができる

育児休業制度はどんな会社にもある

1歳に満たない子を養育するために、従業員は育児休業を取得することができます。両親ともに育児休業を取得するときは、1歳2か月まで取得できます。

また、保育所に入所したくても、空きがなく、入所できない場合等は、子が1歳6か月になるまで、育児休業を取得することができます。2017年10月からは、さらに2歳まで延長されました。

ハローワークから67%の給付金がもらえる

育児休業を取得した雇用保険加入者は、ハローワークから休業開始時の**賃金の50%（育児休業開始から6か月間は67%）の支給**を受けることができます。

ただし、育児休業中も賃金が支給されているときは、給付率が異なり、休業開始前の賃金と比べた支給率で決まります。

- ☑ 育児休業中は申し出ることで社会保険料が免除される
- ☑ 法改正があったときに就業規則を改定しているか
- ☑ ➡就業規則第24条

子が病気のときには休むことができる

また、**子が3歳になるまで、①短時間勤務制度**、および、②残業免除制度を取得することができます。

さらに、小学校に入学する前までの子が病気やケガをしたときの看護のため、または予防接種、健康診断を受けさせるために、休暇を取ることができます（看護休暇制度）。日数は、小学校入学までの**子が1人のときは1年に5日まで、2人以上のときは1年に10日まで**となっています。

会社は、業務が繁忙であってもこの申し出を拒むことはできません。ただし、子が病気やケガをした事実を証明する書類の提出を求めることができます。

これらの制度は、働かなかった分の給料を払う必要はありません。

アドバイス
社会保険料は申し出により免除される

育児休業期間中の社会保険料は、「申出書」を提出することにより、会社負担分、従業員負担分とも免除されます。
免除される期間は、子が3歳になるまでの育児休業期間です。

育児休業

期間	子が1歳になるまで（両親ともに取得するときは1歳2か月まで） 保育所に入所できない場合などは1歳6か月まで（さらに入所できないときは2歳まで）
対象従業員	次の従業員は除く ●日雇い ●期間雇用者で、雇用された期間が1年未満（2022年4月に撤廃） ●期間雇用者で、子が1歳6か月になるまでに雇用が終了し更新される見込みがない（2歳までの延長申出にあっては2歳まで更新見込みがない） 次の従業員は労使協定で対象外にすることができる ●雇用された期間が1年未満 ●1年以内に雇用が終了する ●週所定労働日数2日以下

出産・育児休業したときの給付金

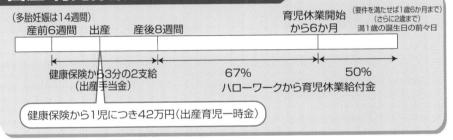

短時間勤務制度と所定外労働免除制度

期間	子が3歳になるまで
対象従業員	労使協定により、次の従業員は対象から除外できる ●入社1年未満 ●週所定労働日数が2日以下 ●業務の性質または業務の体制上、短縮することが難しい業務に従事する労働者（この場合は、代わりに育児休業、フレックスタイム制、始業・終業時刻の繰上げ・繰下げ、保育施設の設置運営の制度などのうち、いずれかを設けなければならない） ただし、もともと1日の所定労働時間が6時間以下の従業員は、短時間勤務制度の対象外
制度概要 （いずれも導入）	①短時間勤務 　1日の所定労働時間を6時間以下にする ②所定外労働免除

Column

社会保険の未加入がわかった場合

加入していない場合は2年間遡って徴収される

　社会保険の加入は会社や従業員の意思では決められません。加入基準を満たせば加入することが義務づけられています（→174ページ）。

　社会保険料の負担が高いため、加入基準を満たしているにもかかわらず、従業員を適正に加入させていない会社があります。調査があった場合には、最長2年前まで遡って加入することになり、保険料も2年分徴収されます。月給10万円でも2年遡及すれば会社、従業員負担合計は約66万円になります。

　本来、社会保険料は会社と従業員が折半で負担すべきものです。従業員負担分の保険料も含めていったん会社が支払い、従業員の負担分を給料から引いています。

　遡って徴収される場合も、同様に従業員が負担すべき保険料も会社に請求されます。

　この場合、従業員が負担すべき社会保険料は高額になるため、従業員から徴収することができず、結果として従業員分も会社が負担することが多いようです。

　令和元年度決算検査報告では、654事業主が合計約7.5億円の保険料を徴収されています（会計検査院ホームページより）。

年金受給者は年金も返還しなければならない

　老齢厚生年金を受給する権利がある人が、働いて社会保険制度に加入した場合には、その人が受け取る年金額と賃金額に応じて年金額が減額されます（→100ページ）。

　加入基準を満たしながらも社会保険に加入しない場合は、年金も減額されません。

　しかし、調査によって加入基準を満たしていることがわかれば、強制的に遡って加入することになります。その場合、それに連動して、過去に遡って本来の年金支払額を算出されます。その結果、本来減額されるべきだった年金額も遡って返還しなければなりません。

　令和元年度会計検査院の報告では、48人が合計3,558万円の老齢厚生年金を返還しています。単純に平均すると1人あたり約74万円です。

　なお、会計検査院は、2021年次（2020年10月〜2021年9月）も社会保障の分野を重点的に検査すると発表しています（会計検査院ホームページより）。

第6章

人材派遣、請負、パートタイマーの活用方法

雇用関係と指揮命令の会社が異なる
1人の派遣労働者の上限は3年
派遣先にも労働法の責任が生じる場合がある
派遣法を知らなかったは通用しない
アウトソーシングを大いに活用する
自営型テレワーカーは労働者ではない
デメリットを理解した上で活用する
社会保険はどの会社にもあるわけではない
社会保険料を合法的に削減する
パートタイマーにも正社員と同じ権利がある
パートタイマーも簡単に解雇できない
有期契約5年で正社員になる

派遣労働のしくみ
[雇用関係と指揮命令の会社が異なる]

派遣先から指示されて働く

　派遣労働とは、労働者が人材派遣会社（派遣元）と雇用契約を結んだ上で、実際に働く会社（派遣先）に派遣される雇用形態のことをいいます。

　仕事の指揮・命令は派遣先から受けて働きます。

派遣労働はメリットがいっぱい

　顧客ニーズに対応するため、仕事の受注が短期になりました。長期雇用では、仕事の受注が止まったときに採算があわなくなります。正社員はもちろん、パートタイマーでも仕事がなくなったからといって、辞めてもらうのは困難です。

　そこで、**必要なときに必要なだけ雇用**したいと考える会社が増えてきました。派遣労働は、このような短期間の仕事にぴったりと考えられました。

派遣労働は減少方向にある

　会社にとってメリットが多いと考えられた派遣労働者は、増加の一途をたどってきました。しかし、景気が悪くなり、多くの派遣労働者の雇用が打ち切られ、社会問題になりました。

　そのため、**派遣法が改正され、派遣労働者の雇用は減りました**。また、現代では人手不足になり、労働者の力が強い「売り手市場」といわれる状況になっています。

　その結果、派遣労働者から直接雇用へ、有期雇用から正社員へと安定した雇用契約への切り替えが進んでいます。

　また、**2020年4月から、「同一労働同一賃金」が導入されました。**

　これにより、これまで派遣労働者には払われなかったボーナスや退職金、通勤手当などの負担が派遣先、派遣元に求められるようになり、派遣離れが加速しています。

- ☑ 正社員以外の労働力を活用しているか
- ☑ 専門的知識をもった人材として派遣労働を活用しているか
- ☑ 適正な人材を配置しているかどうかを分析してみたか

用語ファイル

紹介予定派遣（しょうかいよていはけん）

労働者と派遣先が直接、雇用することを予定して労働者を派遣する。同一の労働者を6か月を超えて派遣することはできない。一般の派遣労働は事前に労働者を選別できないが、紹介予定派遣はできる。

一般の雇用形態と派遣労働の雇用形態

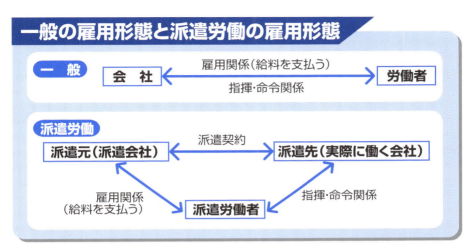

派遣労働のメリット・デメリット

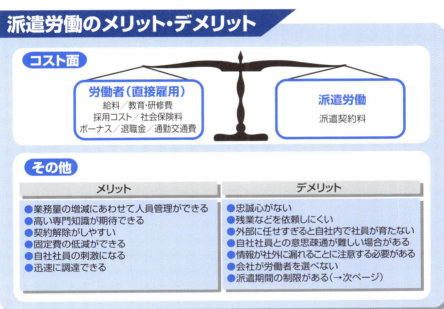

★派遣労働を活用するには、法律上の決まりや派遣期限への対応が必要。
★必要なときに必要なだけ雇用できることが会社にとって最大のメリット。

派遣期間の制限
1人の派遣労働者の上限は3年

派遣期間には制限がある

　正社員の雇用を守り、派遣労働者の地位を守るという観点から、派遣期間には厳しい制限が設けられています。

　これまで、専門26業務には制限がありませんでしたが、仕事による垣根は撤廃され、2015年9月からは、次の2つの制限になりました。

個人単位の制限は3年まで

　1人の派遣労働者を1つの「組織」に派遣できる期間は、3年が限度です。

　「1つの組織」は、「課」単位と考えられているので、同じ派遣労働者を3年を超えて受け入れたい場合には、異なる「課」であれば可能になります。

　また、同じ「組織」に3年を超えて派遣労働者を受け入れるには、**別の派遣労働者に替えれば可能**になります。

事業所単位の制限は3年を更新できる

　もう1つの制限である、**「事業所単位」も3年が上限**です。ただし、労働者の過半数の代表者から意見を聴けば、さらに3年を上限として受け入れることができ、その後もこれを繰り返すことができます。

　「事業所単位」は、原則として工場、事務所、店舗など場所的に独立した単位で判断します。

　意見を聴いた結果、過半数の代表者から異議が出された場合、派遣先は対応方針などを説明する必要があります。

　これらの期間制限には、例外があり、派遣元に無期雇用される派遣労働者や、60歳以上の人などは、期間制限がかかりません（→次ページ）。

　つまり、同じ仕事に同じ派遣労働者を3年を超えて受け入れるには、派遣元に無期雇用してもらうか、派遣先が直接雇用する方法などが考えられます。

- ☑ 制限期間を超えないように気をつけているか
- ☑ 派遣期間終了後の業務を誰にさせるかを考えているか
- ☑ 意見を聴いた記録を保存しているか

用語ファイル

クーリング期間

派遣終了から次の派遣開始まで、3か月を超える期間（クーリング期間という）をあけた場合はリセットされる。個人単位・事業所単位、どちらの期間制限も適用される。

個人単位の制限

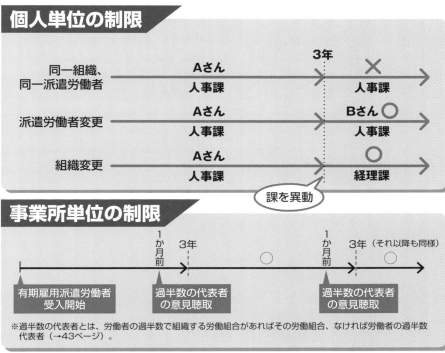

事業所単位の制限

※過半数の代表者とは、労働者の過半数で組織する労働組合があればその労働組合、なければ労働者の過半数代表者（→43ページ）。

期間制限の例外

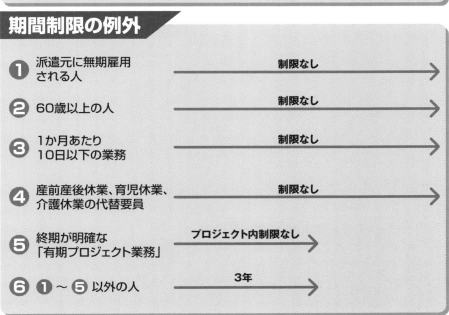

派遣元と派遣先の責任
派遣先にも労働法の責任が生じる場合がある

労働法の責任の基本は派遣元にある

派遣労働では、1人の派遣労働者に対して、**派遣元（派遣会社）と派遣先の2つの会社が関与**します。

労働者を保護する法律である労働法の責任は、基本的には派遣元の会社が負いますが、一部派遣先が負うものもあります（→次ページ）。

労災保険は派遣元、労災事故は派遣先の責任

労働者は派遣元に雇用されているので、労災保険の保険料は派遣元が納めることになっています。しかし、労災事故は、実態として、派遣先が責任を負うのが適切です。

労災事故が起こって死亡または休業した場合に義務づけられている**「労働者死傷病報告」（→190ページ）の届け出は、派遣元、派遣先双方がそれぞれ行います。**

派遣先責任者を選任する

派遣先では、事業所など派遣される場所ごとに、**派遣先責任者を選任**しなければなりません。派遣先責任者には、派遣先の従業員または役員を選任します。実際には、人事担当の係長や課長を選任することが多いようです。

派遣労働者からの苦情処理や、派遣元事業主との連絡調整などが、派遣先責任者の主な業務です。

派遣先管理台帳を整備する

派遣先では、**派遣先管理台帳**（3年間保存）を整備し、派遣元に毎月1回以上、一定の日に書面で通知することが義務づけられています。

派遣元は、これをもとにして給料を計算したり、出勤状況や業務内容を把握したりします。

- ☑ 派遣先は、派遣労働者からの苦情などに対処しているか
- ☑ 派遣先では、派遣社員の安全に配慮しなければならない
- ☑ 派遣先は社会保険料の負担をする必要がない

> **用語ファイル**
>
> **派遣先管理台帳（はけんさきかんりだいちょう）**
>
> 派遣先が整備し、3年間保管することが義務づけられている。派遣労働者ごとに派遣労働をした日、始業時刻、終業時刻、従事した業務の内容、苦情の申し出があればその内容等を記載する。

派遣元・派遣先の責任（例）

派遣先責任者の業務

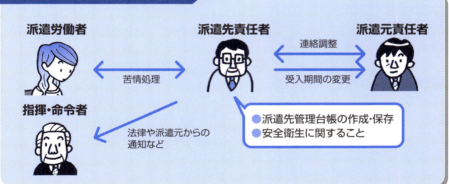

第6章 人材派遣、請負、パートタイマーの活用方法

■派遣先にも労働法の責任が生じる場合がある

★有給休暇など労働法の責任は派遣元が負うため、その部分において派遣先の負担は少ない。
★派遣先では、労災事故の予防や安全衛生管理体制など派遣労働者も含めて整える責任がある。

派遣労働に関するルール
［派遣法を知らなかったは通用しない］

派遣労働できない業務がある

これまで説明したほか、派遣労働者を保護するためのさまざまな決まりがあります。

1986年に日本ではじめて派遣労働が認められてから、派遣できる業務範囲が拡大してきました。しかし、今でも建設業務などには、認められていません（→次ページ）。

禁止されている業務に労働者を派遣したときは、「1年以下の懲役または100万円以下の罰金」という罰則があります。

契約の解除には制限がある

契約解除にも決まりがあります。**派遣労働者を雇用しているのは派遣元**です。もし、期間の途中で解雇した場合に、解雇予告手当を支払わなければならないのは、派遣元です。

しかし、その原因が派遣先にある場合には、派遣先もその責任を負うことが定められています（→次ページ）。

- ☑ 期間途中での解約をしないように計画を立てているか
- ☑ 事前に必要なスキルなどを要求してミスマッチを防ぐ

法違反は直接雇用みなしの対象になる

派遣先が派遣法に違反すると、**「直接雇用みなし」制度が適用される場合がある**ので注意が必要です。

具体的には、次の4つの行為をした場合、受け入れていた派遣労働者に同じ労働条件で直接雇用の申し込みをしたものとみなされます（派遣先が無過失の場合を除く）。

①派遣できない業務（→次ページ）に従事させた場合
②無許可の会社から派遣労働者を受け入れた場合
③期間制限（→160ページ）を超えて派遣労働者を受け入れた場合
④いわゆる偽装請負の場合

直接雇用するということは、この本に書いてある労働法が適用されるということになります。一度労働者として雇用すると、簡単に辞めさせられなくなり、雇い主としての責任が生じます。

用語ファイル

偽装請負（ぎそうけおい）

派遣労働は期間制限などの法律が厳しいため、表向きは「請負」としながら、事実上は「派遣労働」にあたるものをすることをいう。派遣先から指揮命令を受けているかどうかなど、実態で判断される。

派遣労働できない業務

❶港湾運送業務
❷建設業務
❸警備業務
❹病院等における医療関係の業務
　（医師、看護師（例外あり）の業務など）
❺弁護士、公認会計士、税理士、
　弁理士、社会保険労務士、行政書士、
　建築士の業務（一部を除く）
❻団体交渉や労使協定を結ぶ際の会社側

期間途中での派遣契約解除（派遣先）

①労働者派遣契約の解除の事前の申し入れ
- 派遣元の合意を得る
- あらかじめ猶予をもって解除を申し入れる

②就業機会の確保
- 派遣労働者に関連会社の就業をあっせんするなど

③損害賠償など適切な措置
- ②の措置がとれないときは、契約解除の少なくとも30日前に解除の予告を行う
- 予告を行わない場合は、30日分以上の賃金に相当する損害賠償をする

④契約解除の理由の明示
- 派遣元から要請があった場合は、契約解除の理由を明らかにする

Point
★期間制限を超えて派遣受入れを続けると、派遣先は直接雇用を申し込んだものと見なされる。
★派遣先も法律を「知らなかった」ではすまされない。

業務請負（アウトソーシング）のメリット
アウトソーシングを大いに活用する

外部のサービスを活用しない手はない

アウトソーシングは注文に対する結果だけを求めるものです。途中の工程や時間配分などについて、細かな指示はできません。最近は、アウトソーシングが積極的に活用される方向にあります。

よいサービスを提供する会社があるのなら、**自社内ですべてを抱え込む必要はない**と会社の考えは変化しています。

そして、**自社の経営資源をコア業務や成長分野に投入する戦略**がとられています。

コア業務以外のほとんどの業務に活用できる

コア業務以外のほとんどの業務をアウトソーシングすることが可能です。

中でも、**総務、人事、情報システム、物流**の業務において活用している会社が多く見られます。これらの業務は自社でノウハウを抱える必要がなく、自社内で育成するよりも専門家に任せるほうがメリットが多いと考えられているからです（→次ページ）。

また、アウトソーシングは、外注費として消費税計算の際に控除されるため、原則として消費税が少なくなります（給料は消費税では控除されない）。

2023年10月からは消費税法が改正され、相手側が登録事業者でなければ対象になりません。

直接指示する場合は派遣労働が有効

業務請負と派遣労働ではどうでしょうか？　違いは、**労働者に直接、指揮・命令できるかどうか**という点にあります。

製造業では品質の管理が重要です。請負の場合は、直接指揮・命令を行うことができなかったために、品質の管理がしにくいという問題点がありました。しかし、**派遣労働の場合は、直接指揮・命令ができる**ので、品質管理には有利です。

- ☑ 直接、指揮・命令しているのに業務請負としていないか
- ☑ コア業務でない業務についてアウトソーシングを検討したか
- ☑ よい人材が集まらない会社は外部労働力を活用しているか

用語ファイル

アウトソーシング

資源やサービスを外部から調達すること。外部委託。
業務請負に比べて、効率的で高品質な経営資源を外部の企業から調達することを目的としている。

自社の正社員とアウトソーシングの比較(人事部をアウトソーシングした場合)

自社の正社員として使う場合	アウトソーシングする場合

 メリット

●ノウハウが蓄積する ●忠誠心がある ●細部まで指示できる	●他社の事例を活用できる ●高度の専門知識を必要なときだけ活用できる ●気に入らなければすぐに契約解除できる ●内部の機密を従業員に知られる心配がない ●コア業務へ集中できる

コスト

給料25万円 ＋社会保険料 　賞与 　退職金 　教育・研修費 　採用コスト 　給料計算などの管理コスト 　交通費 　年次有給休暇	報酬16万円のみ 

請負の形態

業務請負

```
         請負契約
請負業者 ←―――――→ 注文主
   ↑
   │ 指揮・命令関係
   │ 雇用関係
   ↓
 労働者
```

業務委託社員(→次ページ)

```
            委託契約
業務委託社員 ←―――――→ 委託企業
```

注文主から労働者へ直接指示しない点が派遣労働(→159ページ)との違い

Point
★アウトソーシングをうまく活用すれば人件費などの削減が図れる。
★直接指示する場合は派遣労働、しない場合は業務請負というように使い分ける。

第6章 人材派遣、請負、パートタイマーの活用方法 ■アウトソーシングを大いに活用する

自営型テレワーカーの特徴
自営型テレワーカーは労働者ではない

柔軟な働き方とされている

「自営型テレワーク」は、「注文者から委託を受け、情報通信機器を活用して主として自宅または自宅に準じた自ら選択した場所において、成果物の作成または役務の提供を行う就労」と定義されています。

「時間や場所の制約にとらわれることのない柔軟な働き方」として、育児・介護との両立や多様な人材の能力の発揮ができると国は考えているようです。

「自営型テレワーカー」は、以前から「業務委託社員」として活用されてきました。大きな特徴は、「労働者ではない」ということです。労働者ではないということは、本書に書いている労働法の保護がないということです。

言い換えると、労働者よりも契約を解除しやすく、年次有給休暇を与えたり、残業代を払ったりする必要もないということです。

- ☑ 労災保険がないことなどを自営型テレワーカーに説明しているか
- ☑ 60歳以上の従業員に活用することを検討したか
- ☑ 従業員が自営型テレワーカーになるということは会社を退職すること

社会保険には加入しない

自営型テレワーカーは雇用保険や社会保険には加入しないため、保険料を負担する必要はありません。

社会保険に加入しなければ、年金は減額されないので（→101ページ）、年金を受け取っている人には有利でしょう。

また、労災保険にも加入しないため、仕事中に事故が起こっても補償はありません。これに対処するには、**労災保険に任意で加入する特別加入の制度があります**。社会保険労務士か労働保険事務組合を通して手続きすることができます。

「自営型テレワーク」はアウトソーシングと同様に、結果だけを求めるものです。仕事の進め方に細かな指示はできず、労働時間の管理もありません。

国は、この働き方の職種として、●文書入力　●データ入力　●設計・製図　●デザインなどを例として挙げています。

> **用語ファイル**
> #### 自営型テレワーカー
> アメリカで、インディペンデント・コントラクターという名称で普及している働き方。業務委託社員などともいう。法律上は、個人事業主であるが、主として在籍していた会社の仕事を請け負うことで区別されている。

自営型テレワーカーにした場合の社会保険・税法など

	会社側の負担等	自営型テレワーカー側の手続等
社会保険料	●不要	●国民健康保険、国民年金に自分で加入する
雇用保険料	●不要	●失業した場合や育児休業をしたとき、また60歳を超えて報酬が下がっても給付金はない
労災保険料	●不要	●仕事中や通勤でのケガや病気に給付金はない ●必要であれば労災保険に特別加入する
個人の税金	―	●毎年確定申告が必要 ●事業者として開業届などを税務署などに届け出る ●給与所得控除が受けられない ●かかった経費の控除が受けられる
会社の消費税	●消費税負担が軽減される(外注費扱いとなり、売り上げにかかる消費税から差し引く)	―
労働法	●適用されない。ただし、労働組合法上は労働者にあたる(→171ページ　アドバイス) ●簡単に契約解除(解雇)できる	●保護されない。ただし、労働組合法上は労働者にあたる(→171ページ　アドバイス) ●簡単に契約解除される
労働時間などの束縛	●束縛できない(○時〜×時まで働くよう命令できない)	●束縛されない
他社との兼業など	●同業他社と兼業される可能性がある	●他社と兼業することができる
指揮・命令	●できない	●自由
ノウハウ	●自社内に定着しない	―

★自営型テレワーカーの最大のメリットは社会保険料などの負担がないこと。
★自営型テレワーカーは労働者ではないため契約を解除されやすく、年次有給休暇もない。

自営型テレワーカーと労働者の違い
デメリットを理解した上で活用する

労働者かどうかは実態で判断される

　自営型テレワークを活用しようと、形式だけ整えようとする会社があります。しかし、問題が発生した場合は、名称によらず実態で判断されます（→次ページ）。

　労働者とは、
①**指揮・命令を受けていて**
②**賃金を支払われている者**
をいいます。

　「労働者ではない」と主張しながら、**報酬を時間給として計算している業務請負契約書**を頻繁に見ます。

　「労働者ではない」ということと、報酬を働いた時間で計算することは矛盾していることになります（例外あり）。

　また、会社が業務の具体的内容や遂行方法を指示し、業務の進捗状況を把握、管理している場合には、「指揮・命令をしている」と考えられ、「労働者ではない」と判断されにくくなります。

優秀な労働者の流出に注意する

　この制度には両刃の剣という側面があります。**兼業を禁止できないので、自社の仕事だけをさせたい場合には向かない**制度です。経費削減に目を奪われて、気づかないうちに自社の**優秀な従業員が同業他社へ移っていた**ということのないように注意する必要があります。

社内従業員の育成を忘れない

　外部の労働力を最大に活用することはこれからの会社経営では必要不可欠なことです。しかし、自社の最大の強みであるコア業務をこれら外部の労働力に任せすぎてはいけません。

　コアの業務は自社内で育成し、ノウハウを定着させるという基本原則を忘れてしまうと、会社の存続そのものが危なくなります。

- ☑ 導入の際には、目的をはっきりさせる必要がある
- ☑ 導入するには、労働者に十分に理解してもらう必要がある
- ☑ 就業規則がない分、契約書が重要な役割を果たす

用語ファイル

所得税（しょとくぜい）

労働者として賃金を支払っている場合には、所得税を源泉徴収することが義務づけられている。一方、自営型テレワーカーの場合は原則として源泉徴収する必要はない。

労働者かどうかの判断基準

❶ 会社から指揮・命令を受けている
- ☑ 仕事の依頼、業務従事の指示などに対して拒否することができない
- ☑ 会社による業務の具体的内容および遂行方法に関する指揮・命令がある
- ☑ 勤務場所、勤務時間に関する定めや会社の管理がある
- ☑ 代わりの者ではいけない

❸ 会社から独立した者と判断できない
- ☑ 機械や器具などが会社から無償貸与されている
- ☑ 報酬の額が正規の労働者と比較して高額ではない
- ☑ 他社の業務に従事することに制約がある
- ☑ 報酬に生活保障的要素がある（固定給部分がある）

❷ 賃金を支払っている
- ☑ 所得税を源泉徴収している
- ☑ 労働保険に加入している
- ☑ 報酬が時間給、月給などの時間によって計算されている

上記チェック欄にあてはまる場合は総合的に見て労働者と判断される

資料出所：厚生労働省

アドバイス

労働組合法は異なる

労働組合法での労働者は、労働基準法よりも範囲が広く、失業者や自営型テレワーカーも労働者とされています。
歌手や技術者が、「労働組合法上の労働者」と判断される裁判がありました。この場合、委託者は、団体交渉の申し入れなどに応じる必要が生じます。

Point
★労働者でないと主張するためには、実態があっている必要がある。
★あくまでも労働者でないため、長期に忠誠心をもって働いてほしい会社には向かない。

労災保険・雇用保険・社会保険
社会保険はどの会社にもあるわけではない

アルバイトを1人でも雇ったら労災保険に加入する

労災保険は、すべての従業員に掛けることになっています。1人でも従業員を雇用したら加入しなければなりません。パートタイマー、アルバイト、臨時などの名称は問いません。

週19時間なら雇用保険料はいらない

31日以上雇用する見込みで、週の所定労働時間が20時間以上の場合、雇用保険に加入します。

学生（夜間は除く）は週20時間以上働いても、雇用保険に加入しません。

また、平成29年1月からは、**65歳以降に新たに雇用された人も雇用保険に加入する**ことになりました。

労災保険も雇用保険も、支払う給与に保険料率を掛けるので、給料が低ければ保険料もそれなりに少額です。

5人未満の個人経営の会社は加入しない

「社会保険」は、原則として健康保険（介護保険を含む）と厚生年金保険でセットです（医師国保など国保組合と厚生年金の組み合わせもある）。

社会保険に加入するには、①会社が制度に加入していて、②自分の働き方が要件にあっている必要があります。

加入している会社を「適用事業所」といいます。法律上、**法人（株式会社など）は1人でも適用事業所になり、加入する**ことになっています。

この場合の「1人」は社長も含まれるので、法人は社長1人でも加入します。また、**個人経営の場合は常時雇用する労働者5人以上で加入する**ことになっています（→右ページ）。

加入が義務づけられていない会社でも、労働者の半数以上の同意を得て、任意適用事業所になることもできます。

- ☑ 希望する年収から月収を算出して働いてもらっているか
- ☑ 社会保険に加入しない範囲を最大に活用しているか
- ☑ パートタイマーは一定額以上の賃金を希望しない場合がある

用語ファイル

こようほけん
雇用保険

雇用保険の給付は、①労働者が失業したときや再就職をしたとき、②介護休業をしたときなど、働き続けることが困難になったとき、③再就職しやすいように能力を向上させるときなどに受けられる。

各種保険の概要と加入要件

	保険	給付	費用の負担	加入要件
労働保険	労災保険	業務災害、通勤災害など	全額会社負担	すべての労働者
	雇用保険	失業保険など	会社、労働者負担（折半ではない）	●①、②の両方を満たす ①31日以上雇用されることが見込まれる ②所定労働時間が週20時間以上
社会保険	健康保険	仕事以外の病気、ケガなど	会社、労働者折半負担	1週の所定労働時間および1か月の所定労働日数が通常の従業員の4分の3以上（介護保険はさらに40歳以上65歳未満）ただし、500人超の会社などは要件が緩和されている（→次ページ）
	介護保険	高齢による介護など		
	厚生年金保険	老齢、障害、死亡など		

法律上の適用事業所（○印が適用事業所）

	法人（株式会社、有限会社など）国・地方公共団体	個人経営
①一般の事業所（②を除く）	○	5人以上　○ 5人未満　×
②飲食業　サービス業　税理士事務所　宗教団体　農林畜水産業など	○	×

※税理士事務所等は2022年10月1日から適用になる。

会社の福利厚生費負担額

Aさんの場合の福利厚生費
会社負担額（小売業、41歳、時給1,000円、1日6時間、週5日勤務）

月給120,000円の場合　　　　　　　　　　　　　　　　　　　単位:円

労災保険料	雇用保険料	健康保険料	介護保険料	厚生年金保険料	会社負担合計
360	720	5,806	1,062	10,797	18,745

Bさんの場合の福利厚生費
会社負担額（小売業、41歳、月給20万円）　　　　　　　　　単位:円

労災保険料	雇用保険料	健康保険料	介護保険料	厚生年金保険料	会社負担合計
600	1,200	9,840	1,800	18,300	31,740

※2021年5月1日現在。健康保険料は東京都のケースで記載した。

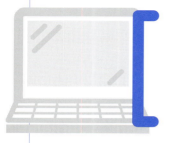

パートタイマーの社会保険
社会保険料を合法的に削減する

加入要件を満たせば加入しなければならない

　社会保険の制度がある会社で働く人が、加入要件を満たせば、加入することが義務づけられています（→下表）。**加入するかどうかは会社や従業員の意思では決められません。**

　ただし、「加入しない者」として定められた人に該当する人は加入しません（→次ページ）。

　また、試用期間中の人も加入することになっており、入社日から加入します。

　厚生労働省は社会保険の調査を強化しています。**調査で指摘を受けることが多いのが、加入要件を満たすパートタイマーが未加入であることです。**また、入社日から加入しているかどうかをチェックされることも多いようです。

　もし、誤りを指摘されたとき、最長2年遡って加入することになり、保険料も支払う義務が生じます。

パートの加入要件

パートの加入要件は、従業員500人超（社会保険加入の対象者）かどうかで大きく異なる。「規模500人超」は、2022年10月に100人超、2024年10月に50人超になる予定。

会社規模			
（国・地方公共団体）500人超	次の要件を満たす人 ①週所定労働時間が20時間以上 ②1年以上雇用の見込み（2022年4月に削除予定） ③賃金月額88,000円以上 ④昼間学生でない		
500人以下	2分の1以上※と事業主の合意があり、手続きしたとき		手続きしていないとき（原則どおり）
	次の要件を満たす人 ①週所定労働時間が20時間以上 ②1年以上雇用の見込み ③賃金月額88,000円以上 ④昼間学生でない		次の要件を満たす人 ①1週間の所定労働時間が社員の4分の3以上 ②1か月の所定労働日数が社員の4分の3以上

※「2分の1以上」は、「厚生年金の被保険者と加入要件を満たす人」の人数で計算する。

調査の際にチェックされる内容

❶対象者にもれはないか（加入要件に合致しているのに加入していない者はいないか）
源泉所得税領収書の人数や賃金額と突き合わせるのでパートタイマーの人数もごまかせない
❷加入日は正しいか（入社日から加入する。試用期間も除外できない）
❸年の途中で賃金が上がったのに届け出していない者はないか
❹報告していない手当はないか（通勤手当など除外していないか）
❺報告していないボーナスはないか　など

- パートで加入していないことが多い
- 月給10万円でも2年遡ると1人あたり約66万円になる（労使合計）

社会保険に加入しない者

❶日雇い（1か月を超えた場合を除く）
❷2か月以内の期間雇用者（所定の期間を超えた場合や所定の期間を超えて雇用を見込まれる者を除く）
❸季節的な雇用で4か月以内の期間雇用者
　例:○○博覧会
❹臨時的な事業で6か月以内の期間雇用者
　例:建設現場
❺所在地が一定しない事業
　例:サーカス

調査の際に求められる書類

❶労働者名簿
❷タイムカード（出勤簿）
❸賃金台帳
❹源泉所得税領収書
❺社会保険各種届出控　など
※パートタイマー、アルバイト分も必要。

アドバイス

社会保険の調査

社会保険の調査には、①算定時調査、②総合調査、③会計検査院による調査などがあります。
最近は、①算定時調査は算定基礎届を提出した後に、届に誤りはないか、未加入者はいないか等を中心に数年ごとに行われています。
②、③の順に厳しくなっており、通知文書を見れば調査の趣旨がわかります。

Point
★社会保険に加入するかどうかは会社や従業員の意思で決められない。
★調査があった場合は、従業員負担分も会社が徴収され、会社はこれを従業員から徴収できないことが多い。

パートタイマーの権利
パートタイマーにも正社員と同じ権利がある

パートタイマーは正社員と同じに扱う

　パートタイム・有期雇用労働法では、「短時間労働者」は「週の所定労働時間が正社員と比べて短い労働者」と定義されています。2020年4月からは、「有期雇用労働者」が「会社と期間の定めのある契約を結んでいる労働者」としてこの法律に追加されました。

　会社により、「パートタイマー」「契約社員」「アルバイト」などさまざまな呼び方をしていますが、まちがいではありません。定義は就業規則に記載しておきましょう。

　パートタイマーも労働者として、労働法の保護を受けます。したがって、解雇する場合は30日以上前に予告しなければなりません。産前産後の休暇や育児休業・介護休業の権利もあります（要件あり→153ページ）。週の労働時間が40時間を超えた場合の残業代も同じです。

有給休暇は週の労働日数に比例して付与する

　6か月以上勤務すれば、正社員と同じように（→138ページ）年次有給休暇の権利があります。ただし、労働日数が少ないのに、同じ日数だけ権利が与えられては、不公平になるため、**週の所定労働日数に比例して計算**された日数で付与することになっています（比例付与）。

健康診断も実施しなければならない

　健康診断も正社員と同じように実施しなければなりません。①②の条件をいずれも満たせば対象者になります。
① 期間を定めずに雇用されている（期間の定めがある場合でも、1年以上引き続き雇用される場合）
② 1週の所定労働時間が通常の労働者の4分の3以上である

- ☑ パートも社員と同様に健康診断を実施しているか
- ☑ パートタイマー就業規則を作成しているか

アドバイス
年度途中で週の労働日数が変わったとき
付与日数は、基準日（年休付与日）時点で予定されている所定労働日数をもとにします。年度途中で週の所定労働日数が変わっても、それに応じて日数は増減しません。

さまざまな雇用形態

名　称	一般的に使われる区分
契約社員	期間の定めのある雇用契約の労働者
パートタイマー	正社員より1週間の労働時間が短い労働者
アルバイト	特定した短期間だけの雇用を前提とした労働者
嘱託社員	定年退職後に再雇用される労働者

パートタイム労働者の年次有給休暇付与日数

週の所定労働時間	週の所定労働日数	1年間の所定労働日数	継続勤続年数に応じた年次有給休暇の日数						
			6か月	1年6か月	2年6か月	3年6か月	4年6か月	5年6か月	6年6か月～
30時間以上			10日	11日	12日	14日	16日	18日	20日
30時間未満	5日以上	217日以上							
	4日	169～216日	7日	8日	9日	10日	12日	13日	15日
	3日	121～168日	5日	6日	6日	8日	9日	10日	11日
	2日	73～120日	3日	4日	4日	5日	6日	6日	7日
	1日	48～72日	1日	2日	2日	2日	3日	3日	3日

※表の見方
①まず、週の所定労働時間数で判断する。30時間以上の場合は「30時間以上」の日数。
②週の所定労働時間が30時間未満の場合は、週の所定労働日数で判断する。
③週の所定労働日数が決まっていない場合は、1年間の所定労働日数で判断する。

第6章　人材派遣、請負、パートタイマーの活用方法

■パートタイマーにも正社員と同じ権利がある

Point

★パートタイマーも社員と同様に労働法の保護を受ける。
★パートタイマーの有給休暇は週の所定労働日数に比例して付与する。

パートタイマーの雇い止め
パートタイマーも簡単に解雇できない

更新を繰り返すと正社員と同じ扱いになる

契約期間を定めた雇用契約の場合、本来はその期間が終了すれば自然に退職することになります。しかし、実際には、契約更新を繰り返し、長期雇用となるケースがあります。

状況にもよりますが、更新を繰り返すと期間の定めがない雇用と同じと判断され、パートタイマーであっても正社員と同じように簡単には解雇や雇い止めをすることができなくなります。

雇い止めは少なくとも30日前までに予告する

更新を繰り返した場合で、解雇や雇い止めをするときには、①から③の3つの点に気をつけなければなりません。

①契約期間の途中での解雇を避ける

契約更新時に、今回が最終であって、**更新しない旨を雇用契約書（→217ペ**ージ）**に明記**し、契約満了時に終了します。雇用契約書は双方が押印するので、従業員も納得していたことになります。

②少なくとも30日前に予告する

労働基準法では、解雇する場合は30日前の予告または解雇予告手当の支払いを定めています。パートタイマーであっても、これを守らなければなりません。

③解雇または雇い止め自体が無効になる場合がある

無効というのは、解雇や雇い止めができないということです。更新を長期にわたって繰り返してきた場合は、期間の定めがない雇用と同じ扱いになります。このようなパートタイマーを解雇または雇い止めする場合は、**解雇しなければならないほどの理由**がなくてはなりません。

ただし、整理解雇では、正社員よりも先にするなど、正社員を解雇する場合に比べると、厳格ではないとされています。

- ☑ 更新時に雇用契約書を交わしているか
- ☑ 実態として自動的に更新していないか
- ☑ 安易にパートタイマーを辞めさせていないか

アドバイス

雇(やと)い止(ど)め

2013年4月に法改正され、有期契約通算5年で無期雇用に転換されるルールができました（→180ページ）。5年を迎える前に雇い止めする場合にも、ここで書いている注意点、リスクを踏まえて行う必要があります。

こんな場合は雇い止めに注意が必要

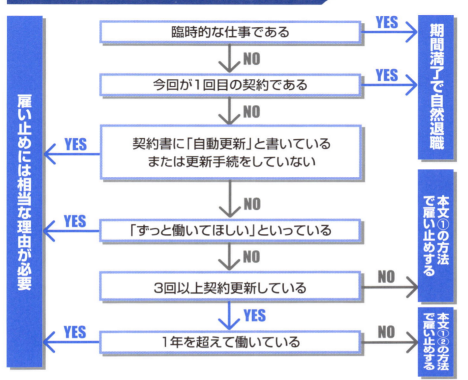

雇用契約書作成時のポイント

明示が義務づけられている
- ●更新の有無
  例:自動的に更新する、
  　　更新することがある　など
  「自動更新」と明記すれば
  正社員とみなされる

  ここに注意

- ●更新の判断基準
  例:勤務成績、態度により判断する
  　　契約満了時の業務量により
  　　判断する　など

雇用契約書→217ページ

COLUMN ★★★

労働条件は綱引き

長期で雇用したいと会社が考えるのであれば、契約内容もそのようにしておくべきでしょう。
会社が契約を終了しやすいということは従業員も契約を終了しやすいということです。短期の雇用では、従業員は安心して働けず、去っていくことになります。

無期転換ルール
有期契約5年で正社員になる

有期契約を繰り返せば無期契約に転換できる

有期労働契約を更新し、**通算5年を超えると無期労働契約に転換できる**ようになりました。本人の申し込みが要件になっており、労働者が申し込みをすると、会社が承諾したものとみなされ、無期労働契約が成立します。1回だけの契約では対象にならず、**2回以上の契約を通算して5年を超えると対象になります。**

転換日は、有期労働契約が終了する翌日以降です。

無期労働契約に転換すると、会社がその労働契約を終了するには解雇せざるを得なくなり、有期労働契約の雇い止めよりも難しくなります（→80ページ）。

有期契約労働者を無期雇用に転換することを容認するのか、全員を対象にするのか、人によって限定するのか、5年を超える前にしっかりと考えておく必要があります。

放置すれば正社員となる

無期契約労働者に転換するといっても、正社員と労働条件を同じにすることまで求められているわけではありません。労働条件を正社員と異なるものにすることが認められているので、転換前の労働条件のままということも考えられます。

ただし、仕事の内容や責任の程度が正社員と同じなのに労働条件が異なることはパートタイム・有期雇用労働法で禁止されているので、「地域限定社員」や「職務限定社員」など、正社員とは異なるコースを新たに設けることも考えられます。

この場合、**これらの労働者に適用する就業規則を用意しておく**必要があります。用意がなければ、正社員の就業規則が適用になり、同等の取り扱いと判断されることがあるので注意が必要です。

- ☑ 定年退職後の特例を使う場合は、都道府県労働局の認定を受けたか
- ☑ 全員を無期雇用に転換するかどうか検討したか
- ☑ 転換後の就業規則を作成したか

用語ファイル
クーリング期間

契約と契約の間に、空白期間（同一会社で働いていない期間）が6か月以上あるときは、空白期間の前の期間を通算しない。また、契約期間が1年未満の場合は、その2分の1以上の空白期間があれば通算しない。

無期転換ルールへの対処

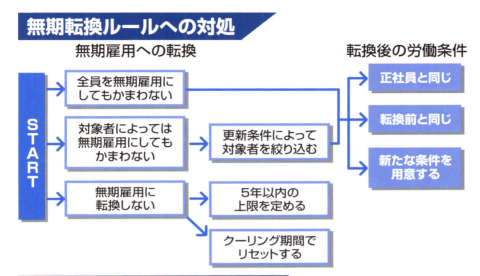

労働者からの申し込み期間

　5年を超えることになる契約の期間初日から、その契約が満了する日までに申し込みができる。

　もし、申し込みをしないで、さらに契約が更新された場合は、その契約が満了する日までに申し込みをすることができる（以降も同様）。

①契約期間が1年の例

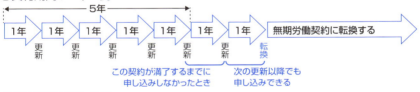

②契約期間が3年の例

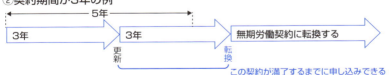

アドバイス　定年再雇用などは特例がある

ここに書いてある無期転換ルールには、次の2つの特例があります。ただし、計画届を都道府県労働局に提出して認定を受ける必要があります。①はプロジェクトごと、②は1つの会社につき1回です。

①高度の専門的知識がある人が一定期間のプロジェクトに就くときは、プロジェクト完成まで（上限10年）
・年収見込み額が1,075万円以上かつ
・公認会計士、医師、弁護士、実務経験5年以上のシステムコンサルタントなど（限定）

②定年に達した後、引き続き雇用される人は、無期転換申込権が発生しない

Column

社会保険制度の加入に対する現実の運用

法人は社長1人でも加入が義務づけられている

会社として社会保険制度に加入すれば、会社内で加入する従業員を選別できません。加入基準を満たす従業員は、会社や従業員の意思とは関係なく加入しなければならず、厳しい取立てが待っています（→174ページ）。

一方、健康保険法、厚生年金保険法では、社長1人だけであったとしても、法人に制度加入を義務づけています。

しかし、現実には、法律で義務づけられていたにもかかわらず、加入していない会社もあります。それどころか、以前

は簡単に加入することすらできませんでした。会社を設立して2～3か月間、会社として実績を積んでから加入を申し込み、年金事務所の審査を受ける必要がありました。

加入に際して厳しい審査をしていた理由は、加入した会社の経営が不安定で保険料を徴収できない会社があるためです。国としては、健康保険の給付や年金給付をしなければならない一方で、保険料の徴収ができないということは避けなければならないと考えられています。

加入促進が強化されている

国民年金に加入義務があるのに保険料を支払っていない国民や、健康保険・厚生年金保険に加入していない会社が多いことが社会問題になりました。そのため、会社として制度に加入する際の審査や手続きがスピーディーになりました。

さらに、加入していない会社の加入促進が強化されています。

その方法は、会社の登記申請書との照合や雇用保険に加入している会社との照合によって未加入の会社を把握し、巡回して説明するというものです。また、健康保険・厚生年金保険に加入していない会社はハローワークでの求人が受け付けられない、建設業では法違反の会社に仕事を依頼しない、などです。

第7章
労災保険の請求方法

社長や役員はどこからも補償されない
労災では治療費の負担はない
4日目以降は労災保険から補償される
業務災害には認定基準が設けられている
寄り道をして帰ると通勤災害にならない
労災保険を使うと保険料がアップする
交通事故でも労災保険が使える
従業員数が50人になったら体制を整備する
従業員50人以上でストレスチェックが義務づけられた

労災保険の概要

社長や役員はどこからも補償されない

労災保険はすべての従業員に給付される

従業員が業務上や通勤途上で病気やケガをしたときに給付されるのが労災保険です。

国は、従業員を**1人でも雇えば、労災保険に加入**することを会社に義務づけています。万一加入手続きを怠っていたとしても従業員には保険給付されますが、状況によって、保険料や労災保険給付の費用を会社が請求される場合があります。

ここでいう従業員には、労働時間や雇用期間が短くても含まれます。

労災保険の保険料は全額を会社が負担します。

社長に対する補償はない

労災保険は、従業員のための保険であるため、たとえ仕事中の事故が原因であっても、原則として社長や役員が病気やケガをしたときに労災保険は使えません（工場長や部長などを兼務していて、従業員としての性質が強いと認められた役員は労災保険が給付される）。

一方、仕事中の事故が原因であれば、健康保険も使えません（ただし、国民健康保険は使える）。

このように、社長や役員の仕事中の事故は、どこからも補償されない場合があるのです（5人未満の法人で労働者と同じ仕事をしているときは健康保険から給付）。

特別加入する方法がある

「特別加入」という制度があります。中小企業の社長や役員であれば、手続きをして**通常の労災保険とは別に加入する**ことができます。この制度に加入すれば一般の従業員と同じ保険の給付を受けられます。

ただし、社会保険労務士または労働保険事務組合を通さなければ加入できません。

- ☑ 労災保険に加入しているか
- ☑ 社長が労災事故にあった場合のことを考えているか
- ☑ 会社の安全配慮義務違反には、労災保険での慰謝料は出ない

用語ファイル

特別加入（とくべつかにゅう）

労災保険の適用が除外されている、中小企業の事業主、中小企業の役員、海外出向者、海外転勤者、大工、個人タクシー運転手などが自ら加入の申請をし、労災保険に加入する制度。国が行っている。

労災保険給付の概要

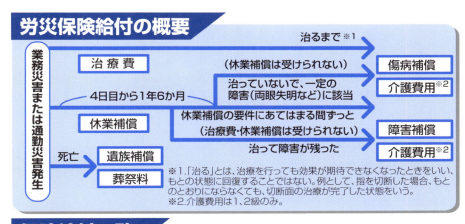

保険給付一覧

種類	こんなときに	給付される内容
療養(補償)給付	病気やケガの治療を受けるとき(病院などの費用)	必要な治療費全額(治るまで)
休業(補償)給付	病気やケガによる療養のために働くことができず、賃金を受け取ることができないとき(休業中の賃金)	休業4日目から80%
傷病(補償)年金	療養開始後1年6か月後に治っておらず一定の障害に該当するとき(休業補償は受けられなくなる)	年金と一時金
障害(補償)給付	病気やケガが治った後に障害が残ったとき	障害の程度によって年金または一時金
遺族(補償)給付	死亡したとき	300万円+年金(遺族の数によって異なる)または一時金
葬祭料(葬祭給付)	死亡した人の葬祭を行うとき	315,000円+日額の30日分(日額の60日分と比較して多いほう)
介護(補償)給付	傷病補償または障害補償の等級1、2級で介護を受けているとき	介護の費用(上限あり)

中小事業主の特別加入の範囲

特別加入できる人は、次の労働者を常時使用する事業主および役員等。
規模は会社全体を合計する。

金融・保険・不動産業、小売業	50人以下
卸売業、サービス業	100人以下
上記以外の業種	300人以下

治療費に関する手続き

労災では治療費の負担はない

業務災害や通勤災害はタダで治療が受けられる

業務災害や通勤災害は、治療費の全額が労災保険から出ます。従業員や会社の負担は原則としてありません。

手続きの流れは、かかった病院が**労災指定病院**（ほとんどの病院が労災指定病院）かどうかで違います（→下図）。

まずは消防署と警察署へ連絡をする

万が一、死亡事故やかなりの重症の事故が起こった場合は、至急、消防署と警察署へ連絡をします。

次に労働基準監督署へ連絡をし、その指示に従います。事故現場はそのままにしておきます。

治療費請求の流れ

労災指定病院のとき
労働者 ←証明→ 会社
労働者 → 病院 ─請求→ 労働基準監督署

労災指定病院以外のとき
労働者 ←証明→ 会社
労働者 → 病院
労働者 ←証明→ 労働基準監督署
─請求→

- ☑ 業務災害では無料で治療を受けられる
- ☑ 通勤災害では1回限り200円だけ負担すれば治療を受けられる
- ☑ ➡就業規則第38条

用語ファイル
労災（ろうさい）かくし

「故意に労働者死傷病報告を提出しないこと」または「虚偽の内容を記載した労働者死傷病報告を提出すること」をいい、労災保険を使わないことではない。

第7章 労災保険の請求方法

■ 労災では治療費の負担はない

療養補償給付たる療養の給付請求書

通勤災害の場合は
様式第16号の3

その事業場の
労働保険番号

事故の発生日
または発病の日

わかりやすく記入する
① どんな場所で
② どんな作業をしているときに
③ どんな環境で
④ どんな不安全または有害な状態があって
⑤ どんな災害が発生したか

様式第5号(表面)　労働者災害補償保険

療養補償給付及び複数事業労働者
療養給付たる療養の給付請求書

※帳票種別 3 4 5 9 0

労働保険番号 1 3 1 1 4 3 0 0 1 3 7 0 0 0

⑧性別 男女 1

⑨労働者の生年月日 0 3 2 0

⑩負傷又は発病年月日 0 5 1 5

フリガナ ヤマタ イチロウ

氏名 山田 一郎 (49歳)

住所 東京都豊島区東池袋

職種 鋳物工

⑩災害の原因及び発生状況

T字形路面の交差点付近で、本人はパレットラックを
搬出すべく品物の方を向いたまま、左足を後ろに右足を前に
構えて引っ張って始動させたところ、バックで走行中の
フォークリフトが左足にぶつかり、負傷した

⑳指定病院等の 名称 石坂医院　電話(03)○○○○-○○○○
所在地 新宿区新小川町○-○　〒 ○○○-○○○○

㉑傷病の部位及び状態 左足脛骨下端部骨折

⑫の者については、⑩、⑦及び㉑に記載したとおりであることを証明します。

事業の名称 株式会社 田中製作所　電話(03)○○○○-○○○○
事業場の所在地 新宿区新小川町○○-○　〒 162 - 8445
事業主の氏名 代表取締役 田中 勇
(法人その他の団体であるときはその名称及び代表者の氏名)

負傷又は発病の時刻 午前 9時 30分頃

災害発生の事実を確認した者の職名、氏名
職名 製造部長
氏名 小島 和男

事業主の証明

上記により療養補償給付又は複数事業労働者療養給付たる療養の給付を請求します。　○○年 5月 15日

労働基準監督署長 殿

請求人の 〒 170 - 0013　電話(03)○○○○-○○○○
住所 東京都豊島区東池袋○-○-○
氏名 山田 一郎

従業員本人

休業に関する手続き

4日目以降は労災保険から補償される

会社を休んだら4日目以降は給料を支払わない

業務災害や通勤災害による病気やケガの療養のために、働けず、賃金をもらえない場合は、4日目以降、**平均賃金の8割が労災保険から補償**されます。

この日数は暦日で計算します。「当日」については、労働時間中の事故であれば、その日を休業日数に数え、残業中であれば、翌日から数えます。

4日目以降に平均賃金の6割以上の給料が支払われていると、労災保険からの補償はありません。

最初の3日間は会社が6割を補償する

休み始めて4日目以降は労災保険から補償されます。しかし、**最初の3日間は会社が平均賃金の6割を支払わなければなりません**。従業員の希望によって有給休暇の扱いにしても問題はありません。

また、3日間の補償は、業務災害の場合だけ義務づけられています。通勤災害は会社に責任がないため、補償する義務はありません。

なお、休業の補償は所得税非課税なので、給料とは区別して支払います。

休業したら「死傷病報告」を届け出る

業務災害による病気やケガの療養のために従業員が休んだときは、すみやかに**「労働者死傷病報告」を労働基準監督署に届け出なければなりません**。

休業4日以上と3日まででは届け出る用紙が違います（→189、190ページ）。4日以上の場合は、死亡事故と同じく重大事故として扱われます。

ただし、これは業務災害だけのことで、通勤災害の場合は報告しません。

休業補償では、事故の当日は休業日数に数えますが、死傷病報告では、翌日から数えます。

- ☑ 休業4日目以降、補償を受けるためには給料を支払わない
- ☑ 業務災害では最初の3日間は6割を支払う義務がある
- ☑ ➡就業規則第38条

アドバイス
2か所以上で働く人の労災保険
2か所以上で働く人が業務災害・通勤災害でいずれも休まざるをえないとき、法改正で2020年9月より、災害発生以外の事業場から受け取る賃金も合算することになりました。

休業の補償

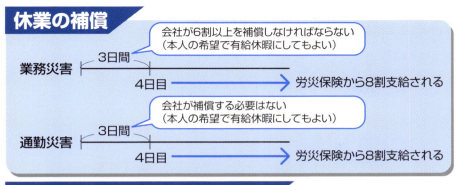

休業した場合の手続きの流れ

労働者死傷病報告（休業3日以下）

※休業3日以下の場合は、この用紙で3か月ごとにまとめて2部提出する

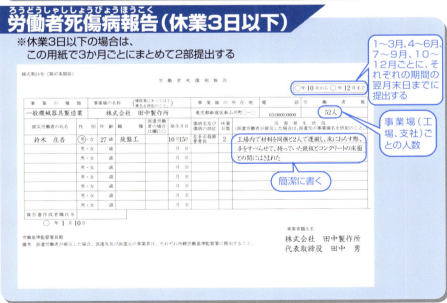

労働者死傷病報告（休業4日以上）

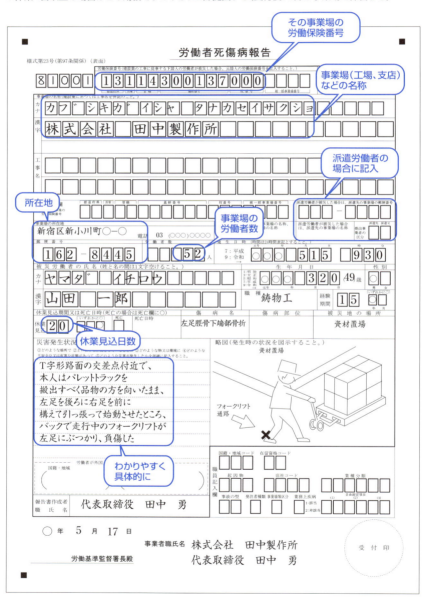

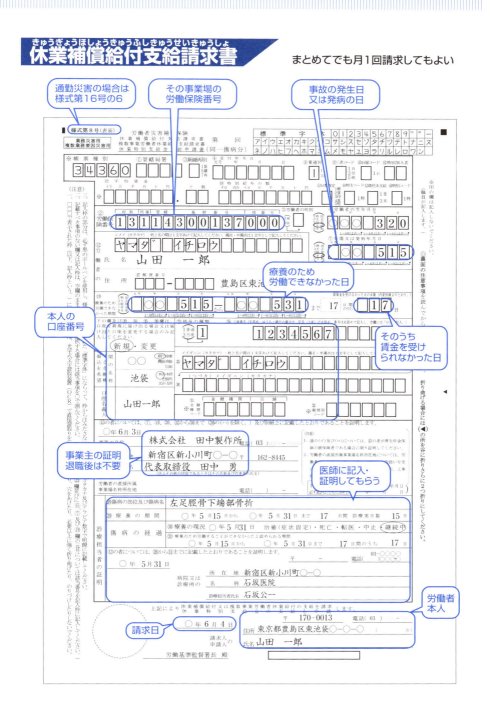

休業補償給付支給請求書(つづき)

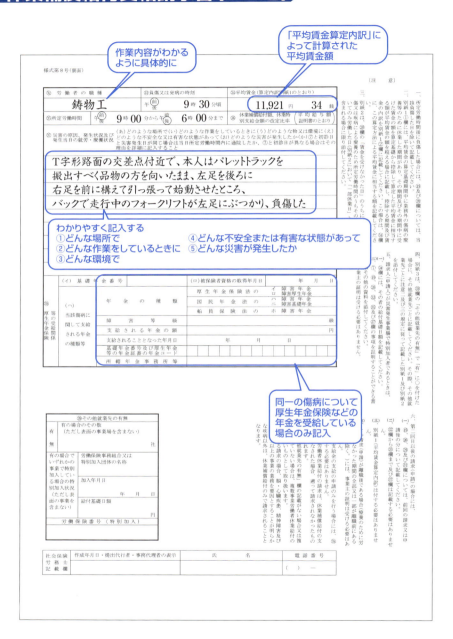

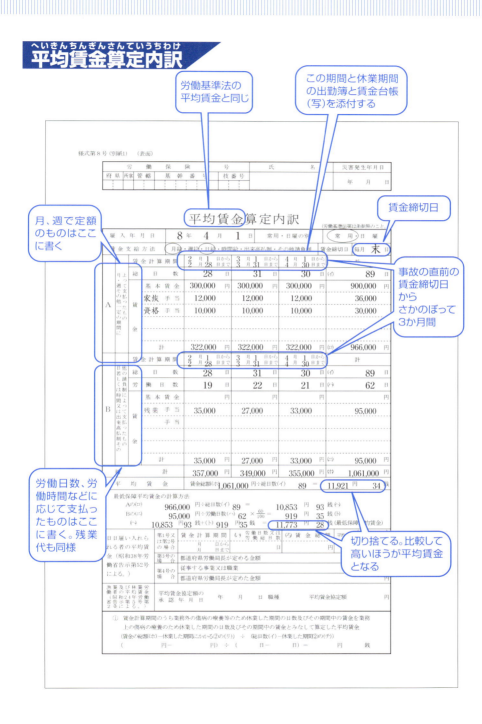

業務災害か否かの判定
業務災害には認定基準が設けられている

「仕事中」に「仕事が原因」であるかどうかがポイント

業務災害では、原則として、
①**仕事中である**
②**仕事が原因である**
の2つの要件を満たすことで「業務上」と認定されます。

「①仕事中」には、作業の準備や後始末の時間も含まれます。また、出張や会社外での作業など、会社にいない場合も含まれます。ただし、仕事中であっても、従業員が故意に事故を起こした場合には業務災害と認められません。

また、例外として、昼休みや労働時間前後に事業場内にいる場合でも、事業場の設備が原因での事故は業務災害です。

「②仕事が原因である」例として、「機械に巻き込まれてケガをした」などは、当然、業務災害です。

地震などの天災によるものは、一般的に業務災害とは認められません。作業環境の状況から見て災害を被りやすくなっており、天災をきっかけに危険が現実のものになった場合などは業務災害です。

従業員の重大な過失では保険給付が制限される

業務災害であるかどうかは、従業員の過失とは関係ありません。

ただし、飲酒運転による事故など、従業員の重大な過失によって発生したと認められる場合は、保険給付の全部または一部が受けられません。

病気は認定が難しい

病気は、有害な因子が長年蓄積されて発症するケースが多いため、ケガに比べ、業務災害かどうかの認定が難しいようです。

病気の場合、次ページの認定基準要件が3つとも満たされてはじめて「業務上」と認められます（過労死→66〜71ページ）。

- ☑ 業務災害を避ける努力をしているか
- ☑ 「危ない」と指摘されていることを放置していないか
- ☑ 普段から事業場の整理整頓を心がけているか

用語ファイル

有害な因子（ゆうがい いんし）

病気のもとになる有害なもの。ここでは、紫外線やレーザー光線、有機溶剤、粉塵、ウイルスなどの化学物質や物理的なものに限らず、身体に負担がかかる姿勢なども含まれる。

業務上のケガの認定基準

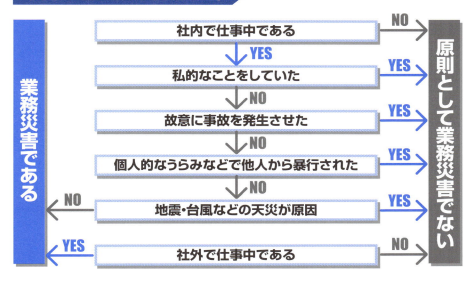

業務上の病気の認定基準

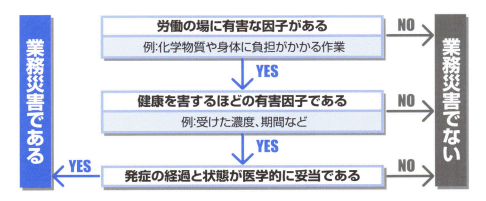

★業務災害では仕事中に仕事が原因であることがポイントとなる。
★従業員が故意に発生させた事故には労災補償はない。

通勤災害か否かの判定
寄り道をして帰ると
通勤災害にならない

業務災害と同じ補償が受けられる

通勤は業務ではありませんが、業務と密接な関係があるとして、業務災害とほぼ同じ補償が受けられます。「通勤」とは、

①**就業に関し**
②**住居と就業の場所との間を**
③**合理的な経路と方法で往復すること**

をいいます。ただし、要件を満たしても業務の性質があれば業務災害です。

「就業に関し」とは、遅刻やラッシュを避けるための早出など、通常の出勤時刻と多少の前後があっても関連性が認められます。

「住居」とは、日常生活をしている場所で、本人の就業のための拠点となる所のことです。家族の住む住居とは別にアパートを借り、そこから通勤している場合は、そこが住居になります。

「就業の場所」とは業務を開始、または終了する場所のことです。

途中で寄り道をしたら通勤災害にならない

「合理的な経路と方法」は、一般的に従業員が用いるものと認められる方法をいいます。仮に複数あっても、いずれも合理的な経路となります。

通勤経路を中断または逸脱すると、それ以後は通勤とは認められません。ただし、その中でも日常生活上必要であるとして認められたものは、逸脱、中断の間を除いて通勤と認められます（→次ページ）。また、事業場内でサークル活動などを行い、帰宅するときに事故にあっても通勤災害とはなりません。

出張中の事故は業務災害になる

自宅から客先へ直行（出張）する途中での事故は通勤災害ではなく、業務災害です。また、仕事中に客先から客先へ移動する場合も業務災害となります。

- ☑ 出張に行く途中の事故は業務災害になる
- ☑ 通勤災害では基本的に会社責任は問われない

用語ファイル

業務の性質がある
（ぎょうむ　せいしつ）

会社が提供する専用のバスを利用しての通勤や、突発的事故などによる緊急用務のため、休日に呼び出しを受けて予定外に緊急出勤する場合などがこれにあたる。これらは通勤災害ではなく業務災害である。

通勤災害の考え方

基本（途中で寄り道をしたら、それ以降は通勤災害ではない）

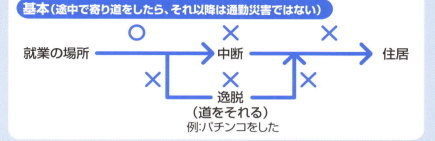

例:パチンコをした

例外（日常生活で必要な寄り道は、その間を除いて通勤災害）

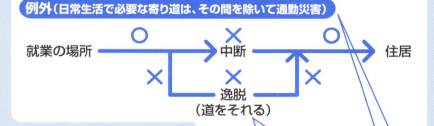

- 日常生活上必要な行為として認められるもの
  ① 日用品の購入など
  ② 職業訓練校の職業訓練など
  ③ 選挙の投票など
  ④ 病院での診療など
  ⑤ 家族の介護など

→ この場合は×を除いて通勤災害と認められる

アドバイス

「合理的な経路」は会社への届け出とは関係ない

労災保険を認定する際の「合理的な経路と方法」は一般的に従業員が用いるものと認められる方法です。いつもはバスに乗っている道を歩いていて事故にあった場合など、会社への届け出と違っても、認定とは関係ありません。

★通勤災害でも業務災害と同じ補償が受けられる。
★通勤途中で寄り道をすれば基本的に通勤災害にならない。

労災保険のメリット制
労災保険を使うと保険料がアップする

労災保険にはメリット制がある

労災保険を使うと保険料が上がる場合があります。逆に労災保険をあまり使わない年度が続くと、労災保険料が下がる場合があります。これを**メリット制**といいます。

このような制度があるため、労災事故が起こっても、労災保険を使うことを嫌がる事業主がいます。

しかし、労災保険を使えば必ず保険料が上がるというわけではありません。

20人未満の会社には関係ない

要件の1つ目は、その事業が3年以上継続していることです。

要件の2つ目は、事業所（支社、工場など）の規模です。過去3年度のすべてにおいて、次のいずれかを満たす必要があります（建設業はさらに要件あり）。
- 100人以上の従業員がいる
- 従業員数20人以上100人未満の場合は、次の計算式に当てはめた結果が0.4以上である
〔労働者数×（労災保険率－非業務災害率）〕
- 一括有期事業（建設の事業および立木の伐採の事業）で確定保険料の額が100万円以上である

通勤災害には関係ない

この制度は**通勤災害には適用されません**。なぜなら、この制度は、業務災害を起こさないように会社の努力を促すためのものだからです。そして、業務災害による費用負担を会社にも担ってもらおうというものです。

一方、通勤災害は会社にはなんの責任もないため、収支率の計算では通勤災害を除きます。

- ☑ 労災事故で健康保険証は使えない
- ☑ 通勤災害で労災保険を使っても保険料は上がらない
- ☑ 業種別の最低人数未満であれば保険料は上がらない

アドバイス
有期事業は大きな工事
建設業や立木の伐採の事業で、1つの事業ごとに労災保険を精算しなければならないのは、次のいずれかを満たす事業です。
① 確定保険料の額が160万円以上
② 建設業は請負金額1億8,000万円以上、立木の伐採の事業は生産量1,000立方メートル以上

メリット制のしくみ（継続事業、一括有期事業）

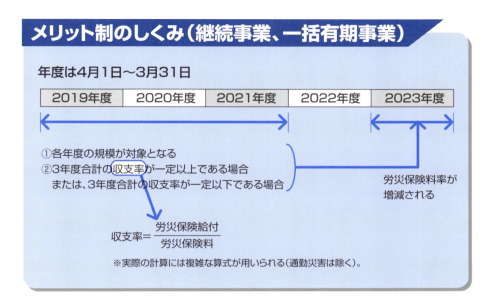

有期事業のメリット制のしくみ

建設業や立木の伐採の事業で一定以上の大きな工事（有期事業→前ページ「アドバイス」）のときは、ひとつの事業ごとに労災保険料を精算する。

事業終了時点でいったん保険料を決定する（確定保険料）が、この時点では、治療が完了していないことが考えられるため、さらに3か月経過した時点（3か月経過時点で収支率の変動が収まらない場合は9か月経過時点）で確定保険料を決めるための収支率を再度計算する。

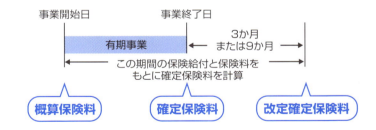

★労災保険を使うと保険料が上がる場合がある。
★労災事故が起こらないように体制を整えることが重要。

労災保険と自賠責保険

交通事故でも労災保険が使える

従業員の過失100%でも労災保険が使える

交通事故でも労災保険が使えます。たとえば、営業マンが外回りをしているときに交通事故にあった場合です。業務災害か通勤災害かは、事故の時間と場所などによって判断されます。

労災保険の給付が受けられるかどうかは、誰に過失があるかは問題になりません。業務災害または通勤災害の条件さえあてはまれば、自損事故のように相手のない事故や従業員の過失が100%で相手の保険が使えない事故の場合も労災保険が使えます。

ただし、飲酒運転など重大な過失の場合は、保険給付の全部または一部が受けられません。

また、労災保険は従業員自身のケガなどに対する補償だけなので、事故の相手や同乗者をケガさせても労災保険は使えません。

自賠責保険を使うこともできる

相手がある事故では、ほとんどの場合、自賠責保険が使えますが、**労災保険と自賠責保険で二重に同じ補償を受けられるわけではありません**。労災保険と自賠責保険の間で調整されます（**求償と控除**）。

この手続きのために、相手がある事故では「第三者行為災害届」を労働基準監督署に提出しなければなりません。

自賠責保険からは慰謝料も出る

労災保険とは違い、自賠責保険からは慰謝料が出ます。ただし、治療費、休業補償などとあわせて120万円が上限です。

両方使える場合は、請求の仕方によって損得が出ることがあります。事故の程度や過失割合、掛けていた保険などによって異なるので、どちらが得とは一概にはいえません。

- ☑ 交通事故でも労災保険は給付される

- ☑ 相手がある事故の場合は第三者行為災害届を提出する

用語ファイル

じばいせきほけん
自賠責保険

車やバイクで加入が義務づけられている保険。交通事故の被害者が泣き寝入りすることなく、最低限の補償を受けることを目的としている。被害者に100%の過失があった場合には補償されない。

第三者行為災害届

第7章 労災保険の請求方法 ■ 交通事故でも労災保険が使える

★自賠責保険と労災保険では同じ補償は二重に受けられない。
★飲酒運転などでは保険給付の全部または一部が受けられない。

201

労働安全衛生法の決まり

従業員数が**50人**になったら体制を整備する

安全衛生に関する実務担当者を置く

労働安全衛生法では、業務災害防止の責任を分担させるために、事業場（工場、支社など）の業種と規模に応じて、安全管理者、衛生管理者、安全衛生推進者などの実務担当者を選任することを規定しています。

特に、従業員数が**50人以上の事業場には、国家資格者である衛生管理者や安全管理者、産業医を選任して労働基準監督署へ報告することを義務づけています。**

労働基準監督署も従業員50人以上になった建設業や製造業などの会社に対し、指導を強化しているようです。

安全に関する実務担当者

総括安全衛生管理者	●安全管理者、衛生管理者を指揮する ●従業員の危険または健康障害を防止するための措置などの業務を統轄管理する ●工場長など事業場のトップを充てる
衛生管理者	●労働衛生に関する技術的事項を管理する ●衛生管理者試験に合格し都道府県労働局長の免許を受けた者、医師、歯科医師、労働衛生コンサルタントなどの資格を有する者を充てる
安全管理者	●業務災害の防止など、安全に関する技術的事項を管理する ●大卒（理科系統）は2年以上産業安全業務に従事した経験を有するなど、一定の産業安全業務に従事した者、または労働安全コンサルタントなどの資格を有する者を充てる
安全衛生推進者、衛生推進者	●安全衛生推進者は、衛生推進者の業務に加え、労働災害の防止等安全な職場づくりに関する業務を担う ●衛生推進者は、健康診断の実施事務やそれに基づく健康管理などの業務を担当する ●安全衛生推進者または衛生推進者には、当該事業場の従業員で健康診断の実施事務や、それに基づく健康管理などの業務を担当する者を選任する（外部の労働衛生コンサルタントを選任することもできる）

- ☑ 50人以上の事業所は安全管理者等を選任しているか
- ☑ 50人以上の事業所は安全衛生委員会を開催しているか

用語ファイル

労働衛生コンサルタント・労働安全コンサルタント

事業場の安全および衛生についての調査・分析をはじめとする安全および衛生問題全般についての相談・助言・指導などを行う国家資格者。安全衛生法に基づき、厚生労働省が試験を行っている。

安全衛生管理組織

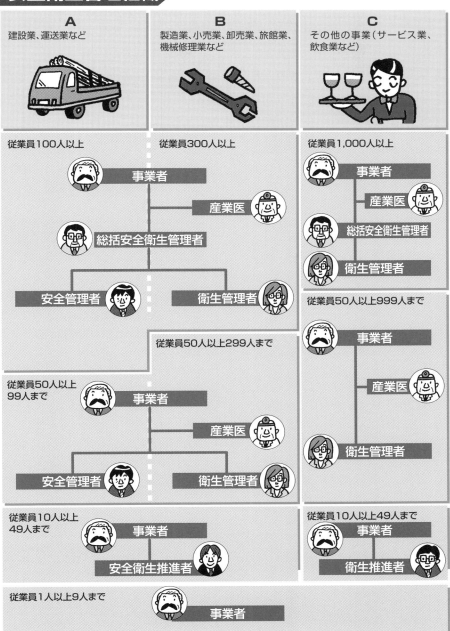

ストレスチェックの義務化
従業員50人以上で**ストレスチェック**が義務づけられた

メンタルヘルス不調者を早期に発見する

うつ病などの精神障害による労災の請求件数が増えています。従業員50人以上の事業場では、平成27年12月からストレスチェックが義務づけられました。

会社が従業員のストレスの状況を把握することにより、メンタル不全の従業員を見つけ出し、早めに対応することが目的です。職場環境の改善にもつながると考えられています。

ただし、従業員がストレスチェックを受けることは義務ではなく、会社は強制することはできません。

ストレスチェックは、**「ストレスチェック調査票」によるペーパーでの質問形式**になっており、心理的な負担の程度がわかるようになっています。

「50人以上の事業場」は、衛生委員会、産業医の選任が義務づけられている規模と同じです。衛生委員会で実施方法や情報の取り扱いなどについて検討し、従業員に周知することとされています。

ストレスチェックの結果は、実施者から本人に直接通知され、**本人の同意なく会社に提供することはできない**ことになっています。

医師の面接指導を受けさせる

ストレスチェックの結果、高ストレス者として面接指導が必要とされた従業員**から申し出があったときは、遅滞なく医師の面接指導を受けさせなければなりません。**

医師の意見に基づいて、就業場所の変更、作業の転換、労働時間の短縮、深夜業の回数の減少など、必要な対応をしなければなりません。会社としては、この対応が重要です。

面接指導の結果を受けて、解雇や退職勧奨などの不利益取扱いをすることは禁止されています。

- ☑ 50人以上の事業場は、どのように実施するか検討したか
- ☑ 長時間労働やパワハラなどで、メンタルヘルス不調者がでないよう職場環境を作っているか

用語ファイル

ストレスチェック調査票（ちょうさひょう）

「仕事のストレス要因」「心身のストレス反応」「周囲のサポート」の3領域が含まれている。国では、「職業性ストレス簡易調査票（57項目）」を推奨。厚生労働省のホームページにも掲載されている。

ストレスチェックの概要

ストレスチェックとは？	会社が労働者に対して行う「心理的な負担の程度を把握するための検査」をいい、調査票によることを基本とする
義務とされる事業場の規模は？	従業員数 50 人以上の事業場（50 人未満は努力義務）
対象となる労働者は？	・期間の定めのない雇用（または期間の定めのある雇用の場合は、1 年以上の雇用の見込みがある、または 1 年以上雇用されている）　かつ ・1 週の労働時間が通常の労働者の 4 分の 3 以上
実施の頻度は？	1 年ごとに 1 回以上
誰がするの？	医師、保健師、一定の研修を受けた看護師、精神保健福祉士（産業医が望ましい）
報告は？	従業員 50 人以上の事業場は、ストレスチェックや面接指導の状況を労働基準監督署へ報告義務

ストレスチェックの流れ

ストレスチェックの実施
- 医師、保健師などによる

結果を本人に通知
- 本人の同意なく会社に提供することは禁止

医師による面接指導の実施
- 要件を満たす従業員から申し出があったとき
- 申し出を理由とする不利益取扱い禁止

医師の意見を聴く

就業上の措置　ポイント
- 医師の意見に基づき、必要に応じて実施
- 就業場所の変更、作業の転換、労働時間の短縮、深夜業の回数の減少など

COLUMN ★★★

不利益取扱いは禁止されている

次の理由による不利益取扱いは禁止されています。
- ●面接指導の申し出をしたこと
- ●ストレスチェックを受けないこと
- ●ストレスチェック結果の提供に同意しないこと
- ●高ストレスと評価された労働者が面接指導の申し出を行わないこと
- ●面接指導の結果を理由とした解雇、退職勧奨　など

第7章　労災保険の請求方法

■ 従業員50人以上でストレスチェックが義務づけられた

Column

労災保険の補償金を徴収されることがある

労災補償は約1,600万円

　労働基準法では、業務災害が起こった場合には、従業員や遺族への補償を会社に義務づけています。

　たとえば、月給36万円の従業員が業務災害が原因で両眼を失明した場合、約1,600万円を会社が補償しなければなりません。

　1,600万円もの補償をすれば、倒産してしまう会社もあるでしょう。そのため

に、国は労災保険の制度を作りました。アルバイトを1人でも雇えば、労働保険（労災保険、雇用保険の総称→173ページ）に加入し、労働保険料を負担することを会社に義務づけています。

　万が一、会社が労働保険加入の手続きをしない間に業務災害が発生した場合にも、従業員を保護するために、従業員または遺族に対して国は補償をしてくれます。

労災保険未加入会社の「加入促進」は侮れない

　しかし、加入しなくても補償されるのであれば、まじめに加入して保険料を払う会社との均衡がとれません。

　そこで、労災保険法では、次のいずれかの場合には会社から費用を徴収するとしています。
①故意または重大な過失によって労働保険加入手続きをしていない期間の事故
②保険料を納付しない期間中の事故（督促状の期限後）
③事業主の故意または重大な過失による事故

　ここで注目すべきは①です。①の意味は、加入の義務を知った上で加入しない場合には、保険給付にかかった費用を徴

収されるということです。

　労働基準監督署は、会社を設立したにもかかわらず、労働保険に加入していない会社を把握し、手続きするように個別に訪問することがあります。訪問を受け、加入の指導をされたにもかかわらず、加入手続きをしない場合は、「故意に加入しない」と受け取られ、労災補償に要した費用が会社から徴収され、その結果として会社が負担することになります。

　なお、この制度は強化され、事業開始の日から1年を経過してなお加入手続きを行わない期間に労災事故が発生した場合も、労災補償に要した費用を徴収されることになりました。

第8章
人材募集・採用時のポイント

採用基準を明確にして採用ミスを防ぐ
人の目に留まる募集方法を考える
採用の取り消しは簡単にはできない
試用期間中に適格者かどうかを判断する
雇用契約書を工夫してリスクを減らす

採用前の準備

採用基準を明確にして採用ミスを防ぐ

欲しい人物像を整理して明確にする

従業員の採用では条件を明確にすることがポイントです。「能力」「経験」「労働条件」などを「絶対条件」と「追加条件」に整理していくのです（→次ページ）。

絶対条件にあわない人は、どんなに他の能力が高くても採用しないようにするのが、ミスのない採用をするコツです。

欲しい人物像が決まったら、賃金などの待遇を決定します。短期間の労働者や即戦力が欲しいのであれば派遣労働やアウトソーシングも検討します。

単純な作業なら、パートタイマーやアルバイトなどを安い賃金で募集します。自社で育成し、長期で働いてもらうコア業務は、正社員のほうがよいでしょう。

求人する際は「男性正社員募集」などはできないので注意が必要です（→下表）。

男女雇用機会均等法での募集・採用時の禁止事項例

禁止される事項（例）	具体的事例
女性または男性であることを理由とした募集・採用の対象からの排除	「男性正社員募集」「営業マン募集」など
女性または男性の募集・採用人数の限度の設定	「男性80人、女性20人募集」「男性20人、女性80人募集」など
男女で異なる採用条件の設定	「女性のみ60歳未満」など
募集・採用に関する情報提供における男女で異なる取り扱い	女性に資料を送付する時期を男性より遅くするなど
男女で異なる取り扱いの採用試験の実施	女性に対してのみ試験を実施するなど
募集・採用の対象を女性または男性のみに限定	「女性パート社員募集」など

（「細かな事務作業」「幹部社員」などはよい）

- ☑ 従業員募集では、欲しい人物像を整理しているか
- ☑ 他の能力が高くても採用しない絶対条件は明確か

用語ファイル

コア業務（ぎょうむ）

会社にとって中核をなす業務のこと。コア業務以外の業務を外部へ委託することによって、ヒト、モノ、カネの資源をコア業務へ集中し、コストダウンを図る経営戦略が進行している。

条件しぼりこみシート（経理事務の例）

		絶対条件 （少なくともクリアすること）	追加条件 （あれば望ましい）
能力	資格	●簿記3級以上	●簿記2級以上 ●そろばん3級以上 ●車の運転ができる
	PC	●エクセル、ワードで文章、 　表の作成ができる	●パソコンが好き ●インターネットが得意 ●ホームページの更新を 　経験したことがある
	適性	●数字を照合することが 　苦手ではない	●細かい計算や作業が得意
	学歴	●短大卒以上	●大卒以上
性格	協調性	●周囲と仲良くできる ●敵をつくらない	●自分から進んで溶け込む
	性格	●はきはきと話す	●人前で話すことが苦手でない
	責任感	●最後までやりとげる ●必要であれば残ってでも 　納期に間に合わせる	●期限より早めにとりかかる ●作成した書類は必ず 　再度チェックする
	仕事の姿勢	●コピー、お茶くみ、そうじも 　いやがらない ●必要な知識を勉強して 　得ようとする	●雑用も自分からすすんでする ●自分の能力を高めることに 　意欲的である ●常に工夫しながら仕事をする
経験	同業の経験	●1年以上	●3年以上
	その他の経験	●同業経験とあわせて事務経験 　3年以上	●決算時の処理を経験している ●給与計算のしくみがわかる ●年末調整処理をしたことがある
労働条件	期間	●2年以上働ける	●3年以上働ける
	時間・曜日	●1日7時間以上働ける ●残業できる	●場合によっては土曜日も 　出勤できる
本人	住所	●交通費10,000円以内	●交通費5,000円以内
	家族	●働くことに反対していない	●働くことに賛成している

求人募集と求人票の記載
人の目に留まる募集方法を考える

欲しい人物像によって求人方法が違う

　中小企業にとっては、より多くの人に応募してもらうということがたいせつです。

　最近は、インターネットでの求人・応募が多くなってきました。自社のホームページを整備し、仕事内容や社内の雰囲気をわかりやすくする工夫が必要です。

■**正社員、パートタイマーの募集**

　まずはハローワークを活用しましょう。初回のみ、管轄のハローワークで事業所登録が必要ですが、その後は窓口へ行かなくても、インターネットで自分で求人条件などを変更できるようになりました。

■**近隣での募集**

　自社で働いている従業員に友人などを紹介してもらうことが、特にアルバイトには有効です。

■**専門的知識のある人の募集**

　有料の職業紹介会社や求人誌が有効です。ほとんどの求人誌が求人情報サイトで検索でき、会社によってはこちらからスカウトのメールを送るなど、さまざまな工夫がされています。

　求職者は多くの会社の中から就職したい会社を選びます。求人広告では、自社の魅力をアピールする工夫が必要です。

　求職者は、会社の労働条件だけを見ているのではないのです。

求人票の記載内容は約束事

　求人票には、労働条件（仕事の内容や賃金、労働時間など）を明示しなければなりません。ここに記載した内容は、従業員との約束事になります。

　記載された労働条件が現実と違えば、会社に対して不信感を抱かれてしまうだけでなく、罰則があります。また、「男性正社員募集」のような男女差別もできません（→次ページ）。

- ☑ さまざまな求人方法を活用しているか
- ☑ 求人では自社の魅力をアピールしているか
- ☑ 求人広告に事実と違う記載はないか

アドバイス
年齢制限の理由の明示

従業員の募集、採用をする際に、年齢制限をする場合には、その理由を示すことが義務づけられています。
これは、求人広告やホームページなどで求人する場合も同じです。

求人票の記載ポイント

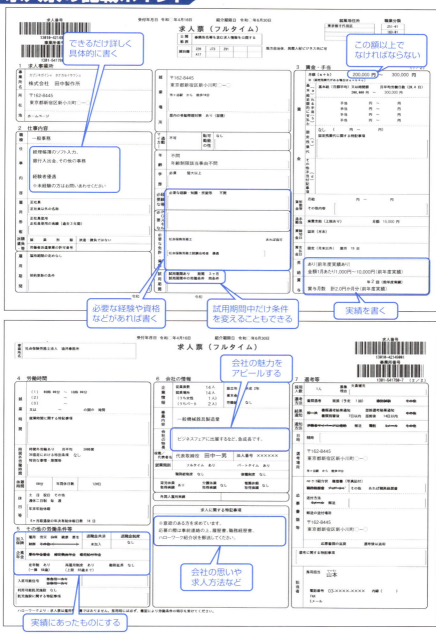

第8章 人材募集・採用時のポイント ■人の目に留まる募集方法を考える

211

労働契約期間と採用取り消し

採用の取り消しは簡単にはできない

労働契約は「採用決定」の段階で成立する

入社日などの詳細を通知したり、辞令を交付したりすれば、「採用決定」とされます。すなわち、「入社日から就労する」という内容の契約が、その時点で成立するのです。

会社の勝手な都合で採用取り消しはできない

採用決定を通知した後に、取り消しをするには、
①採用内定当時、知ることができない事実が後で判明した
②世間一般でも認められる理由である
という2点を満たさなければなりません。

たとえば、学校を卒業できなかった、健康診断で業務に耐えられないほどの異常があったという場合がこれにあたります。正当な理由がない会社側の勝手な都合で採用の取り消しはできません。

ヘッドハンティングなどによる途中入社では、入社取り消しは相当な理由がなければできません。なぜなら、就労していなくても、他に就職することができない状態におかれているからです。

労働契約は3年を超えることはできない

労働基準法では、雇用期間を定める場合、原則として**3年を超えることはできません**。定めていた期間をもっての雇用終了は、解雇（→80ページ）することに比べ、会社にとってリスクがありません。職種や仕事の内容によっては、正社員雇用ではなく、3年間の契約にするなどの工夫も有効です。ただし、期間の途中で解雇する場合には相当な理由が必要とされています。

将来の見通しが不明である場合は、長期の契約は避けるべきでしょう。ただし、必要以上に短い期間で更新を繰り返すと、雇い止めしにくくなります（→178ページ）。

- ☑ 雇用期間を定めた雇用契約を活用しているか
- ☑ 採用の取り消しでは、他社へのあっせんなど誠意をつくす

用語ファイル

採用決定（さいようけってい）

採用内定にはさまざまな段階があり、採用予定と採用決定に分かれる。入社日の通知や必要書類の連絡、誓約書の受領などがあれば採用決定とされ、会社の勝手な都合で取り消しできない。

労働契約期間についての定め

原則
3年を超えてはならない

例外1
3年を超えて契約することが認められているもの
① 事業の完了に必要な期間を定めるもの
　例:土木工事など
② 職業訓練のための長期の訓練期間が必要なもの

例外2
5年以内まで可能
① 高度の専門的知識、技術、経験を有する労働者として認められたもの
　A．博士の学位を有する者
　B．公認会計士
　C．医師
　D．歯科医師
　E．獣医師
　F．弁護士
　G．一級建築士
　H．税理士
　Ｉ．薬剤師
　J．社会保険労務士
　K．不動産鑑定士
　L．技術士
　M．弁理士
　N．システムアナリスト
　O．アクチュアリー　　など
② 満60歳以上の労働者

アドバイス
ハローワークと学校へ届け出る
新規学卒者の内定を取り消す場合には、あらかじめハローワークと学校へ届け出ることが義務づけられています。

Point
★ 会社の勝手な都合で採用取り消しはできない。
★ 雇用契約は例外を除いて3年を超える定めはできない。

第8章 人材募集・採用時のポイント ■採用の取り消しは簡単にはできない

労働条件の明示事項
試用期間中に適格者かどうかを判断する

明示事項は決められている

会社が労働者を採用するときは、賃金や労働時間などの**労働条件を書面で明示**することになっています。2019年4月からは、本人が希望した場合は、FAXや電子メールなどで明示することも認められるようになりました。

明示内容は、法律で決まっています（→次ページ）。

就業規則を同時に見せるのであれば、その部分についての記載はしなくてもかまいません。その場合は、適用される部分を明確にして見せる必要があります。

試用期間は長くてもかまわない

ほとんどの会社が、就業規則に試用期間を定めています。試用期間とは、当社の従業員として適格かどうかを判定する期間です。この期間は、**正社員に比べて「解雇しやすい期間」**とされています。

試用期間の長さは、2か月から3か月が一般的です。しかし、おおむね1年くらいまではよいとされています。

なお、**14日以内に解雇する場合は解雇予告手当がいりません**（→78ページ）。

不法就労にあたる外国人に注意する

労働基準法では、外国人だから安い賃金にしたり、労働条件に差をつけるなど、差別的取り扱いを禁止しています。

一方で、外国人は、「出入国管理及び難民認定法」で定められている範囲で日本国内での活動が認められています。就労が認められない在留資格や、在留期間を超えている外国人は就労できません。

会社は、このような不法就労外国人を雇用してはいけません。**在留資格や在留期限を外国人登録証明書やパスポートで必ず確認**してください。

- ☑ 外国人を雇用するときは在留資格や在留期限を確認する
- ☑ 試用期間中の解雇は解雇権濫用とされるケースは少ない
- ☑ ➡就業規則第7条

アドバイス
ハローワークへの届出

外国人の雇入れ時や退職時には、氏名、在留資格などをハローワークに届け出ることが義務づけられています。
雇用保険加入の有無にかかわらず届出をします。

労働条件の明示事項

就業規則を見せた場合でも、
- 労働契約の期間
- 就業の場所・従事する業務の内容
- 給料の金額（基本給、手当など）

は個別に決定する事項であり、
1人ひとりに明示する必要がある

労働条件の明示事項（各項目の詳細は227ページ）

書面での明示が義務づけられている事項	口頭の明示でもよい事項
❶労働契約の期間 　●期間の定めなしなのか、定めるのか 　●定めるのであればいつからいつまでか ❷期間の定めのある労働契約を更新する場合の判断基準 ❸就業の場所・従事する業務 ❹始業・終業の時間、残業の有無、休憩、休日、休暇、交替制勤務をさせるときはその内容 ❺給料の決定・計算・支払い方法、給料の締め切り、支払日（ボーナスを除く） ❻退職に関すること、解雇の理由 ※パートタイマーはこの他に、❶昇給の有無、❷退職金の有無、❸ボーナスの有無、❹相談窓口を明示しなければならない。	❶昇給に関する事項 ❷退職金制度がある場合 ❸ボーナスがある場合 ❹従業員に食費、作業用品などの負担をさせる定めをする場合 ❺安全衛生に関する定めをする場合 ❻研修の定めをする場合 ❼災害補償、業務外の傷病の補助の定めをする場合 ❽表彰、懲戒の定めをする場合 ❾休職に関する事項 ※パートタイマーにはこの他、正社員との待遇差の内容や理由、考慮したことなどについて説明しなければならない。

その他の雇用契約での決まり

- 労働基準法は、強制労働（奴隷状態）から労働者を保護するということに最も重点を置いた法律
- そのため、労働者の意思で退職できない（労働者を不当に縛る）制度を禁止している

前借金相殺の禁止	●労働することを条件とした前借金と賃金を相殺してはならない 例：貸付金を労働に先立って貸付け、労働しなければ全額を返済させる
強制預金の禁止	●労働契約と一緒に社内預金をさせる契約をしてはならない ●社内預金は、会社と従業員代表者とが協定を締結し、労働基準監督署への届け出が要件

雇用契約書の記載方法

雇用契約書を工夫してリスクを減らす

会社と従業員が記名、捺印する

労働条件の明示方法は、「雇入通知書」でも「雇用契約書」でもかまいません。「雇入通知書」は、会社が労働条件を一方的に記載して通知するものです。**「雇用契約書」は、会社と従業員がお互いに確認**して、記名、捺印する契約書です。

後々のトラブルを避けるためには、「雇用契約書」（→次ページ）の形式にするのがよいでしょう。従業員の記名、捺印があれば、従業員が「記載事項については納得した」ことになるからです。

雇用契約書で人事権を有効にする

「最初が肝心」とはよくいわれることです。従業員とトラブルになる会社に共通しているのは、雇用契約書や就業規則を雇い入れ時に明示していないことです。

従業員は、会社をよく見ています。採用時に「しっかりした会社」という印象を与えなければ、会社の将来に希望がなくなります。その結果、会社の命令に必要以上に逆らったり、トラブルを起こしたりします。

雇用契約書や就業規則によって従業員としての「あるべき行動（服務規律と懲戒事由など）」を**入社時に教育すれば、後々のトラブルのほとんどは防ぐことができる**のです。

雇用契約書のポイントは契約期間

雇ってはみたものの誠実に働かなかったり、会社の秩序を乱したりする者もいます。しかし、従業員を雇用すれば簡単には辞めさせることができません。

対策として、**雇用期間を定め、期間が満了したら、自然に退職するようにすれば、解雇する必要がなくなります**。更新条件も明記し、自動的に更新するわけではないことがわかるようにします。

- ☑ 更新手続きをしていない、または形式だけになっていないか
- ☑ 就業規則に記載している項目は就業規則を見せてもよい
- ☑ 1回目は2か月、2回目は1年など雇用期間を工夫する

用語ファイル

人事権（じんじけん）

会社には、経営の必要に応じて、採用、配置、休職・復職、懲戒などを一方的に命じる権利があるとされている。通常、従業員は労働契約を交わした以上、この命令に従う義務がある。

216

雇用契約書の記載ポイント

入社日

期間の定めをする場合は、原則3年まで（例外あり）

やむを得ない事情がなければ、期間途中での解雇はできない

従業員からサインをもらうことで、納得していたと主張できる

雇用契約書

令和○年4月1日

使用者名称
所在地
氏名　　　　　　　　　　　　　印

住所
氏名　　　　　　　　　　　　　印

契約期間	期間の定めあり（令和○年4月1日 ～ 令和○年9月30日）更新する場合がある
就業の場所	本社その他会社が指定する場所
従事すべき業務内容	一般事務その他の雑務
始業、終業の時刻、休憩時間	1.　始業・終業の時刻　9:00～17:00　繰り上げまたは繰り下げることがある 2.　休憩時間　　　　　　12:00～13:00 ※詳細は就業規則第○条
休日	土曜日、日曜日、国民の祝日、その他会社が定める日　※詳細は就業規則第○条
休暇	年次有給休暇:6か月継続勤務の場合10日　※詳細は就業規則第○条
賃金	1.基本賃金　時間給（1,050円） 2.交通費は1か月の定期代の実費を支給する。 3.諸手当の額または計算方法 　イ　（　　　手当　　　円,計算方法:　　　　　） 4.所定時間外、休日または深夜労働に対して支払われる割増賃金率 　イ　所定時間外　法定超（125）%,所定超（100）%, 　ロ　休日　法定休日（135）%,法定外休日（125）%, 　ハ　深夜（ 25 ）% 5.賃金締切日:毎月20日 6.賃金支払日:毎月25日 　※詳細は就業規則第○条 7.賃金の改定　会社の業績、従業員の勤務成績・貢献度に応じて改定する 8.賞与　なし
退職に関する事項	1.定年制:有（60歳）　再雇用あり 2.自己都合退職の手続:退職する60日以上前に届け出ること 3.解雇の事由 　①業績不振により剰員を生じたとき 　②勤務成績が不良のとき 　③その他前各号に準ずるやむを得ない事由があるとき 　※詳細は就業規則第○条
その他	1.雇用保険（有）、健康保険、厚生年金（有） 2.試用期間は3か月間とし、能力、勤務態度等について不適格と認めた場合は採用を取り消す。 3.懲戒解雇の事由（※詳細は就業規則第○条） 　①無断欠勤14日を超えたとき　②職場の秩序を著しく乱す行為があったとき　③会社の信用を傷つける行為があったとき　④会社の金品を持ち出そうとしたとき　⑤会社の人事上の命令に従わないとき　⑥会社や顧客等の機密や個人情報を漏らしたとき　⑦その他前各号に準ずる不都合な行為があったとき 4.更新時は従業員の充足状態、本人の能力、勤務態度、健康状態、その他会社の経営状態や業務の都合等を勘案して更新するかどうか決定する。 5.退職金（無） 6.相談窓口 　総務課 山本

自動更新ではないとわかるようにする。または記載しなければ期間満了で終わる

法律を下回ることはできない

就業規則に記載があれば明記する必要はない

試用期間を定める場合は明記する

就業規則に記載があれば明記する必要はないが、守秘義務など特に守るべきことは明記するほうがよい

● **どんな場合に更新しないのかを明示することが義務づけられている**

● **幅をもたせることで経営悪化時には雇い止めしやすくなる**

就業規則がある場合は適用する部分を明確にする

217

Column

労災防止計画でも過労死やメンタルヘルス対策が強化されている

第13次労働災害防止計画が2018年2月に策定されました（計画期間は2018年度〜2022年度）。この計画は、労働災害を減らすために、国が重点的に取り組む内容について定めたものです。

この計画をもとに、調査や指導が強化されたり、意識改革のための普及活動が実施されたり、助成金が出されたりしています。

この計画では、次の具体的対策が掲げられています。

1. 重点業種は建設業、製造業など

過去20年間の死亡災害の発生状況をみると、建設業は全体の3分の1を占めています。また、製造業は重点業種として取り組んできたにもかかわらず全業種平均の減少率には届いていません。

休業4日以上の労働災害については、死傷者の増加が著しい業種や事故の型に着目した対策を講じることにより、死傷者数を5%以上（2017年と比較して、2022年までに減らす割合。以下同じ）という目標が掲げられています。

①建設業、製造業、林業は死亡者数を15%以上減らす。

②陸上貨物運送事業、小売業、社会福祉施設、飲食店については、死傷者数を5%以上減らす。

2. 過労死等の防止、労働者の健康確保対策

過労死等の防止には、長時間労働対策、メンタルヘルス対策の推進が重要です。

①メンタルヘルス対策

仕事上の不安、悩み、ストレスについて、職場に事業場外資源を含めた相談先がある労働者の割合を90%以上にする。

メンタルヘルス対策に取り組んでいる事業場の割合を80%以上にする。

ストレスチェック結果を集団分析し、その結果を活用した事業場の割合を60%以上にする。

②化学物質対策

危険有害性のある化学物質について、ラベル表示と安全データシートの交付を行っている化学物質譲渡・提供者の割合を80%以上にする。

③腰痛対策

第三次産業および陸上貨物運送事業の腰痛による死傷者数を減らす。

④熱中症対策

職場での熱中症による死亡者数を2013年〜2017年までの5年間と比較して、2018年〜2022年までを5%以上減らす。

第9章
就業規則の作成ポイント

労働基準法は最低基準を定めた法律
就業規則に記載のない懲戒処分はできない
従業員に見せなければ効力がない
労働条件を悪くするのは難しい
会社と従業員を守る意識で作成する
懲戒処分を有効に活用する
会社は転勤・出向を命じることができる
セクハラは決して放置してはいけない
パワハラへの対応が必要になっている

労働基準法と就業規則・労働契約
[労働基準法は最低基準を定めた法律]

労働者には誠実に労働する義務がある

会社と従業員は、「労働契約」という契約関係に基づいています。つまり、従業員が労働力を提供するということに対し、会社は賃金を支払うということが基本になっているのです。

会社には、従業員を指揮・命令する権利があり、従業員はこれに対して誠実に従い、働く義務があります。

その他にも、会社と従業員は、さまざまな義務を負っています（→次ページ）。

労働基準法がすべての基本になる

「労働契約」に基づく従業員は、労働基準法の保護を受けます。労働基準法は、「必ず守らなければならない」最低基準を定めた法律です。

したがって、**労働基準法を守っていない就業規則や雇用契約書は、守っていない部分についての効力がありません**。その部分は労働基準法の定めが優先します（→次ページ）。ただし、他の部分まで効力がなくなるわけではありません。

労働基準監督署から指導がある

また、労働基準監督署は労働基準法の違反に対して指導する権限があります。

労働基準法に違反した就業規則を届け出ると、**違反した部分を修正するよう指導を受けます**。

従業員に有利なほうが優先する

従業員と個別に結ぶ「労働契約」（労働契約書、雇用契約書などという）は、就業規則よりも下回っている部分は就業規則の定めのとおりとなります。

逆に、就業規則よりも上回っている部分は、労働契約のとおりとなります（→次ページ）。

- ☑ 従業員の基本的な義務を入社時などに教育しているか
- ☑ 就業規則の届け出前に労働基準法をチェックしているか
- ☑ →就業規則第11条

用語ファイル
労働協約（ろうどうきょうやく）
労働条件や団体交渉でのルールなどを記載し、会社と労働組合との間で締結する。適用を受けるのは、労働組合の組合員に限られるが、労働者の4分の3以上が適用を受ける場合は他の労働者も適用される。

会社と従業員の義務

会社
- 賃金支払義務……働いた時間分の賃金を支払わなければならない
- 安全配慮義務……職場環境が原因で労働者が生命や健康を害することのないよう配慮しなければならない　など

従業員
- 誠実労働義務……会社の命令に従い誠実に働かなければならない
- 秘密保持義務……在職中は営業上の秘密を守らなければならない
- 競業避止義務（きょうぎょうひし）……在職中に会社と同じような事業をしてはならない
- 職務専念義務……仕事中は職務にのみ専念しなければならない　など

労働基準法と労働契約等の関係

CASE1
就業規則の記載
「年次有給休暇は入社6か月で6日」
→年次有給休暇の日数は「入社6か月で10日」と労働基準法で決められている
労働基準法が優先され10日となる

CASE2
就業規則の記載「定年は64歳とする」
労働契約の記載「定年は65歳とする」
→労働契約が優先する

CASE3
就業規則の記載「定年は65歳とする」
労働契約の記載「定年は64歳とする」
→就業規則が優先する

★従業員には誠実に働く義務や職務に専念する義務等がある。入社時などに社会人の基礎となる教育をすることが重要。
★労働基準法違反の就業規則は労働基準監督署からの指導がある。

就業規則の作成と変更
就業規則に記載のない懲戒処分はできない

懲戒処分の記載が最も重要

就業規則の中で、最も大事な部分は懲戒処分の定めでしょう。

従業員には会社の指示に従い、誠実に労働する義務があります。しかし、数多くの従業員を雇えば、誠実に働かない者もいます。こういう従業員を放置することは、さまざまな面で問題が生じます。

状況に応じて懲戒処分にしたり、懲戒解雇したりせざるを得ません。この場合、就業規則の記載に則って処分します。**記載のないことでは、基本的には処分することができないとされています。**また、「やってはいけない」ことが認識され、抑止力が期待できます。

10人以上で作成・届け出の義務がある

10人以上の従業員がいる事業場では、就業規則を作成し、届け出することが義務づけられています。事業場とは、工場や支社、支店などをいいます。また、従業員には正社員だけでなく、アルバイトやパートタイマーも含みます。

しかし、懲戒処分をする場合など、就業規則を有効に活用するためには、たとえ**10人未満であっても作成すべき**です。

意見書には反対意見が書いてあっても効力がある

就業規則は、**会社が一方的に作成してもかまいません。**届け出るときは、「届出書」と「意見書」を添付します。「意見書」は、労働者代表者から意見を聴くことが義務づけられています。

「意見を聴く」とは、文字どおり意見を聴くだけのことで、**同意を得ることまで求めているわけではありません。**

ですから、「意見書」に反対意見が書いてあっても、そのまま届け出ることができます。また、反対意見があるからといって効力がなくなるわけではありません。

- ☑ 10人以上の会社は就業規則を作成・届け出しているか
- ☑ 労働者代表者を会社から指名していないか
- ☑ ➡就業規則第40条、第41条

用語ファイル
しゅうぎょうきそく 就業規則
会社は経営を行うにあたり、従業員を統制する必要がある。就業規則は、そのために従業員が守るべき規律や労働条件などについて定めたもの。会社が明文化し、従業員に知らせ、事業場に備え付ける。

就業規則作成・変更の手順

案を作成する
- 会社が一方的に作成してもかまわない

↓

従業員代表から意見を聴く
- 書面に書いてもらう
- パートタイマー用の就業規則であっても、事業場全体の過半数代表者の意見を聴く

↓

従業員代表の意見を踏まえて検討する
- 反対意見があっても問題ない

↓

労働基準監督署へ届け出る
- 従業員代表の届出書と意見書を添付する（→224、225ページ）

↓

従業員へ知らせる
- 配付する必要はない
- いつでも見ることができるようにする

- 内容を確認される
- 労働基準法等の違反があれば指導される

※作成も変更も同じ手順を踏む。

労働者代表の選出方法

事業場ごとに、
①労働者の過半数で組織する労働組合がある場合はその労働組合
②労働者の過半数で組織する労働組合がない場合は労働者の過半数を代表する者
②の代表者は、いわゆる管理職はふさわしくなく、以下の方法で選出する

よい例	悪い例
●挙手	●会社が一方的に指名
●投票	●親睦会の代表者
●回覧による信任	

※労使協定などをする人を選出することを明らかにする。

アドバイス

就業規則で会社の姿勢を示す

従業員はさまざまな場面で、会社の姿勢を見ています。働く姿勢のきちんとした従業員ほど、きちんとした会社で働きたがるものです。
就業規則もない会社や法律改正にも対応しない会社では、安心して働くことができず、従業員は離れていきます。
労働基準監督署に駆け込まれる会社に共通しているのは、このような体制が整っていないことです。

Point

★意見書には反対意見が書いてあっても有効であり、届け出もできる。
★就業規則の中で懲戒処分はしっかりと記載する必要がある。

第9章　就業規則の作成ポイント ■就業規則に記載のない懲戒処分はできない

就業規則（変更）届

就業規則（変更）届

新宿　労働基準監督署長殿

●施行前に届け出る
●遅れても受理される

令和○年3月25日

　今回、別添のとおり当社の就業規則を作成（変更）いたしましたので、従業員代表の意見書を添付の上お届けします。

　　　事業所の所在地　東京都新宿区新小川町○−○

　　　事業所の名称　　株式会社　田中製作所

　　　代表者氏名　　　代表取締役　田中　勇

押印は不要

意見書

意　見　書

令和○年3月16日

会社名　株式会社　田中製作所

代表者　代表取締役　田中　勇様

> 事業所の
> 代表者

> 施行前に
> 意見を聞く

　令和○年3月16日付をもって意見を求められた就業規則案について、下記のとおり意見を提出します。

記

異議あり。土曜日、日曜日とも休みの完全週休2日制を望みます。

> ●ここに意見を書いてもらう
> ●このように異議が書いてあっても就業規則は有効であり、届け出もできる
> ●ただし、労働基準法違反の就業規則は訂正の上、届け出る
> ●特に異議がない場合は「異議ありません」と書いてもらう

会社名　　　株式会社　田中製作所

従業員代表　鈴木三郎

> 従業員の過半数を
> 代表する者の記名
> （押印不要）

就業規則の記載項目
従業員に見せなければ効力がない

記載する項目が決まっている

就業規則に記載する項目は、法律で決められています（→次ページ）。①〜③は必ず記載しなければならない項目です。④以下は、あれば記載しなければならない項目です。

この他の項目については、法律違反に当たらない限り、原則として会社が自由に記載することができます。「こんなふうに働いてほしい」というものを服務規律として盛り込みましょう。

なお、内容が複雑で就業規則にすべてを記載することが難しい内容については、独立した別規程にすることもできます。

従業員がいつでも見られるようにしておく

就業規則は、作成して届け出をしても、従業員に見せなければ効力がありません。問題が起こって懲戒処分をしようとした際に、従業員が見たことのない就業規則では懲戒処分することができません。**就業規則は見せることが重要**なのです。

だからといって、1人ひとりに渡す必要はありません。従業員がいつでも見ることができる状態にあればいいことになっているので、各職場の見やすい場所に掲示しておけばいいでしょう。

退職金規程はなくていい

退職金規程を会社に義務づける法律はありません。これを会社の義務と誤解し、会社設立早々に退職金規程を作成する会社があります。退職金規程を一度作成したら、会社はこれに縛られることになり、簡単にやめることはできません。

従業員に手厚い退職金規程を過去に作成した会社は、現在、その**負担が重くなり、制度を廃止しようと苦しんでいます**。退職金規程を作成する場合には、将来の負担をよく見据えた上で作成すべきです。

- ☑ 他社の就業規則やモデルをそのまま使っていないか
- ☑ 就業規則を1人ひとりに渡す必要はない
- ☑ 他社の退職金規程をそのまま使っていないか

用語ファイル
安全衛生に関する定め
従業員の安全と健康を確保し、快適な職場環境を作ることを目的とした取り組み。具体的には、健康診断や、安全教育（例：機械や薬品の取り扱い方法）その他会社で特に定めていることがあれば記載する。

就業規則の記載項目

●必ず記載する項目

❶労働時間、休憩、休日、休暇	●所定労働時間の開始時刻・終了時刻 ●休憩時間は何時から何時までか、一斉なのか交替なのか ●休日の日数、与え方、休日振替、代休など ●年次有給休暇、産前産後休業、生理休暇など ●交替勤務の場合はその順序など
❷給料 （ボーナスを除く）	●年齢給、職能給など給料の決定要素、手当の計算方法 ●現金なのか、振込みなのか ●給料締切日 ●支払日 ●昇給の時期など
❸退職・解雇	●自己都合退職はどのように届け出るのか、定年年齢、期間満了退職など ●どんな場合にどんな方法で解雇するのか

●制度があれば記載しなければならない項目

❹退職金制度がある場合	●誰に支給するのか ●どのように計算するのか ●振込みなのか ●いつ支払うのか
❺ボーナスがある場合	●どのように計算し、いつ支給するのか
❻従業員に食費、作業用品などの負担をさせる定めをする場合	●内容、方法など
❼安全衛生に関する定めをする場合	●取り組み内容など
❽研修の定めをする場合	●研修の種類・内容など
❾災害補償、業務外の傷病の補助の定めをする場合	●内容、基準など
❿表彰、懲戒の定めをする場合	●どんな場合にどんな表彰があるのか ●どんな場合にどんな懲戒処分があるのか
⓫その他全従業員に関する事項	●内容など

第9章 就業規則の作成ポイント ■従業員に見せなければ効力がない

労働条件の変更手順

労働条件を悪くするのは難しい

必要以上に労働条件をよくしすぎない

「退職金制度の負担が重くなったので、明日から廃止しよう」

このように**労働条件を引き下げることは簡単にはできません**。労働条件を引き下げたからといって、それだけで労働基準法違反になるわけではありませんが、内容ややり方によってはトラブルや裁判に発展する可能性があります。

十分に説明をして納得してもらう

「終業の時刻は6時だったが、取引先の都合で6時30分まで営業する必要が出てきた」というように、労働条件を変えざるを得ない場合があります。

こんなときには、まず、その代わりの労働条件を考えます。たとえば、始業時刻を30分遅らせる、交代勤務体制をとるなどです（→次ページチェックで確認）。

さらに、十分に説明をして理解を求め、合意を得ることです。

納得が得られるまで何度も何度も説明し、譲歩できるところは譲歩します。

会社を設立したらまず労働条件を決める

「今まで1日7時間労働だったが、8時間に変えることはできないか」という質問を受けることがあります。

8時間労働は労働基準法には違反しません。しかし、7時間労働だった人にとって8時間に変えられることは、簡単に納得できることではありません。

会社にとっては、8時間でもよいものを、7時間に優遇してきたつもりであったとしても、一度決めた労働条件を悪くすることは難しいのです。

そのため、会社を設立したら、早めに労働条件を固めることをおすすめしています。その場合、**最初から必要以上によくしすぎない**ということがポイントです。

- 労働条件を引き下げるときは「ポイント」を参考に検討する
- 中でも誠意を尽くして説明し合意を得ることが重要
- 正当な理由なく賃金や退職金を引き下げるのは難しい

用語ファイル

経過措置（けいかそち）

たとえば、賃金制度を年功序列制から成果主義に改定した場合、一部の労働者の賃金が相当下がるのであれば、その労働者に対してはすぐに改定するのではなく、一定期間引き下げを猶予するなどの方策をとること。

労働条件を引き下げる手順

例:賃金をダウンする手順

```
目的をはっきりさせる
    ↓
現状はどうなっているか
    ●どのような問題点があるか
    ↓
どのように変更するかを検討する
    ●全体としてどの程度ダウンするか
    ●対象者を誰にするか
      ┌─検討するポイント─┐
      ①労働基準法等に違反はないか
      ②世間相場を考慮する
      ③目的との矛盾はないか　など
    ↓
従業員各人が受ける影響を把握する
    ●シミュレーションする
    ●特に影響が厳しすぎる人はいないか
    ●代わりの労働条件をよくできないか
    ●影響が厳しすぎる人には経過措置を検討する
    ↓
従業員に十分に説明、合意を求める  ← 特にここが重要
    ●誠意をもって説明する
    ●反対者に対しても、理解を得られるよう努力する
    ↓
就業規則を変更する　　変更手順 → 223ページ
```

労働条件を引き下げることが認められるポイント

- ☑ 引き下げの程度(例:終業時刻を6時から6時30分に変更した)
- ☑ 引き下げの必要性の内容・程度(例:大口の取引先の営業時間が変更となり、あわせる必要がある)
- ☑ 内容が世間から見て妥当か
- ☑ その代わりとして他の労働条件をよくしているか
- ☑ 労働組合や従業員に十分に説明をしているか
- ☑ 他の従業員の対応
- ☑ 世間ではどうなっているか
- ☑ 経過措置をとっているか

中でも、賃金、退職金の引き下げは、変更の必要性が要求される

→ **裁判等になれば、総合的に判断される**

就業規則作成上の注意点
会社と従業員を守る意識で作成する

就業規則は会社を守るためにある

　就業規則は、いざというときに会社を守ってくれるものでなければいけません。

　会社を経営していくということは、従業員に規律を守らせ、円滑に会社を運営していく義務と責任が生じます。就業規則は、そのためのツールだといっても過言ではありません。

　たとえば、周囲に迷惑をかける従業員を、**就業規則による正当な方法によって制裁を加え、または会社から締め出すことができる**のです。

　しかし、**記載の仕方が悪ければ、その従業員の行動がどんなに悪くても、その主張が通ってしまう**のです。

会社を守る就業規則が従業員も守る

　実際に使われている就業規則を見ると、内容は千差万別です。**トラブルが発生**したら、まず見られるのが就業規則です。

　会社を守るという視点で見たときに、あまりにも内容が粗末な就業規則に出合うことがあります。

　たとえば、賃金について、上げるという想定ばかりで下げるという記載がないものがあります。この場合、下げることが難しくなります。

　賃金を下げなかった結果、会社が倒産すれば、一番困るのは従業員です。

　会社を守ることが結果として従業員を守ることになるのです。

就業規則は会社が一方的に作成できる

　就業規則は、法律に則っていれば、記載内容は基本的には自由です。**労働条件や社内の規律について、会社が一方的に作成してかまわない**ものです。

　そのため、従業員の代表者からは意見を聴くだけで意見を反映させる必要はありません（→222ページ）。

- ☑ 自社の就業規則は会社を守れるか
- ☑ 自社の就業規則を右ページの問題点と比較してみたか
- ☑ 自社の問題点を就業規則に反映させたか

用語ファイル

個人情報（こじんじょうほう）

生存する個人に関する情報であって、その情報に含まれる氏名、生年月日、住所などによって特定の個人を識別することができるものをいう。必ずしも秘密情報とは限らない。

就業規則、賃金規程のよくある問題点

●就業規則

不備または不記載内容	問題点
「出向させることがある」という記載がない	出向させるときに個別に同意をとらなければならない（従業員が拒否できる）
懲戒処分や懲戒解雇の事由の列挙が少ない	該当しない事由では懲戒処分できない
懲戒解雇事由に「会社の機密を漏らしたとき」と記載している	個人情報は機密ではないため、これを漏らしても懲戒解雇できない可能性がある（個人情報の漏洩で損害賠償請求される可能性がある）
パートタイマー用の就業規則を作成していない	慶弔休暇、有給休暇、ボーナス、交通費、退職金、その他すべてにおいて、社員就業規則がパートタイマーにも適用される
「試用期間が延長される場合がある」という記載がない	延長する場合には本人の同意が必要になる
休日の定めに「国民の祝日」と記載されている	国民の祝日が追加されれば自動的に会社の休日になる（法律では休む必要はない）
「時間外、休日に労働させる」という記載がない	時間外、休日の労働を拒否できる
休職の項目で「復職してすぐに休職した場合の扱いについて」の記載がない	復職した場合でも、同一の傷病で再度休職する場合がある。「休職期間を最初から通算する」という定めがないと、休職期間をリセットし、最初から数えることになり、結果、長い休職期間を与えることになる
「休職期間満了後、解雇する」と記載されている	休職期間満了後は自然退職にすることができる。解雇であれば、解雇予告手当を支払うなどの会社に不利な問題がある

●賃金規程

不備または不記載内容	問題点
残業代を定額で支払っている会社において、計算根拠の記載がない	残業代を支払っていないとして支払命令を受ける
就業規則または賃金規程に管理職の残業代支給を除外する記載がない	管理職にも残業代を支払わなければならない
「昇給は毎年○月に行う」という記載になっている	業績が悪いときや会社への貢献度が低い従業員でも必ず昇給しなければならない
「ボーナスは毎年○月に支給する」という記載になっている	業績が悪くても必ず支給しなければならない

★就業規則は、会社と従業員を守るためにある。
★就業規則の本質は、会社が労働条件や社内規律を一方的に作成するものである。

就業規則と懲戒処分
懲戒処分を有効に活用する

「遅刻1回1,000円」は減給処分にあたる

「遅刻を1回したら1,000円引く」などの定めをしている会社があります。これは、たとえ5分の遅刻でも給料から1,000円を引くということです。

この定めは、懲戒処分のうち「減給」にあたります。この場合、懲戒処分として、就業規則に記載が必要です。記載なしに働かない分以上に給料から引くことは、労働基準法の「賃金の全額払いの原則」違反になります（→111ページ）。

減給処分には上限がある

懲戒処分として「減給する」場合は、労働基準法の「1回の額が平均賃金（→112ページ）の1日分の半額を超え、総額が1賃金支払い期の賃金の10分の1を超えてはならない」の定めを守らなければなりません（→次ページ）。

能力評価は懲戒処分ではない

問題行動によって降格や賃金を引き下げる方法には2つあります。

■**懲戒処分としての降格**

就業規則の懲戒処分の定めに則って行います。問題行動と比較して重すぎる処分はできません。

■**能力評価による降格**

能力評価による正当な範囲であれば、会社に**人事上の権利**として幅広く認められています。

問題行動にはこまめに証拠を残す

無断欠勤を繰り返すなど、小さな問題行動を何度指導しても改善されない場合には、解雇せざるを得ない場合もあります。

指導の記録や始末書を証拠書類としてこまめにとることが、将来、トラブルに発展したときに会社の味方になります。

- ✓ 始末書は証拠として有効
- ✓ 小さな問題行動でも始末書をこまめにとっているか
- ✓ **➡就業規則第40条、第41条**

用語ファイル

懲戒処分（ちょうかいしょぶん）

会社の秩序を維持保護するために、従業員が起こした違反行為に対し、会社が制裁罰を加えることをいう。処分の中では減給処分についてだけ労働基準法が上限を定めている。

懲戒処分の例

問題行動と懲戒処分のバランスが重要
（懲戒解雇が有効とされる判断基準→83ページ）

処分	内容	例
けん責	始末書をとり、将来を戒める	会社の車を無断で使用した
減給	減給して将来を戒める	金庫の鍵をかけ忘れて盗難にあった
出勤停止	始末書をとり、出勤を停止し、その間の賃金は支払わない	わいせつなメールを複数の女性に送った
降格	始末書をとり、等級を格下げする	基準を超えた取引を無断で行い1,000万円の損失を出した
諭旨解雇	本人の意思により退職するよう説得する。応じないときは、即時解雇する。この場合、退職金は全部または一部を支給しないことがある	満員電車で痴漢行為をしたことが発覚した
懲戒解雇	即時解雇する。退職金は支給しない	会社の経理をごまかし、1,000万円を着服した

※ここに記載している処分が妥当かどうかは状況により異なる。

減給処分の上限の計算例

CASE 月給30万円、平均賃金1万円の従業員

1回の処分で5,000円が上限　　10,000円×1／2＝5,000円
1か月の合計は30,000円が上限　300,000円×1／10＝30,000円

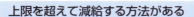

上限を超えて減給する方法がある
①翌月も引く
　1か月の上限が30,000円であることは翌月も同様。
②出勤停止処分にする
　働かない分を引くことが可能。
　上限の定めとは関係ないため、30,000円を超えてもかまわない。
　ただし、問題行動に対して厳しすぎる処分はできない。

Point
★減給処分には上限があるが、翌月に持ち越してもよい。
★軽い懲戒処分を重ねることで正当に懲戒解雇できる。

就業規則

転勤、出向、転籍
会社は転勤・出向を命じることができる

従業員の同意がなくても転勤命令できる

　会社は、業務の都合によって従業員の職務内容や勤務場所などを変更する（配転）ことができます。 このうち、勤務場所の変更が伴うものを**転勤**といいます。

　転勤は通常、従業員の同意がなくても、会社の権利として命令することができます。単身赴任となり、妻子と別居せざるを得ない程度のことでは従業員は拒否することができないとされています。

転勤命令が無効になる場合がある

　雇用契約の内容が職種や勤務地を特別に限定している場合は、その限定された範囲でしか配転命令できません。

　また、労働組合の活動を妨害する目的であったり、思想信条や男女の差別であったりする場合には、不当な動機があるとして配転命令は無効とされます。

出向の場合は就業規則に記載が必要

　出向の場合は、就業規則に「出向させることがある」という内容の記載があれば、原則として命令することができます。もし、記載がない場合は、従業員に個別の同意を得る必要があります。

　ただし、業務上の必要性がない場合や、その従業員でなくてもよい場合など、状況によっては、いやがらせと判断されることもあります。特に、転勤の場合と同様に、組合活動中の者や差別的な取り扱いには注意する必要があります。

転籍は本人の同意がなければできない

　転籍は、元の会社との関係を断ち切り、新しい会社とだけ雇用関係を結ぶものです。その点で配転や出向とはまったく異なるもので、本人の同意がなければできません。

- ☑ 出向などの異動について就業規則に記載しているか
- ☑ 転籍は本人の同意がなければできない
- ☑ **→就業規則第9条**

用語ファイル

出向（在籍出向）と転籍（移籍出向）

在籍出向は、現在の会社と雇用関係を維持しながら、出向先の会社とも雇用関係を結ぶこと。指揮・命令は出向先の会社から受ける。これに対して、移籍出向は、出向元との雇用関係は終了する。

出向と転籍の雇用形態

男女差別の禁止

こんな場面で
- 募集・採用
- 配置・昇進・教育訓練
- 福利厚生
- 定年・解雇
- 降格
- 職種・雇用形態変更
- 退職勧奨・雇い止め

禁止されている
- 女性である
- 既婚女性である
- 40歳以上の女性である
- 子のいる女性である
- 転勤に応じることができる

差別ではない
- 学歴による
- 能力による
- 専門知識による
- 本人の希望

アドバイス

育児・介護中の者への配慮

子の養育や家族の介護をしている従業員に転勤を命じる場合は、これらの従業員の状況を把握し、本人の意向などについて配慮するよう、会社に義務づけられています。
ただし、転勤命令できないということではありません。

第9章 就業規則の作成ポイント ■ 会社は転勤・出向を命じることができる

Point
★労働組合などの差別的な取り扱いと誤解されないように気をつける。
★就業規則に記載があれば原則として出向を命じることができる。

セクシュアルハラスメントへの対応
セクハラは決して放置してはいけない

セクハラ裁判は増加する

1998年、M社がアメリカでのセクハラによる裁判で3,400万ドル（当時約49億円）もの和解金を支払って和解しました。

最近は、労働審判法ができたことなどによって労働問題について紛争が増えています（→24ページ）。

会社に対応が義務づけられている

セクハラを防止するために、会社がすべきことが定められています。

その中でも、上司などからセクハラを受けているという訴えに対しては、**適切に対応し、決して放置しない**という姿勢が重要です。

セクハラの定義

対価型セクシュアルハラスメントの例
- 事務所内で従業員に性的な関係を強要したが、拒否されたため解雇した
- 出張中の車中で上司が従業員の腰、胸などに触ったが、抵抗されたため、不利益な配置転換をした
- 営業所内で事業主が従業員の性的な事柄について公然と発言したが、抗議されたため、降格した

環境型セクシュアルハラスメントの例
- 従業員の腰、胸など身体に触る
- 「性的にふしだらである」などのうわさを流す
- 性的な経験や容姿、身体に関することについて聞く
- 従業員が抗議しているにもかかわらず事務所内にヌードポスター等を掲示している

※通常就業している場所はもちろん、それ以外でも業務をする場所は職場になる（取引先の事務所、商談のための会食の場所、出張先、車中、顧客の自宅、取材先など）。

- ☑ 就業規則にセクハラの対応を記載しているか
- ☑ 従業員からの苦情を放置していないか
- ☑ ➡就業規則第11条、第12条第41条第2項18

用語ファイル

セクシュアルハラスメント

「性的いやがらせ」と訳される。「対価型」と「環境型」に分けられる。「対価型」は性的な行為へ服従することが従業員の身分や労働条件に影響するもの、「環境型」はその言動によって環境を悪くするもの。

会社がすべき事項

会社の方針の明確化と その周知、啓発

（例）
- 社内報やパンフレットなどに記載し、配布する
- 就業規則に盛り込む
- 研修、講習など

事実関係を迅速かつ正確に確認する。また、その事案に適切に対処する

（例）
- 相談・苦情に対応する担当者や人事部門が事実関係を確認する
- 状況に応じ、配置転換などを行う
- 就業規則に基づく措置を講ずる

相談・苦情への対応

（例）
- 相談・苦情に対する担当者を定める
- 苦情処理を受けた場合、あらかじめ作成したマニュアルに基づき対応する
- 被害者のメンタルヘルス不調についても対応する

プライバシーの保護に留意する

従業員が相談したことを理由とした不利益な取り扱いは禁止

> **アドバイス**
>
> **就業規則に記載しておく**
>
> 事実関係があった場合の対処方法としては、懲戒処分や配置転換などが考えられます。
> 懲戒処分は就業規則に基づいて行うので、セクシュアルハラスメントの事実があった場合の処分について、あらかじめ記載しておく必要があります。

第9章　就業規則の作成ポイント　■セクハラは決して放置してはいけない

Point
★従業員からの苦情には適切な対処をしなければ会社も責任を問われる。
★加害者の従業員には状況によって懲戒処分などの厳しい処分も必要。

パワーハラスメントへの対応

パワハラへの対応が必要になっている

メンタル不調者が増えている

メンタル不調者が増えており、その原因は長時間労働と上司のパワハラによるものが多いと考えられています。

たとえば、部下に対して人格を否定するようなことをいったり、長時間にわたる厳しい叱責を繰り返し行ったりすると、パワハラと受け取られる可能性があります。

職場におけるパワハラは、次のすべてを満たすものとされています。

①優越な関係を背景とした言動

上司が部下にする言動や、同僚や部下の言動であっても、当事者の協力を得なければ円滑な業務が困難なものなどです。

②業務上必要かつ相当な範囲を超えた言動

業務上明らかに必要のない言動や、業務の目的を大きく逸脱した言動などです。

③労働者の就業環境が害されるもの

労働者が働く上で見過ごすことのできない程度の支障があると感じる言動です。平均的な労働者の感じ方を基準とします。

パワハラかどうかの線引きがむずかしい

パワハラかそうでないか、線引きがむずかしいといわれています。上司としては、日ごろの教育や指導もしなければなりません。部下から「パワハラを受けた」といわれるのを恐れて何もいえなくなるのも困ります。

1つの基準として、客観的に見て、業務上必要かつ相当な範囲で行われる業務指示や指導はパワハラに該当しないとされています。

どんなものがパワハラに該当し、どんなものが該当しないのか、例をあげて示されています（→右ページ）。

アドバイス

相談体制の整備などが求められている

2020年6月（中小企業は2022年4月）からは、会社にはパワハラ防止対策が義務づけられています（→240ページ）。

- ☑ パワハラを放置していないか
- ☑ どのような行為がパワハラに該当するのか、労働者に教育する必要がある
- ☑ 就業規則の懲戒規程を見直したか

パワハラの類型と例

例として挙げられているが、それぞれの状況を総合的に考慮して判断する必要がある。

言動の類型	該当例	該当しない例
身体的攻撃	●殴る、ける ●物を投げつける	──
精神的攻撃	●人格を否定することをいう ●仕事に関することを必要以上に長時間にわたり厳しい叱責を繰り返し行う ●他の労働者の前で大声で威圧的な叱責を繰り返す	●社会的ルールを欠いた言動について再三注意しても改善されない場合に、一定程度強く注意する ●重大な問題行動に対して、一定程度強く注意する
人間関係からの切り離し	●仕事を外し、長期間にわたり別室に隔離したり自宅研修させたりする ●1人の労働者を集団で無視し、孤立させる	●懲戒規定に基づき処分を受けた労働者に対し、一時的に別室で必要な研修を受けさせる
過大な要求	●新卒者に対し、必要な教育を行わないまま到底対応できないレベルの業績目標を課し、達成できなかったことを厳しく叱責する	●労働者を育成するために現状よりも少し高いレベルの業務をまかせる
過小な要求	●嫌がらせのために仕事を与えない	●能力に応じて一定程度業務内容や業務量を減らす
私的なことに立ち入る	●労働者の性的指向・性自認や病歴、不妊治療などの個人情報を無断で暴露する	●労働者への配慮を目的として、家族の状況などについてヒアリングする ●本人の了解を得て、左記のような個人情報を必要な範囲で人事労務担当者に伝達する

会社に義務付けられている対応

1.方針の明確化と周知・啓発
イ.パワハラの内容と方針を明確化し、管理監督者を含む労働者に周知・啓発する
（例）
①就業規則の服務規律等に規定、周知する
②社内報、パンフレット、社内ホームページ等に掲載し、配布
③研修・講習等を実施
ロ.厳正に対処する旨の方針とその内容を就業規則等に規定し、管理監督者を含む労働者に周知・啓発する
（例）服務規律、懲戒処分について就業規則に定め、周知する

2.相談に応じ、適切に対応するための体制の整備
イ.相談窓口を定め、労働者に周知する
（例）
①相談対応の担当者を定める
②相談対応の制度を設ける
③外部の機関に相談対応を委託する
ロ.相談窓口が適切に対処する。パワハラが現実に生じている場合だけでなく、そのおそれがある場合やパワハラに該当するかどうか微妙な場合も含む
（例）
①相談を受けた場合に、人事部門が連携を図ることができる仕組み
②相談を受けた場合にマニュアルに基づき対応する
③相談窓口の担当者に、研修を行う

3. 迅速かつ適切な対応
イ.事実関係を迅速かつ正確に確認する
（例）①相談者、行為者の双方から事実関係を確認する。主張に不一致がある場合には第三者からも確認する
②事実関係の確認が困難な場合などは調停などの第三者機関に紛争処理を委ねる
ロ.事実関係が確認できた場合は、速やかに被害を受けた労働者への配慮措置を適切に行う
（例）①被害者と行為者の間の関係改善のための援助、引き離すための配置転換、行為者の謝罪、被害者のメンタルヘルス不調への相談対応など
②調停など第三者機関の紛争解決案に沿った措置を講ずること
ハ.パワハラの事実が確認できた場合は、行為者に対する措置を適正に行う
（例）①就業規則の服務規律などにもとづき、懲戒処分などを講ずること
②調停などの紛争解決案に沿った措置を講ずること
ニ.会社の方針を周知するなどの再発防止策を講ずること
（例）①会社の方針と厳正に対処する方針を社内報、パンフレット、社内ホームページなどに掲載、配布する
②研修、講習等を改めて実施する

4. あわせて講ずべき措置
イ.相談者・行為者等のプライバシーを保護する措置を講ずる
（例）
①プライバシー保護のための措置をあらかじめマニュアルに定め、これに基づき対応する
②プライバシー保護のための研修を相談窓口担当者に行う
③プライバシー保護の措置を講じていることを社内報、パンフレット、社内ホームページ等に掲載、配布する
ロ.外部に相談したことや調停の申請をしたことなどを理由として不利益な取り扱いをされない旨を定め、労働者に周知する
（例）
①就業規則の服務規律等にパワハラ相談等を理由として不利益な取り扱いをされない旨規定し、周知する
②社内報、パンフレット、社内ホームページ等にパワハラ相談等を理由として、不利益な取り扱いをされない旨を記載し、配布する

就　業　規　則

第1章　総則

第1条　目的
1. この規則は、株式会社〇〇〇〇（以下「会社」という）に勤務する正社員（以下「従業員」という）の労働条件、服務規律その他の就業に関する事項を定めるものである。
2. この規則およびこの規則の付属規程に定めのない事項については、労働基準法その他の法律の定めるところによる。

> **重要**　パートタイマー用に就業規則を別に作成しなければ、この就業規則を適用することになる

第2条　適用範囲
1. この規則は、会社に勤務する正社員に適用する。
2. パートタイマー、アルバイトについては、別に定めるところによる。ただし、別規則に定めのない事項は、本規則を適用する。

第3条　正社員の定義
1. この規則において正社員とは、第2章第5条において定められた手続きにより、会社に採用された者をいう。
2. 正社員は国籍、性別等による差別的取扱いを受けることはない。

第4条　規則の遵守
会社および従業員は、ともにこの規則を守り、相協力して業務の運営に当たらなければならない。

第2章　採用および異動

第5条　採用
1. 従業員は、就職希望者のうちから選考して採用する。
2. 従業員は、下記の書類を会社に提供しなければならない。
   ①履歴書
   ②住民票記載事項証明書
   ③身元保証書
   ④個人番号カードの写し、または通知カードの写しおよび本人確認書類
   ⑤扶養家族を有する者は、前号に準ずる書類の扶養家族分
   ⑥その他人事管理上必要な書類

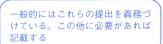
一般的にはこれらの提出を義務づけている。この他に必要があれば記載する

3. 前項の書類記載事項に変更を生じた場合には速やかに届け出なければならない。

第6条　個人番号の利用目的
1. 会社は、前条第2項第4号、第5号において取得した従業員および従業員の扶養家族の個人番号を、以下の目的で利用する。

①雇用保険届出事務
②健康保険・厚生年金保険届出事務
③国民年金第3号被保険者届出事務
④労働者災害補償保険法に基づく請求に関する事務
⑤給与所得・退職所得の源泉徴収票作成事務
⑥住民税関係事務

> マイナンバーの利用目的

第7条　試用期間
1. 新たに採用した者については、採用の日から間を試用期間とする。ただし、適当と認めるときは、この期間を短縮し、または設けないことがある。
2. 会社が必要と認めた場合は、試用期間を延長することがある。
3. 試用期間中に従業員として不適格であることが明らかになったときは、解雇する。
4. 試用期間は、勤続年数に通算する。

> 1年くらいまでなら自由に決めてよい（→214ページ）。2～3か月である場合が多い

第8条　労働条件の明示
会社は、従業員の採用に際しては、この規則を明示し、採用時の賃金額その他の必要事項に関しては、所定の雇用契約書を手交して労働条件を明示するものとする。

第9条　人事異動
会社は、業務の都合により、職場または職種を変更し、または従業員を関係会社へ出向させることがある。従業員は、正当な理由がない限り、拒むことはできない。

> **重要**
> この記載がない場合は、出向の際には、個別の同意をとらなければならない（→234ページ）

第3章　服務規律

第10条　服務
従業員は、業務の正常な運営を図るため、会社の指示命令を守り、誠実に遂行するとともに、職場の秩序の保持に努めなければならない。

> **重要**
> 服務規律に違反すれば、懲戒処分することもできる重要な事項。自社の問題点を再確認し、漏れのないように記載しておく

第11条　遵守事項
従業員は、職場の秩序を保持するため、次の事項を守らなければならない。
①会社の名誉を害し、信用を傷つける行為をしないこと。
②健康に留意し、明朗かつ積極的な態度をもって勤務すること。
③業務上作成した資料等は、公表の有無を問わず、会社に帰属するものとし、会社の承認なく、それらを持ち出し、あるいは公表するなど職務の目的外に使用しないこと。
④上司の指示に従い、互いに協力して職務を遂行すること。
⑤会社、取引先などの機密および会社の不利益となること等をもらさないこと。
⑥勤務時間中に、みだりに職場を離れたり、知人等と談合したり、私用の電話、電子メール等をしないこと。
⑦酒気を帯びて就業しないこと。
⑧許可なく職務以外の目的で会社の施設、物品等を使用しないこと。
⑨職務を利用し、他より不当に金品を借用し、贈与を受けるなど、不正な行為を行わないこと。

⑩許可なく他人に雇われないこと。

⑪身だしなみ、服装については、所定のものがある者はそれを守り、所定のものがない者も、会社の一員であることを常に自覚し、ふさわしいものにすること。

⑫自己の職務上の権限を超えて専断的なことを行わないこと。

⑬建設物、施設、材料または機械器具その他物品は大切に取り扱うとともに許可なく職務以外の目的で使用しないこと。

⑭会社のパソコン等から技術情報、顧客データ、個人情報等をUSBメモリなどの記録媒体にコピーし、または電子メール等で社外に持ち出さないこと。

⑮会社の許可なく会社内で政治活動または宗教活動を行わないこと。

⑯会社内または職務に関連して、私的ビジネスを行わないこと。

⑰前各号のほか、本規則に違反する行為をしないこと。

第12条 ハラスメント等の防止

1. 従業員は、次の行為を行ってはならないものとし、上司はこれらの行為を知ったときは、黙認してはならない。

①パワーハラスメント（職務上の地位や人間関係などの優位性を背景に、業務の適正な範囲を超えて、精神的・身体的苦痛を与えるまたは就業環境を悪化させる行為）

②セクシュアルハラスメント（性的な言動によって他人に不快な思いをさせる行為や交際・性的関係を強要する行為）

③マタニティハラスメント（部下や同僚の妊娠・出産、育児・介護に関する制度の利用等に関し、不利益を示唆したり、嫌がらせ等を行うこと）

2. 会社は、セクハラ、パワハラ、マタハラ等の相談窓口を総務部に置く。相談窓口は、相談および苦情を申し出た従業員のプライバシーに十分配慮するものとする。

3. 相談および苦情を受け付けた場合、人権に配慮した上で、必要に応じて被害者・加害者、上司、他の社員等に事実関係を聴取する。従業員は正当な理由なくこれを拒否できないものとする。

4. 会社は問題を解決し、被害者の職場環境を改善するため、加害者に対して厳正に対処するものとし、制裁、人事異動等の必要な措置を講じる。

5. 会社は、従業員がセクハラ、パワハラ、マタハラの相談を申し出たことや外部機関に相談したこと等をもって従業員に対して不利益な取り扱いをすることはない。

第4章 労働時間、休憩、出張および休日

重要
記載しなければならない事項。自社にあったものにすることが大事

第13条 労働時間

1. 従業員の所定労働時間は、毎年4月1日を起算日とする1年単位の変形労働時間制を採用し、1年間を平均して1週間あたり40時間を超えないものとする。

2. 1日の所定労働時間は、休憩を除き、8時間とする。始業・終業時刻および休憩は次のとおりとする。

始業時刻	午前9時00分
終業時刻	午後6時00分
休憩時間	正午より60分間

1年単位の変形労働時間制の記載例。週40時間を最大に活用し、自社にあわせたものにする。後で労働時間を長くすることは難しい

3. 前項の規定にかかわらず、業務の都合その他やむを得ない事情により、始業および終業の時刻ならびに休憩時間を繰り上げまたは繰り下げることがある。

この一文を入れることで、始業、終業、休憩時間に柔軟性がもたせられる

第14条　休日
休日は、従業員を代表する者との間で締結している労使協定で定める年間休日カレンダーによるものとし、毎年4月1日を起算日とする1年を平均して、週所定労働時間が40時間以内とする。年間休日カレンダーは、3月31日までに従業員に通知するものとする。
① 日曜日
② その他会社が指定する日

● 1年単位の変形労働時間制を活用するときはこのように記載する
● 記載しなければならない事項。自社にあったものにすることが大事

第15条　出張および事業所外勤務時間
従業員が、出張および事業所外勤務により勤務時間の全部または一部を勤務する場合で、勤務時間を算定し難いときは、第13条に定める時間を勤務したものとみなすものとする。

事業場外のみなし労働時間制を採用する場合は記載しなければならない（→60ページ）

第16条　休日の振替
1. 業務の都合でやむを得ない場合は、従業員の全部または一部について、あらかじめ第14条の休日を他の日と振り替えることがある。ただし、休日は4週間を通じ4日を下らないものとする。
2. 前項の場合、前日までに振替による休日を指定して従業員に通知する。

休日を振り替える場合は、このような記載が必要（→37ページ）

時間外、休日に労働させる場合は記載が必要

第17条　時間外・休日労働等
1. 業務の都合により、第13条の所定労働時間を超え、または休日に勤務させることがある。この場合において、法定の労働時間を超える労働、または法定の休日にさせる労働については、あらかじめ会社は従業員の過半数を代表する者と書面により協定をし、これを労働基準監督署長に届け出るものとする。
2. 従業員は、時間外または休日に労働しようとするときは、あらかじめ上司にその具体的な内容、時間を届け出て、許可を受けた上で労働するものとする。

残業許可制にする場合は記載が必要（→56ページ）

育児・介護休業規定に記載してもよい

3. 小学校就学の始期に達するまでの子を養育し、または要介護状態の対象家族を介護する従業員が請求したときは、事業の正常な運営を妨げる場合を除き、1月について24時間、1年について150時間を超えて当該労働時間を延長して勤務させない。
4. 妊娠中の女性従業員および産後1年を経過しない女性従業員であって請求した者、18歳未満の者については、第1項による時間外または休日または午後10時から午前5時までの深夜に労働させることはない。
5. 小学校就学の始期に達するまでの子を養育する従業員が請求した場合には、午後10時から午前5時までの深夜に労働させることはない。ただし、事業の正常な運営を妨げる場合はこの限りではない。

決まりを定める場合は記載する。勤務態度をひきしめるために記載すべき

第18条　遅刻、早退、欠勤等
1. 従業員が遅刻、早退、欠勤または勤務時間中に私用外出するときは、あらかじめ届け出て許可を得なければならない。ただし、やむを得ない理由で事前に許可を得ることができなかった

場合には、事後速やかに届け出て許可を得るものとする。
2. 傷病のため欠勤が引き続き4日以上に及ぶときは、医師の診断書を提出しなければならない。

第19条　適用除外
労働基準法第41条第2号（監督もしくは管理の地位にある者または機密の事務を取り扱う者）または第3号（監視または断続的労働に従事する者）に該当する者については、就業時間、休憩および休日に関する規定は適用しない。　　←（→58ページ）

第5章　休暇等

（法律どおり、またはそれ以上の記載をしなければならない（→139ページ））

第20条　年次有給休暇
1. 入社の日から起算し6か月間継続勤務し、全労働日の8割以上出勤した従業員には、継続または分割して10労働日の年次有給休暇を与える。
2. 前項後、1年以上継続勤務し、前1年間の全労働日の8割以上出勤した従業員に対しては、下表による年次有給休暇を与える

勤続年数	6か月	1年6か月	2年6か月	3年6か月	4年6か月	5年6か月	6年6か月以上
有給休暇日数	10日	11日	12日	14日	16日	18日	20日

3. 第1項、第2項の出勤率算定においては、業務上傷病により休業した日、法に規定する育児休業、介護休業を取得した期間、産前産後の休暇期間、年次有給休暇を取得した期間は出勤したものとみなす。　←（記載が必要（→139ページ））

4. 従業員は、年次有給休暇を取得しようとするときは、あらかじめ書面をもって期日を指定して届け出るものとする。ただし、会社は、事業の正常な運営に支障があるときは、従業員の指定した日を変更することがある。　←（取得の方法を記載しておく。会社が変更できることも記載する（→140ページ））

5. 前項の規定にかかわらず、会社は、従業員の過半数を代表する者との書面協定により、各従業員の有する年次有給休暇のうち5日を超える日数についてあらかじめ期日を指定して与えることがある。　←（計画取得させる場合は記載が必要（→146ページ））

6. 年次有給休暇の残余日数は1年に限り翌年に繰り越すことができる。ただし、その場合、休暇の請求は新規に権利が発生した日数よりしたものとする。　←（新規発生分から取得させる場合は明記する（→138ページ））

7. 年次有給休暇を10日以上（繰越分除く）付与した従業員には、そのうちの5日分を基準日から1年以内に会社が取得する時季を指定することができる。従業員はその指定された時季に取得しなければならない。会社は時季指定を行おうとする従業員に対して取得時季に関する意見を聴くものとし、その意見を尊重するよう努めるものとする。　←（→144ページ）

8. 前項にかかわらず、第4項により取得した日数および第5項に基づく計画付与により取得した日数分については、会社による時季指定は行わない。

> 第21条～24条は、法律どおりまたはそれ以上の記載が必要（→150ページ）。有給扱いか無給扱いかをこの条項または賃金規程に明記する

第21条 産前産後の休業

1. 6週間（多胎妊娠の場合は14週間）以内に出産する予定の女性従業員は、その請求によって休業することができる。
2. 産後8週間を経過しない女性従業員は就業させない。ただし、産後6週間を経過した女性従業員から請求があった場合には、医師が支障ないと認めた業務に就かせることがある。

第22条 通院休暇

妊娠中の女性従業員が検診のために定期的に通院する場合、妊娠週数に応じて通院休暇を取ることができる。

妊娠週数	支給日数
23週まで	4週に1日
24週から35週まで	2週に1日
36週から出産まで	1週に1日

第23条 育児時間等

1. 生後1年未満の生児を育てる従業員から請求があったときは休憩時間のほか1日について2回、1回について30分の育児時間を与える。
2. 生理日の就業が著しく困難な女性従業員から請求があったときは必要な期間休暇を与える。

第24条 育児休業・介護休業

1. 生後1年未満の子を育てる従業員が申し出た場合は、育児休業を与える。
2. 常時介護を要する家族（子、父母、配偶者の父母等法の定める者に限る）を有する従業員が申し出た場合は、93日を限度として介護休業を与える。
3. 本条に定めるもののほか、育児休業、介護休業に関しては、別に定める育児休業規定・介護休業規定による。

> 裁判員制度について別に定めなくても、公民権行使の時間についてのきまりを適用してもかまわない

第25条 公民権行使の時間

1. 従業員が勤務時間中に選挙権の行使、その他公民としての権利を行使するため予め申し出た場合は、その必要な時間を与える。
2. 前項の申し出があった場合に、権利の行使を妨げない限度において、会社はその時刻を変更することがある。

第26条 休職

1. 従業員が次のいずれかに該当したときは、次の期間休職とする。
   ①業務外の傷病または事故による欠勤が引き続き1か月を超えたとき　10か月
   　この場合、医師の診断書を提出するものとする。
   ②その他会社が必要があると認めたとき　必要な期間

   > 1年6か月くらいまでが多い

2. 業務外傷病による休職の場合で、休職期間満了前に復職し、復職の日から3か月以内に再び同一傷病で休職する場合は、前休職期間の残余日数を休職期間とする。

   > この規程を設けなければ、休職を繰り返し、長期にわたる場合がある

3. 傷病が治癒した場合は、復職時に治癒の診断書の提出を必要とする。この場合、医師について会社が指定することがある。

   > 健康管理のために義務づけておくべきである。状況によっては、復職させない

4. 休職期間中に休職事由が消滅したときは、もとの職務に復帰させる。ただし、もとの職務に復帰させることが困難であるか、または不適当な場合には、他の職務に就かせることがある。

第6章　賃金

第27条　賃金
従業員の賃金は、別に定める賃金規程により支給する。

> 書ききれない場合は別に規程を設けてもよい。この場合、賃金規程も届け出する必要がある

第7章　定年、退職および解雇

第28条　定年等

> 法律を下回ることはできない

1. 従業員の定年は満60歳に達した日の直後の賃金計算期間の締切日とする。
2. 本人が希望し、労使協定に定める基準に該当する者については、65歳まで継続雇用し、基準に該当しない者についても、基準の適用年齢まで継続雇用する。ただし、第29条の退職事由（定年退職を除く）または第31条に定める解雇事由に該当する者を除く。
3. 前項において、次の期間における基準の適用については、それぞれ記載の年齢以上の者を対象とする。
　　2019年4月1日から2022年3月31日まで：63歳
　　2022年4月1日から2025年3月31日まで：64歳

第29条　退職
1. 従業員が次のいずれかに該当するときは退職とする。
①定年に達したとき。
②死亡したとき。
③雇用期間の定めのある場合においてはその期間が満了し、更新が行われなかったとき。
④第26条に定める休職期間が満了し、休職事由が消滅しないとき。

> 解雇にしている規程があるが、退職でよい

⑤本人が自己の都合により退職を申し出て会社の承認があったとき。

> このような記載の場合は、会社の承認が必要になることに注意する（→74ページ）

第30条　退職の申し出
1. 従業員が自己の都合で退職するときは、会社に対し3か月前までにその理由を記載した退職願を提出しなければならない。従業員は退職願提出後においても会社の承認があるまでは従前の勤務をしなければならない。

> **重要**
> 退職願を提出以降、会社に来なくなることを抑制する

2. 会社の承認を得て退職する従業員は、退職に際し自己分担の業務に関し、書類と共にその状況を指示した従業員へ申し送り、保管並びに貸与物件の返還等の引継を完全にしなければならない。

記載しなければならない。ここに記載のない事由での解雇はトラブルのもとになる

第31条　解雇
1. 従業員が次のいずれかに該当するときは、解雇する。
①勤務成績または業務能率が著しく不良で、向上の見込みがなく、他の職務にも転換できない等、就業に適さないと認められたとき。
②勤務状況が著しく不良で改善の見込みがなく、従業員としての職責を果たし得ないと認められたとき。
③業務上の負傷または疾病による療養の開始後3年を経過しても当該負傷または疾病が治らない場合であって、従業員が傷病補償年金を受けているときまたは受けることとなったとき（会社が打ち切り補償を支払ったときを含む）。
④精神または身体の障害については、適正な雇用管理を行い、雇用の継続に配慮してもなおその障害により業務に耐えられないと認められたとき。

⑤試用期間中または試用期間満了時までに従業員として不適格であると認められたとき。
⑥第41条に定める懲戒解雇事由に該当する事実があると認められたとき。
⑦事業の運営上やむを得ない事情または天災事変その他これに準ずるやむを得ない事情により、事業の継続が困難になったとき。
⑧事業の運営上のやむを得ない事情または天災事変その他これに準ずるやむを得ない事情により、事業の縮小・転換または部門の閉鎖等を行う必要が生じ、他の職務に転換させることが困難なとき。
⑨その他前各号に準ずるやむを得ない事情があったとき。

> この一文を入れることで幅がもたせられる

2. 前項の規定により従業員を解雇する場合は、少なくとも30日前に予告をするかまたは予告に代えて平均賃金の30日分の解雇予告手当を支払う。ただし、次の各号のいずれかに該当する従業員を解雇する場合は、この限りでない。

> 記載しなければならない

①日々雇い入れられる従業員（引き続き1か月を超えるに至った場合を除く）。
②2か月以内の期間を定めて使用する従業員（所定の期間を超えて使用されるに至った者を除く）。
③試用期間中の従業員（14日以内）。
④懲戒解雇につき労働基準監督署長の認定を受けたとき。

> 試用期間中でも14日を超えた場合は解雇予告手当が必要

⑤天災事変その他やむを得ない事由のため、事業の継続が不可能になった場合で労働基準監督署長の認定を受けたとき。

第8章　安全衛生および災害補償

> あれば記載しなければならない

第32条　導守義務
1. 会社は、従業員の安全衛生の確保および改善を図るために必要な処置を講ずる。
2. 従業員は、安全衛生に関する法令、規則ならびに会社の指示を守り、会社と協力して労働災害の防止に努めなければならない。
3. 常に職場の整理整頓を行い、災害の発生の防止に努めること。
4. 火災発生の危険には常に注意し、異常を認めたときは、直ちに臨機の措置をとるとともに互いに協力し、被害を最小限度に止めるよう努力すること。
5. 従業員は第33条の健康診断を受けるとともに、日ごろから自己管理を徹底して行わなければならない。健康上の問題で、業務に支障をきたす恐れがある場合は速やかに届け出なければならない。

> 個人の健康に関する情報を取得する目的を明確にする

第33条　健康診断
1. 労働安全衛生法に基づき、従業員が健康を確保しながら就業し、適正な健康管理を行うことを目的として、引き続き1年以上雇用され、または雇用することが予定されている従業員に対しては、毎年定期的に、健康診断を行う。
2. 本人の希望その他の事情によって前項の健康診断を受けることのできない場合は、医師の健康診断書を提出しなければならない。
3. 前2項の健康診断の結果、必要と認めるときは、一定期間就業の禁止、就業時間の短縮、配置転換、その他健康保持上必要な措置を命ずることがある。

第34条　医師の面接指導

1月当たりの時間外・休日労働が80時間を超えた従業員は、会社に申し出て医師の面接指導を受けることができる。疲労の蓄積が認められる者、または健康上の不安を有している者は、会社に申し出なければならない。

第35条　ストレスチェック

> 50人以上の事業場で義務

1. 会社は、従業員に対し毎年1回定期にストレスチェックを行うものとする。従業員はできる限りこれを受検するよう努めなければならない。
2. ストレスチェックの診断結果は、実施者から直接本人に通知するものとする。本人が同意した場合に限り、会社にも提供される。
3. ストレスチェックの診断の結果、必要とされた従業員は、1か月以内に会社に申し出ることにより、医師の面接指導を受けることができる。

第36条　安全衛生教育

従業員に対し、採用の際および配置換え等により作業内容を変更した際に、その従事する業務に必要な安全衛生教育を行う。

> あれば記載しなければならない

第37条　車両

1. 会社が保有している自動車、バイク、自転車を使用するときは、事前に許可を得た上で使用し、業務以外の目的に使用してはならない。
2. 個人所有の車両を業務または通勤に使用することは原則として認めない。ただし、やむを得ない事由により会社の許可を得た場合は、この限りではない。

第38条　災害補償

1. 従業員が業務上の事由もしくは通勤により負傷し、疾病にかかり、または死亡した場合は、労働者災害補償保険法が定める保険給付を受けるものとする。この場合において、会社は必要な助力を行う。
2. 従業員が業務上負傷しまたは疾病にかかり休業する場合の最初の3日間については、会社は平均賃金の60％の休業補償を行う。

第9章　表彰および懲戒

第39条　表彰

1. 会社は、従業員が次に該当するときは、表彰する。
①事業の発展に貢献し、または業務上有益な創意工夫、発見をなしたとき。
②永年にわたり誠実に勤務したとき。
③前各号に準ずる善行または功労があったとき。
2. 表彰は、賞品または賞金の授与などによって行う。

> あれば記載しなければならない

> **重要**
> 「懲戒委員会にかける」などの手続きを記載した場合は、必ず記載どおりの手続きを踏まなければならないことに注意する（→83ページ）

第40条　懲戒の種類

制裁は、その情状に応じて次の区分により行う。
①訓戒　始末書を提出させて将来を戒める。
②減給　始末書を提出させ減給する。ただし、減給は1回の額が平均賃金の1日分の2分の1を超え、総額が一賃金支払期間における賃金の10分の1を超えないものとする。

③出勤停止　始末書を提出させるほか、7日間を限度として出勤を停止し、その間の賃金は支給しない。
④懲戒解雇　即日解雇する。労働基準監督署長の解雇予告除外認定を受けたときは、解雇予告手当を支給しない。

第41条　懲戒の事由
1. 次のいずれかに該当するときは、訓戒、減給または出勤停止に処する。
①正当な理由なく無断欠勤したとき。
②しばしば欠勤、遅刻、早退するなど勤務に熱心でないとき。
③過失により会社に損害を与えたとき。
④就業上の手続きその他の届出を怠りまたは偽ったとき。
⑤賃金、手当等の諸給与、ならびに旅費、その他の金品の受領に関し、虚偽の申告をし、不当にその支払いを受けたとき。
⑥安全および衛生に関する規則または指示に違反したとき。
⑦火気を粗略に扱いまたはみだりにたき火をしたとき。
⑧飲酒して就業したとき。
⑨会社内で喧嘩、賭博その他これに類似の行為をなしたとき。
⑩正当な理由なく勤務中にみだりに職場を離れ、業務遂行に支障をきたしたとき。
⑪その他前各号に準ずる行為のあったとき。

重要
自社における問題点を洗い出し、想定できるものをすべて記載しておく。記載がなければ懲戒できない（→82ページ）

重要
記載することで幅がもたせられる

2. 次のいずれかに該当するときは、懲戒解雇に処する。ただし、情状により、訓戒、減給、出勤停止に止めることがある。
①無断欠勤が14日以上に及ぶとき。
②欠勤、遅刻、早退、私用外出を繰り返し、数回にわたって注意を受けても改めないとき。
③盗取、横領、傷害等刑法犯に該当する行為があったとき。
④会社の名誉もしくは信用を著しく傷つけたとき。
⑤故意または重大な過失により、会社または従業員に損害を与えたとき。
⑥素行不良で著しく会社内の秩序または風紀を乱したとき。
⑦重大な経歴を詐称したとき。
⑧故意または重大な過失により、建物、設備、機械、製品、商品その他の物品を破壊または紛失したとき。
⑨職務上の指示命令に不当に従わなかったとき。
⑩不正に会社の金品を持ち出したとき。
⑪社内規定に違反し、または会社の指示に従わなかったとき。
⑫個人情報を漏らしたとき。
⑬会社に無断で他の職業に就いたとき。
⑭会社の重大な秘密を社外に漏らしたとき。
⑮業務に関して不当に金品その他を受け取り、もしくは与え、または職務を利用して不正に自己の利益を図る行為をしたとき。
⑯規則に違反して関係先、取引先等に迷惑または損害を与えたとき。
⑰業務上の怠慢により、災害、傷病その他事故を発生させたとき。
⑱職責などの立場を利用して性的な強要をしたとき。
⑲従業員に対し、社内外を問わず、暴行または脅迫を加え、またはその業務を妨害したとき。
⑳許可なく業務機密に関する書類を閲覧し、または会社の車両、物品、書類等を持ち出しまたは持ち出さんとしたとき。
㉑会社内で許可なく、または会社の指示に反して集会を催し、または演説をなしもしくは文書印

秘密に限らず、個人情報を漏らしてはいけないとわかるようにする

250

刷、放送、貼紙、その他これに類する行為をなしたとき。

㉒数回にわたり制裁を受けたにもかかわらず、なお改悛の見込みがないとき。

㉓会社のパソコン等から技術情報、顧客データ等をUSBメモリなどの記録媒体にコピーし、または電子メール等で社外に持ち出したとき。

㉔会社の営業活動にかかわる事実を歪曲して流布したとき。

㉕酒酔い運転または酒気帯び運転をしたとき。

㉖その他この規則に違反しまたは前各号に準ずる行為があったとき。

重要 必ず記載する。これによって幅がもたせられる

第42条 損害賠償

従業員が故意または過失によって会社に損害を与えたときは、その全部または一部の賠償を求めることがある。ただし、これによって第41条の懲戒を免れるものではない。

第43条 制定および改廃

この就業規則の改定は社長の決裁を経て行う。

付 則

この規則は20XX年○月○日から実施する。

賃　金　規　程

第1章　総則

第1条　適用範囲
この規程は、就業規則第27条に基づき、正社員の賃金等について定めたものである。

第2条　賃金の構成
賃金の構成は次のとおりとする。

賃　金	基本給	
	手　当	役付手当
	割増賃金	時間外労働割増賃金
		休日労働割増賃金
		深夜労働割増賃金

> 記載しなければならない

第3条　賃金の形態
1. 従業員の賃金は、基本給を日給月給制とする。
2. 日給月給制とは基本給が月により定められており別段の定めがあるほか欠勤・遅刻・早退・私用外出などの不就業について第9条のとおり控除するものをいう。

> 記載しなければならない

第2章　基本給、諸手当および割増賃金

第4条　基本給
基本給は、本人の技能、経験、職務遂行能力などを考慮して各人別に定める。

> 決定要素の詳細までは記載しなくてもよい

第5条　役付手当
役付手当は役職に就く者に支給する。

役　職	手　当
部　長	80,000円
課　長	60,000円
係　長	20,000円
主　任	10,000円

> **重要**
> ●計算方法は115、117ページ
> ●法律に則って記載しなければならない。労働基準監督署がよくチェックしているポイント（→116ページ）

第6条　割増賃金
割増賃金は、次の算式により支給する。

①時間外労働割増賃金（法定労働時間を超えて労働させた場合）

$$\frac{基本給＋手当}{1か月平均所定労働時間} \times 1.25 \times 時間外労働時間数$$

> 1（通常の労働）＋0.25（割増率）

②休日労働割増賃金（所定の休日に労働させた場合）

$$\frac{基本給＋手当}{1か月平均所定労働時間} \times 1.25 \times 休日労働時間数$$

> 法定の休日は4週に4日の休日、所定の休日はそれ以外の休日

> 法定の休日は4週に4日の休日、所定の休日はそれ以外の休日

③休日労働割増賃金（法定の休日に労働させた場合）

$$\frac{基本給＋手当}{1か月平均所定労働時間} \times 1.35 \times 休日労働時間数$$

④深夜労働割増賃金（午後10時から午前5時までの間に労働させた場合）

$$\frac{基本給＋手当}{1か月平均所定労働時間} \times 0.25 \times 深夜労働時間数$$

> 深夜は1.25ではなく0.25

第7条　適用除外
就業規則第19条に該当する者については、時間外労働、休日労働割増賃金を支給しない。

第3章　賃金支払

> 休暇中の賃金の扱いを記載しなければならない（年次有給休暇以外は、無給でも問題ない）（→149ページ）

第8条　休暇等の賃金
1. 年次有給休暇を取得したときには、所定労働時間労働したときに支払われる通常の賃金を支給する。
2. 産前産後の女性従業員が休業する期間および休職中の期間の賃金、およびその期間に応じた賞与は支給しない。
3. 通院休暇を取得した場合の賃金は支給しない。
4. 育児時間を取得した場合の賃金は支給しない。
5. 育児・介護休業中の賃金、およびその期間に応じた賞与は支給しない。
6. 生理日の休暇を取得した場合の賃金は支給しない。
7. 公民権行使の時間の賃金は支給しない。

> 計算方法を記載しなければならない

第9条　欠勤等の扱い
1. 従業員の欠勤、遅刻、早退および私用外出の時間については、1時間あたりの賃金額に欠勤、遅刻、早退および私用外出の合計時間数を乗じた額を差し引くものとする。
2. 前項の欠勤控除は、基本給について行うものとする。ただし、賃金計算期間の全部を休業した場合は、賃金を支給しないものとする。

> 記載しなければならない

第10条　賃金の計算期間および支払日
1. 賃金は前月の16日から当月の15日までを一計算期間として、当月25日に支払う。ただし、支払日が休日にあたるとき、または金融機関休業日にあたるときは、その前日に繰上げて支払う。
2. 計算期間の途中で入社または退職した場合は、賃金は当該計算期間の所定労働日数を基準に日割計算して支払う。

> 記載しなければならない（→110ページ）

第11条　賃金の支払方法
1. 賃金は、従業員に対し、通貨で直接その全額を支払う。ただし、次に掲げるものは、賃金から控除するものとする。
①源泉所得税および住民税
②社会保険料の被保険者負担分
③従業員の過半数を代表する者との書面協定により賃金から控除することとしたもの
2. 従業員が希望した場合はその指定する金融機関の口座に振り込むことにより賃金を支払うものとする。

第4章 改定

第12条 給与の改定
1. 改定は、毎年4月度に支給する給与をもって行うものとする。ただし、会社業績の低下、世間相場等によっては、改定の時期を変更し、または改定を行わないことがある。
2. 改定の額は、従業員の能力、勤怠等を考慮して各人ごとに決定する。

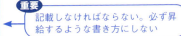

重要 記載しなければならない。必ず昇給するような書き方にしない

重要 昇給とは限らない。場合によっては、降給もありうる

第5章 賞与

第13条 賞与
賞与は、会社の業績に応じ、6月、12月に支給する。ただし、会社の業績によっては支給しないことがある。

重要 賞与があれば記載しなければならない。ただし、必ず支給するような書き方にしない

第14条 賞与の支給日
賞与を支給する場合、支給日は次のとおりとする。ただし、その日が休日のときは、その前日とする。
6月賞与　6月30日
12月賞与　12月10日

第15条 賞与の算定期間
賞与の算定期間は、次のとおりとし、会社の業績の他、従業員の業績、出勤率等を勘案して算定するものとする。
6月賞与　前年10月1日から3月31日まで
12月賞与　4月1日から9月30日まで

第16条 賞与の支給対象者
賞与は、算定期間に在籍し、賞与支給日に在籍する社員に支給するものとする。算定期間に在籍しない期間がある者の賞与額は、在籍日数で按分する。

重要 支給日に在籍しない者に支給しない場合は記載しておく

第17条 制定および改廃
この賃金規程の改定は社長の決裁を経て行う。

付則
この規則は20XX年○月○日から実施する。

【巻末資料】

これから対応が必要な法改正情報
（ダイジェスト版）

- 特に重要と思われる法改正や社会問題に絞り込んで説明しています。
- 「労働基準法」を柱にしながら、従業員を雇用する上で重要な法律を盛り込んでいます。
- 原則として2021年6月16日現在の法律をもとに、本文を改訂しています。

女性活躍推進法

POINT 1 一般事業主行動計画の策定・届出、公表が101人以上に拡大される（2022年4月1日）

　一般事業主行動計画の策定・届出は、301人以上の会社に義務づけられていましたが、2022年4月からは101人以上の会社も義務になります（それまでは努力義務）。

ステップ1．自社の状況の把握

　一般事業主行動計画の内容は、301人以上と異なります。次の項目すべてについて自社の状況を把握し、課題を分析することとされています。これらは必須ですが、この他にも、自社にとって課題とする項目を追加することができます。
　①採用した労働者に占める女性労働者の割合
　②男女の平均継続勤務年数の差異
　③管理職に占める女性労働者の割合
　④労働者の各月ごとの平均残業時間数等の労働時間の状況

ステップ2．一般事業主行動計画の策定

　上記をふまえ、自社が取り組む項目を1つ以上選び、数値目標と内容を策定します。項目はステップ1の必須項目以外でもかまいません。

```
＜数値目標の例＞
・採用者に占める女性比率を●％以上とする。
・営業職で働く女性の人数を●人以上とする。
・男女の勤続年数の差を●年以下とする。
・従業員全体の残業時間を月平均●時間以内とする。
・管理職に占める女性比率を●％とする。
・課長級／部長級／役員に占める女性比率を●％以上とする。
・非正社員のキャリアアップに向けた研修の受講率を男女ともに
　●％以上とする。
・女性の選抜研修等の受講人数を男性と同水準の●人以上とする。
・女性の人事評価結果の平均値を男性と同水準の●ポイント以上
　とする。
```

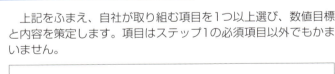

ステップ3. 社内周知、外部公表、届け出

策定した一般事業主行動計画は、社内周知、外部への公表、都道府県労働局への届け出が必要です。

【周知の方法】
・事業所の見やすい場所への掲示
・電子メールでの送付
・イントラネット（企業内ネットワーク）への掲載 など
・書面での配布
【都道府県労働局への届出】
・電子申請
・郵送
・持参

ステップ4.取組の実施、効果の測定

定期的に、数値目標の達成状況や取組の実施状況を点検・評価

POINT ② 101人以上の事業主は1つ以上の項目の情報公表も義務づけられる（2022年4月1日）

101人以上の会社の事業主は、次の項目から1つ以上を選択し、情報公表することも義務づけられます。

図表①項目例

①女性労働者に対する職業生活に関する機会の提供
・採用した労働者に占める女性労働者の割合
・男女別の採用における競争倍率
・労働者に占める女性労働者の割合
・係長級にある者に占める女性労働者の割合
・管理職に占める女性労働者の割合
・役員に占める女性の割合
・男女別の職種または雇用形態の転換実績
・男女別の再雇用または中途採用の実績

②職業生活と家庭生活との両立に資する雇用環境の整備
・男女の平均継続勤務年数の差異
・10事業年度前およびその前後の事業年度に採用された労働者の男女別の継続雇用割合
・男女別の育児休業取得率
・労働者の1か月当たりの平均残業時間
・有給休暇取得率

［労働施策総合推進法］

パワハラ対応

POINT ❶ パワハラ対策が義務づけられた（2020年6月1日、中小事業主は2022年4月1日）

　　最近は、メンタル不調者が増えており、その原因は長時間労働と上司のパワハラによるものが多いと考えられています。

　　パワハラとは、次のとおり定義づけされています（①～③のすべてを満たす）が、パワハラなのかそうでないのかは、線引きがむずかしいといわれています。上司としては、日ごろの教育や指導もしなければなりません。部下から「パワハラを受けた」といわれるのを恐れて何もいえなくなるのも困ります。

---

　① 優越的な関係を背景とした
　② 業務上必要　かつ　相当な範囲を超えた言動によって
　③ 働く環境を害すること（身体的または精神的な苦痛を与えること）

　　1つの基準として、客観的にみて、業務上必要かつ相当な範囲で行われる業務指示や指導はパワハラに該当しないとされています。どんなものがパワハラに該当し、どんなものが該当しないのか、例をあげて示されました（→詳細は239ページ）。

　　また、社内方針の明確化や相談体制の整備、就業規則の記載など、パワハラ防止のためにすべきことが会社に義務づけされました。

POINT ❷ パワハラに関する紛争解決援助（2020年6月1日）

　　パワハラに関する会社と労働者の紛争に関しては、都道府県労働局長による助言、指導、勧告または調停による紛争解決援助の対象になりました。

　　パワハラ対応や不利益取り扱いの禁止について違反した会社に対し、勧告した場合に従わなかったときは、その旨を公表することができます。

雇用保険法

POINT ① 2つ以上の会社で働く65歳以上は高年齢被保険者となることができる（2022年1月1日）

これまでは、1つの会社で働くことが一般的とされてきましたが、最近は、副業や兼業が促進されるようになりました。

雇用保険の加入要件は、31日以上雇用の見込みで週の所定労働時間20時間以上です。複数の会社で働く人の場合は、主として働く会社との雇用関係だけで判断するため、複数あわせるとフルタイムに近い働き方でも、要件を満たさないケースがでてきます。

このようなケースでも65歳以上の人であれば申し出により、雇用保険に加入できることになりました（次のいずれにも該当すること）。

①2以上の会社に雇用される65歳以上の人
②1つの会社の週所定労働時間20時間未満
③2つの会社の週所定労働時間の合計が20時間以上

POINT ② 月80時間以上は1か月にカウントされる（2020年8月1日）

失業保険等を受給する要件としての被保険者期間をカウントする際に、「賃金支払の基礎となる日数が11日以上」の月を1か月としています。

雇用保険の加入要件は、週20時間以上のため、雇用保険に加入する要件を満たしても、働き方によってはこの要件を満たさず、失業保険を受け取れない人もでてきます。そのため、上記の日数の要件の他、時間の要件（週80時間以上）だけ満たせば1か月とカウントすることになりました。

POINT ③ 高年齢雇用継続給付が減額される（2025年4月1日））

高年齢雇用継続給付は、60歳到達時と比べて賃金が引き下げられた場合に、ハローワークから支給されるものです。

計算式は、「当月に支払われた賃金×支給率」で、「60歳到達時賃金」と比べた低下率に応じて支給率が決まっています（→98ページ）。

現在は、61％以下に引き下げられた場合に最大の15％が支給されますが、改正後は、64％以下に下がった場合に最大10％が支給されるようになります。

この改正は、高年齢雇用継続基本給付金、高年齢再就職給付金の両方に適用されます。また、2025年4月1日以降、新たに60歳になる人が改正後の制度の対象になります。

POINT ④ 給付制限が2か月に短縮された（2020年10月1日）

自己都合退職の場合、3か月間の給付制限を経た後、失業保険を受給することができます。

2020年10月1日以降に離職した人は、この給付制限期間が2か月に短縮されました。懲戒解雇による退職は、これまでどおり3か月です。

```
┌─────────────┐        ┌─────────────┐
│  給付制限    │   →    │  給付制限    │
│   3か月     │        │   2か月     │
└─────────────┘        └─────────────┘
```

例外1．正当な理由のある自己都合退職の場合（特定理由離職者）

例えば、妊娠・出産・育児、介護、結婚など正当な理由として定められたものに該当する場合は、これまでどおり給付制限なしで受給できます（→92ページ）。

例外2．5年間のうち2回以上正当な理由なく自己都合退職し、求職の申し込みをした人は、3か月となります（2020年9月30日までの退職はカウントしない）。

※法律では、給付制限は1か月～3か月とされている。業務取扱要領の変更による。

［労働者災害補償保険法］

POINT ❶ 2か所以上の会社で働く人の補償は合算される（2020年9月1日）

労災保険には、少しの労働時間のアルバイトでも保険加入しています。

これまでは、業務上の事故により仕事を休まざるをえなくなった場合、休業補償の計算では、事故が起こった会社から支払われた賃金だけをもとに計算することになっていました。2か所以上で働く人が、業務上災害により、すべての仕事を休まざるをえなくなったとき、1か所だけの賃金をもとに計算すると、休業補償は少なくなってしまいます。

そのため、改正により、それぞれの事業所の賃金を合算した額で補償額を計算することになりました。休業補償だけでなく、障害、死亡等の補償も同様です。ただし、他社の補償は保険料率の増減（メリット制→198ページ）には影響ありません。

合算の考え方は、業務上災害だけでなく、通勤災害も適用されます。

POINT ❷ 労災認定も合算される（2020年9月1日）

労災認定でもすべての勤務先を合算することになりました。

例えば、長時間労働やストレスによる精神疾患の場合、まずは個別の労働時間やストレス負荷をもとに労災認定を判断します。認定できない場合は、すべての勤務先の労働時間やストレス負荷をもとに労災認定するかどうかを判断します。

POINT ❸ 労災保険に特別加入できる対象が拡大された（2021年4月1日）

　労災保険は、労働者が業務上や通勤途上に被った災害に対し、補償される制度です（→185ページ）。労働者と同じように働いていても、事業主やフリーランスで働く人は、労災保険に加入していません。

　労災保険に任意に加入でき、補償が受けられる制度が「特別加入」です。次の仕事に従事する人は、特別加入の手続きをして加入することができるようになりました。ただし、労働者を一人でも雇っている人は、「中小事業主の特別加入」に加入することになります。

概　要	詳　細
１．芸能関係作業従事者	①芸能実演家 　俳優、舞踏家、音楽家、演芸家、スタント他 ②芸能制作作業従事者 　監督、撮影、照明、音響、大道具制作、美術、衣装、メイク他
２．アニメーション制作	キャラクターデザイナー、作画、絵コンテ、原画、背景、監督、演出家、脚本家、編集他　（声優は芸能関係作業従事者に該当）
３．柔道整復師	柔道整復師（労働者を雇用している人は中小事業主の特別加入）
４．フリーランスで働く高齢者	創業支援措置に基づき事業を行う高齢者 （雇用ではなく、委託契約で事業を行う高齢者）

【労災保険の概要】
仕事中や通勤中のケガ、病気、障害、死亡に対する補償
【給付内容】
療養費、休業給付、障害給付、遺族給付等
【加入手続き】
　社会保険労務士または労働保険事務組合を通じて加入

［健康保険法、厚生年金保険法］

POINT ❶ 任意継続を希望しなくなればやめることができる（2022年1月1日）

　本来、会社を退職すれば健康保険被保険者ではなくなります。再就職先がすぐに決まれば健康保険に加入することができますが、空白期間ができるときは、任意継続被保険者になる方法があります（要件あり。このほか、国民健康保険に加入するなどの方法もある→91ページ）。

　任意継続被保険者には、2年間なることができますが、これまでは就職して健康保険に加入する場合などを除き、途中でやめることはできませんでした。
法改正後は、希望により、申し出によって任意継続をやめることができるようになります。

POINT 2 任意継続被保険者の標準報酬月額を喪失時のものとすることができる（2022年1月1日）

　任意継続被保険者の保険料は、会社が負担していたものを含め、本人が全額負担する必要があります。この場合の標準報酬月額は、①本人が退職したときの標準報酬月額、②全被保険者の平均の標準報酬月額　のうち低い額とされています。

　法改正後は、健康保険組合は規約により、①のみとすることができるようになります。

POINT 3 傷病手当金は通算1年6か月支給される（2022年1月1日）

　傷病手当金は、支給開始から1年6か月まで支給され、途中で働いた期間があっても延長されることなく、その期間も含めて1年6か月とされています。

　改正により、途中で働いてもらえなかった期間があれば、その期間を除いて1年6か月受給できることになります。

【改正前】

働けず、要件を満たす期間	就労し、対象にならない期間	働けず、要件を満たす期間

支給開始　　　　　　　　　　　　　　　　　　　1年6か月

← 支給される期間 →　　　　　　　　　　　← 支給される期間 →

【改正後】

働けず、要件を満たす期間	就労し、対象にならない期間	働けず、要件を満たす期間

支給開始　　　　　　　　　　　　　　　　　　　1年6か月

← 支給される期間 →　　　　　　　　　　← 支給される期間 →
　　　　　　　　　　　　　　　　　　※合計1年6か月まで支給される

POINT 4 育児休業中の保険料の免除（2022年10月1日）

　育児休業中の社会保険料の免除の基準が次のとおりに変更されます。

●月末時点で育児休業を取得しているときは、その月の社会保険料が免除される
●育児休業開始月と終了日が同月にあり、月末時点で取得していないときでも、14日以上育児休業を取得している場合は社会保険料が免除される
●育児休業期間が1か月以下の場合は、賞与の社会保険料は免除されない

POINT 5 士業事務所が社会保険加入になる（2022年10月1日）

　会社が社会保険に加入するかどうかは、法律で決められています（→174ページ）。これまで、弁護士事務所や税理士事務所などは社会保険に加入しないとされていました。改正後は、これらの士業事務所で常時雇用する労働者5人以上は加入することになりました。

なお、士業事務所とは、弁護士、司法書士、行政書士、土地家屋調査士、公認会計士、税理士、社会保険労務士、弁理士、公証人、海事代理士です。

POINT 6　1年以上雇用される見込みがなくても加入することになった（2022年4月1日）

　パートの加入要件は、法律で決められています（→174ページ）。500人超の規模の会社の場合、次のすべての要件を満たす場合に加入することになっています。
①週所定労働時間が20時間以上
②1年以上雇用の見込み
③賃金月額88,000円以上
④昼間学生でない
このうち、②の要件がなくなることになりました。

POINT 7　2か月以内の雇用は更新見込みの人は加入する（2022年10月1日）

　上記の要件を満たす働き方であっても、次に該当する場合は、社会保険に加入しません。
①日雇い（1か月を超えた場合を除く）
②2か月以内の期間雇用者（所定の期間を超えた場合を除く）
③季節的な雇用で4か月以内の期間雇用者
④臨時的な事業で6か月以内の期間雇用者
⑤所在地が一定しない事業

　上記のとおり、②2か月以内の期間雇用者は、2か月を超えて雇用されればその時点から社会保険に加入することになっています。改正により、この期間を超えて雇用されることが見込まれる人は、最初から加入することになりました。
　具体的には、次のいずれかに該当する場合は、更新見込みがあるものとされます（労使が更新しないと特に合意している場合を除く）。
①就業規則、雇用契約書などに「更新される」または「更新される場合がある」の主旨が明示されている
②同じ事業所で同様の雇用契約で更新された実績がある

POINT 8　60歳台前半の在職老齢年金の計算方法が変わる（2022年4月1日）

　年金を受け取る人が、働いて厚生年金に加入すると、年金額と賃金額に応じて年金額が減額されます（「在職老齢年金」）（→100ページ）
　この計算方法が、60歳台後半と同じになり、減額される額は少なくなります。
　具体的には、老齢厚生年金（月額）と総報酬月額相当額の合計が47万円までは減額されず、47万円を超えた場合は超えた額の2分の1が減額されるように緩和されます。老齢厚生年金には老齢基礎年金は含めません（→102ページ）。

$$総報酬月額相当額 = 標準報酬月額 + \frac{直近1年間に受け取った賞与額}{12}$$

POINT ⑨ パートタイマーの加入の範囲が拡大される（2022年10月1日、2024年10月1日）

現在、社会保険の加入要件は、加入対象者が500人超と500人以下で大きく異なっています（→174ページ）。500人超の会社の加入要件は、POINT⑥で説明したとおりになっています。

この規模が、2022年10月に100人超、2024年10月に50人超に拡大されます。該当する規模の会社とそこで働く人は、それまでに、社会保険の加入対象かどうかを確認し、加入したくないのであれば、要件に合致しない範囲で働くことなどを検討するほうがいいでしょう。

POINT ⑩ 働いている人の老齢厚生年金の額の改定が毎年行われる（2022年4月1日）

老齢厚生年金の受給権者が働いて厚生年金に加入すると、加入した期間は将来の年金額に反映されます。働いている間は改定されず、退職して1か月経過した月から年金額に反映されます。

退職せず働き続けたときは、65歳でそれまでの加入期間をもとに再計算され、それ以降は70歳で年金額を再計算されます。

改正により、65歳以上の人については、毎年改定されることになりました。毎年9月1日を基準日として、その月前まで加入していた期間をもとに、翌月から年金額が改定されることになりました（在職定時改定）。

［障害者雇用促進法］

POINT ① 障害者の法定雇用率が2.3%に引き上げられた（2021年3月1日）

会社は、雇用する労働者数に対し、一定の割合以上の障害者を雇用することが義務づけられています（法定雇用率）。

一般企業の法定雇用率は、2021年3月以降2.3%に引き上げられています。

短時間労働者（週20時間以上30時間未満）は、原則0.5人としてカウントしますが、障害者については、次のようにカウントします。

週所定労働時間	30時間以上	20時間以上30時間未満
身体障害者	1	0.5
重度身体障害者	2	1
知的障害者	1	0.5
重度知的障害者	2	1
精神障害者	1	0.5※

※精神障害者で短時間労働者でも、①かつ②の方は1人としてカウント。
①新規雇入れから3年以内または精神障害者手帳取得から3年以内。
②令和5年3月31日までに雇い入れられ、精神障害者手帳を取得した方。

POINT ②　43.5人以上の会社が対象になった（2021年3月1日）

　上記のとおり、法定雇用率が変更になったことに伴い、障害者を雇用しなければならない会社の範囲が従業員43.5人以上になりました。また、その会社は毎年6月1日時点の障害者雇用状況をハローワークに報告しなければなりません。

　法定雇用率が未達成の会社は、不足する障害者数に応じて1人につき月5万円の障害者雇用納付金を納付する必要があります。ただし、現在はこの制度が猶予され、常時雇用する労働者100人超の会社が対象とされています。

［高年齢者雇用安定法］

POINT ①　65歳以降の雇用が努力義務になった（2021年4月1日）

　現在の定年は60歳で、65歳まで雇用が義務化されています（→96ページ）。

　少子高齢化により労働力が不足する中、「65歳以降も働きたい」と考える人が増えています。働く意欲がある高齢者が働き続けることは、社会にとっても本人にとってもメリットがあると考えられています。

　個々の労働者のさまざまなニーズをふまえ、多様な選択肢を整えて70歳まで働くことができる機会を確保するよう制度を整えることが努力義務になりました。

現在（義務）	新たに追加（努力義務）
次のいずれかを導入すること ①65歳までの定年引上げ ②65歳までの継続雇用制度の導入 ③定年の廃止	①70歳までの定年引上げ ②70歳までの継続雇用制度の導入（他の事業主によるものを含む） ③定年の廃止 ④本人が希望するときは、70歳まで継続的に業務委託契約を締結する制度の導入 ⑤本人が希望するときは、70歳まで継続的に会社が実施または出資する社会貢献事業に従事できる制度の導入 ※④、⑤は労働者の過半数代表者の同意が必要

　厚生労働省は、65歳から70歳までの安定した雇用の確保その他就業機会の確保のため必要があるときなどに事業主に指導、助言、勧告することができるとされました。

労働基準法
（副業・兼業の促進に関するガイドライン）

　労働基準法では、「労働時間は、異なる会社で働いた分も通算する」と定められています。しかし、労働者が兼業している場合にどの部分が時間外労働になるのか、労働時間管理や健康管理はどのようにすればよいのか、など実務としてはわかりにくいことがありました。

　そのため、副業・兼業が増えていることをふまえ、ガイドラインが出されました。

POINT ❶　複数の会社で働く場合、労働時間を通算する

　法定労働時間（1日8時間、1週40時間）や時間外の上限規制（月80時間）などについて、複数の会社で働く人の労働時間は通算します。時間外労働となる部分のうち、自社で働かせた時間は、割増賃金を支払う必要があります。

　「労働時間」は、当然のことながら「労働者」として働く時間を通算するものであり、本人が独立自営業者であったり会社経営者である場合などは労働時間管理する必要はありません。

　また、他社の労働時間は、労働者からの申告等により把握することとされています。

時間外労働の考え方は、次の手順で行います。

①副業・兼業の開始前に、自社の所定労働時間と他社の所定労働時間を通算して、法定労働時間を超える部分がある場合は、後から契約した会社の時間外労働になります。

A社　5時間		B社　4時間	
		（うち3時間）	（うち1時間）

B社のほうが後から契約した場合、8時間を超える1時間はB社の時間外労働になる

②副業・兼業の開始後に、所定労働時間の通算に加えて、自社の所定外労働と他社の所定外労働を所定外労働が行われる順に通算して、法定労働時間を超える部分がある場合には、その部分が時間外労働となります。

A社　5時間		B社　4時間	
		（うち3時間）	（うち1時間）

この設例では、時間外労働をさせた場合は、その部分が時間外労働になる

POINT 2 「管理モデル」で各社の時間外の上限を設定することができる

時間外労働の各月の上限は決められています（1か月100時間未満、複数月平均80時間以内→44ページ）。

自社の時間外労働を把握することはできますが、他社で働いた時間を把握することは困難です。時間外労働の上限時間を守るために、あらかじめ、各社に上限時間を振り分けて、その範囲内で時間外労働させることができます（「管理モデル」）。

これにより、他社の実労働時間を把握せずに上限時間を守ることができるようになります。この方法は、先に契約した会社から後で契約した会社に申し出ることによって導入することができます。

POINT 3 通算した労働時間をもとに健康管理をする必要がある

例えば、月80時間超で本人からの申し出があれば、医師の面接指導を受けさせることになっています（→70ページ）。会社は、副業・兼業の場合も労働者から申告させるなどにより、通算した労働時間に基づいた健康管理をする必要があります。

労働者も、過労で健康を害したり、業務に支障をきたすことのないよう、自ら業務量や進捗状況、時間、健康管理を行う必要があり、他社での業務量や自分の健康状況を会社に報告することが有効とされています。

［育児・介護休業法］

POINT 1 育児・介護休業の対象者が緩和される（2022年4月1日）

育児休業の対象者からは次の従業員が除外されていますが、「期間雇用者で雇用された期間が1年未満の人」は改正により撤廃されます。ただし、引き続き、労使協定で対象外とすることができます。

介護休業も同様です。

対象外とされる従業員	対象外とされる従業員
①日雇い ②期間雇用者で、雇用された期間が1年未満 ③期間雇用者で子が1歳6か月になるまでに雇用が終了し更新される見込みがない（育児休業の場合。介護休業の場合は93日を超えて6か月以内に雇用が終了し更新される見込みがない）	①日雇い ②（撤廃） ③期間雇用者で子が1歳6か月になるまでに雇用が終了し更新される見込みがない（育児休業の場合。介護休業の場合は93日を超えて6か月以内に雇用が終了し更新される見込みがない）

POINT 2 育児休業を取得しやすい環境整備が義務づけられる（2022年4月1日）

本人または配偶者が妊娠、出産をしたという申し出が労働者からあったと

き、育児休業の制度を面談して知らせたり、育児休業取得の意向を確認するなどの環境を整備しなければなりません。具体的な内容は、今後いくつかの選択肢を示される予定です。

この申し出をしたことを理由として、解雇などの不利益な取り扱いはできません。

また、会社は、育児休業の申し出が円滑に行われるために、育児休業に関する研修の実施や相談窓口の設置なども導入する必要があり、今後詳細が明らかにされます。

POINT ❸ 育児休業を2回まで分割取得できる（公布日（2021年6月9日）から1年6か月以内）

これまで、育児休業は原則子が1歳になるまでに、原則として1回しか取得することができませんでした（例外：子の出生後8週間以内に父親が取得するときは1歳までの間に2回まで取得できる）。

改正後はこの例外のほか、2回まで分割取得することができるようになります。

また、保育園が見つからないなどの理由により、1歳6か月、さらに2歳まで育児休業を延長することができる制度が以前からあります。現在の制度は、育児休業中で引き続き延長する場合に限られていますが、改正後は引き続いている場合に限らず、一定の事情に該当すれば延長することができるようになります。

POINT ❹ 出生直後に取得できる「出生時育児休業」が新設される（公布日（2021年6月9日）から1年6か月以内）

出生の日から8週間以内に取得できる4週間以内の育児休業（「出生時育児休業」）が新設されます。女性の出産直後は「産前産後休業」であり、この制度は以前からあった「パパ休暇」に代わるものとして新設されます。

これまでの制度は、休業中は働けないなどの要件があり、活用しにくい部分がありました。改正後は、休業中に働くことができるなど柔軟な制度になっています。

なお、育児休業中は雇用保険から「育児休業給付」が賃金の67％（育児休業開始6か月後からは50％）支給されますが、出生時育児休業にあわせた給付金が設けられる予定です。

出生時育児休業概要

取得時期、上限日数	出生後8週間以内に合計4週間まで
申し出の期限	原則として休業の2週間前まで
取得回数	2回まで分割して取得できる
休業中の就業	労使協定を締結する場合に限り、労働者が合意した範囲で休業中に就業することができる

POINT ❺ 1,000人超の会社は育児休業取得状況の公表が義務になる（2023年4月1日）

従業員1,000人超の会社は、育児休業などの取得状況を毎年公表することが義務づけられます。

公表方法や内容は、今後明らかにされます。

さくいん

あ アウトソーシング **さ** 最低賃金

あ

アウトソーシング	166
あっせん	23
アルバイト	177
安全衛生推進者	202
安全衛生に関する定め	226
安全管理者	202
安全配慮義務	66, 221
育児・介護休業法	267
育児休業	154
育児休業給付金	155
育児時間	149
育児短時間勤務	154
意見書	222, 225
遺族(補償)給付	185
1年単位の変形労働時間制	48
1か月単位の変形労働時間制	46
1週間	52
1週間単位の変形労働時間制	52
一定期日払いの原則	111
一方的解約	74
衛生管理者	202
衛生推進者	202

か

解雇	75, 80
介護休業	152
介護休業給付金	152
介護(補償)給付	185
解雇権の濫用	80
介護短時間勤務	152
解雇通知書	76
介護保険	173
解雇予告手当	76
解雇理由証明書	88

加給年金	102
確定給付企業年金	129
確定拠出年金(401k)	128, 129
家族手当	116
過労死	66
環境型セクシュアルハラスメント	236
看護休暇制度	154
慣習	108
管理職	58
企画業務型裁量労働制	65
基準日	142
偽装請負	164
希望退職	84, 87
基本給連動型ボーナス	126
休暇	36
休業(補償)給付	185
休業手当	112
休憩時間	38
休憩時間自由利用の原則	38
休日	36
休日手当	114
求償と控除	200
休職	146
求人票	211
給付制限	92
競業避止義務	221
業績連動型ボーナス	126
業務委託社員	168
業務請負	166
業務災害	194
勤続年数	139
勤務延長制度	96
勤務間インターバル	34
クーリング期間	160, 180
繰越分	138
計画的付与	146
経過措置	228

継続雇用制度	96
契約社員	177
減給処分	232
健康診断	68
健康・福祉確保措置	65
健康保険	173
健康保険法	261
けん責	233
限度時間	42, 44
コア業務	208
コアタイム	55
合意解約	74
降格	233
厚生年金保険	173
厚生年金保険法	261
拘束時間	38
合同労働組合	26
高度プロフェッショナル制度	64
高年齢雇用継続給付	98
高年齢再就職給付金	98
高年齢者雇用安定法	265
公民権行使	148
国民健康保険	90
個人情報	230
雇用延長義務年齢	97
雇用環境・均等部	23
雇用契約書	216
雇用保険	172
雇用保険法	259
雇用保険料	172

さ

サービス残業	30
再雇用制度	96
在職老齢年金	100, 102
最低賃金	118

269

さ 最低賃金額 ～ **た** 特例事業場

最低賃金額	118
裁量労働制	62
サブロク（36）協定	42
自営型テレワーカー	168,170
残業許可制	56
産業医	70
時間外労働	114
時季指定権	140
時季変更権	140
事業場外のみなし労働時間制	60
自己申告制	56
辞職	74
失業保険	92
児童	40
自賠責保険	200
支払命令	17
始末書	232,233
社会的身分	88
社会保険料	174
就業規則	222,230,241
就業規則の記載項目	226
収支率	199
終身雇用	128
住民税	90
出勤停止	233
出勤率	139
出向	234
出産手当金	90,150,155
障害者雇用促進法	264
障害（補償）給付	185
紹介予定派遣	158
試用期間	214
条件しぼりこみシート	209
消費税	166
傷病手当金	90
傷病（補償）年金	185
嘱託社員	177

職能給	121
職務給	121
職務専念義務	221
助成金	104
女性活躍推進法	256
所定外労働免除制度	152
所得税	170
新規発生分	138
人事権	216
信条	88
深夜労働	114
随時改定	101
ストレスチェック	69,204
成果主義賃金	120
誠実労働義務	221
整理解雇	75,84
整理解雇の4要件	85
生理休暇	149
セクハラ	236
是正勧告書	18
是正報告書	18
全額払いの原則	111
専門業務型裁量労働制	62
総括安全衛生管理者	202
総合労働相談コーナー	22
葬祭料（葬祭給付）	185
総報酬月額相当額	100

た

対価型セクシュアルハラスメント	236
代休	36
第三者行為災害届	200
退職勧奨	80
退職金	128
退職金規程	226
退職時の証明	88

退職届	80
短時間勤務制度	154
団体交渉	26
地域別最低賃金	118
仲裁	23
中小企業	132
中小企業退職金共済制度	129,136
懲戒解雇	75,82,233
懲戒処分	222,232
調査	16,174
調停	23
直接払いの原則	111
治療費	186
賃金	108
賃金規程	252
賃金システム	122
賃金支払義務	221
賃金支払いの5原則	111
賃金台帳	18
通貨払いの原則	111
通勤災害	196
定年延長	96
撤回	74
手待ち時間	32
転勤	234
転籍	234
同一労働同一賃金	158
特定期間	48
特定求職者雇用開発助成金	105
特定最低賃金	118
特定受給資格者	94
特別加入	184
特別条項協定	44
特例事業場	32,53

な

内部告発	16
任意継続	90
任意適用事業所	172
妊産婦	150
年休管理簿	144
年功序列制	120
年功序列賃金	120
年次有給休暇	138
年少者	40
年俸制	124
年俸制賃金	124
ノーワーク・ノーペイの原則	110

は

パートタイマー	174, 176
配転	234
派遣期間	160
派遣先	158
派遣先管理台帳	162
派遣先責任者	162
派遣元	158
派遣労働	158
派遣労働者	140, 158
端数処理	116
ハローワーク	23, 152
パワハラ	95、238
秘密保持義務	221
標準報酬月額	142
比例付与	176
普通解雇	75
不当労働行為	26
ブラック企業	2
振替休日	36
フレキシブルタイム	55
フレックスタイム制	53, 54
平均賃金	112, 193
変形労働時間制	46
ポイント制賞与	126
ポイント制退職金	134
法内残業	114
ボーナス	126
ホワイトカラー	64

ま

毎月1回以上の原則	111
前払退職金	129
前払退職金制度	130
マタハラ	150
未成年者	40
みなし時間	62
みなし労働時間制	60
メリット制	198

や

役職手当	123
雇入通知書	216
雇い止め	178
有害な因子	194
諭旨解雇	233

ら

離職票	92, 94
リストラ	86
療養（補償）給付	185
臨検	16
労災かくし	186
労災保険	173, 184
労災保険二次健康診断等給付	68
労災保険料	198
労使委員会	65
労使協定	39, 42
労政事務所	23
労働安全コンサルタント	202
労働委員会	78
労働衛生コンサルタント	202
労働基準監督官	18
労働基準監督署	16, 18, 22
労働基準法	220, 266
労働基準法違反	20
労働協約	220
労働組合	26
労働組合法	26
労働契約	220
労働契約期間	213
労働時間	32
労働施策総合推進法	258
労働者	170
労働者災害補償保険法	260
労働者死傷病報告	188
労働者代表	223
労働者名簿	18
労働条件	228
労働審判法	24
労働保険	173
労務管理	20
老齢基礎年金	102
老齢厚生年金	102, 103
60歳到達時賃金	98

わ

割増賃金	114

●著者
下山 智恵子（しもやま ちえこ）
社会保険労務士（特定社会保険労務士）
大手電子部品メーカー人事部にて、12年間人事労務について経験後、1998年下山社会保険労務士事務所（現：インプルーブ社会保険労務士法人）を開設。2004年人事労務コンサルティングと給与計算アウトソーシング会社の株式会社インプルーブ労務コンサルティングを設立、代表取締役に就任。
人事労務のコンサルティングを中心に、社外人事部としての経営サポートを行っている。就業規則をはじめとする各種規程、賃金制度等社内諸制度の企画、相談を数多く手がけている。
『もらえる年金が本当にわかる本』（成美堂出版）をはじめ、『Q&Aでわかる！ 労働基準法』（労務行政）など執筆、講演も多数。
〒569-0805　大阪府高槻市上田辺町3-11 ヴァン・ベール大川201
ＴＥＬ　072-628-8500
http://www.improve1998.com
フェイスブックhttps://www.facebook.com/improve1998

本文デザイン●今井 悦子（有限会社 MET）
イラスト●ひろい まきこ
DTP ●ライトサプライ
編集協力●小松プロジェクト
企画編集●成美堂出版編集部（原田洋介）

本書に関する正誤等の最新情報は、下記のURLをご覧ください。
http://www.seibidoshuppan.co.jp/support/

※上記アドレスに掲載されていない箇所で、正誤についてお気づきの場合は、書名・発行日・質問事項・氏名・住所・FAX番号を明記の上、成美堂出版まで郵送またはFAXでお問い合わせください。お電話でのお問い合わせは、お受けできません。
※本書の正誤に関するご質問以外はお受けできません。また、法律相談等は行っておりません。
※内容によっては、ご質問をいただいてから回答を郵送またはFAXで発送するまでお時間をいただく場合もございます。
※ご質問の受付期限は、2022年7月末到着分までとさせていただきます。ご了承ください。

労働基準法がよくわかる本 '21〜'22年版

2021年10月20日発行

著　者	下山智恵子
発行者	深見公子
発行所	成美堂出版
	〒162-8445　東京都新宿区新小川町1-7
	電話(03)5206-8151　FAX(03)5206-8159
印　刷	大盛印刷株式会社

©Shimoyama Chieko 2021 PRINTED IN JAPAN
ISBN978-4-415-33048-8
落丁・乱丁などの不良本はお取り替えします
定価はカバーに表示してあります

●本書および本書の付属物を無断で複写、複製（コピー）、引用することは著作権法上での例外を除き禁じられています。また代行業者等の第三者に依頼してスキャンやデジタル化することは、たとえ個人や家庭内の利用であっても一切認められておりません。